de la part de popy et momie.

ALAIN DECAUX
RACONTE
L'HISTOIRE DE FRANCE
AUX ENFANTS

ALAIN DECAUX RACONTE L'HISTOIRE DE FRANCE AUX ENFANTS

LIBRAIRIE ACADÉMIQUE PERRIN

Dessins originaux de
FRANÇOIS DAVOT

Maquette et réalisation
ALAIN DA CUNHA

Iconographie
ARLETTE MOREAU

Légendes
CATHISE
DE BOURGOING

Vous trouverez en haut de chaque page de droite, à partir du troisième chapitre, une règle graduée de l'an 1 après Jésus-Christ, c'est-à-dire de la première année de notre ère, à l'an 2000 qui sera la dernière année du XXe siècle.

Une flèche se déplace le long de cette règle, à mesure qu'Alain Decaux avance dans son récit de l'Histoire de la France. Elle indique les années dont il est question dans les pages que vous lirez. Ainsi, vous verrez du premier coup d'œil à quelle époque se passent les événements qu'Alain Decaux raconte.

Dépôt Légal : décembre 1987
Numéro d'éditeur : 795
ISBN : 2-262-00502-8

A Jean-Laurent Decaux, mon fils

Aux enfants qui vont me lire

Tous les pères — j'en suis un — savent que leurs enfants sont assoiffés d'histoires. Je suis sûr que vous ne me contredirez pas là-dessus. L'une des phrases que vous avez le plus souvent prononcée quand vous étiez petit est celle-ci : « Papa (ou maman), une histoire ! »

L'histoire que je vous propose ne ressemble à aucune autre, parce qu'elle est celle de cette France où vous êtes né, que vous habitez et où probablement vous passerez votre vie. De cette France qui a grandi, pendant des centaines d'années, au travers d'aventures si extraordinaires qu'elles laissent bien en arrière celles que l'on imagine pour vous à la télévision. Vous allez vous convaincre que Vercingétorix vaut bien Musclor et que la vie de Napoléon éclipse largement celle de Zorro !

Ce livre ne prétend remplacer ni l'enseignement de vos professeurs ni les manuels que l'on met à votre disposition. Il veut avant tout vous faire rêver sur des hommes et des femmes qui ont construit la France. Il est composé d'histoires qui, ajoutées les unes aux autres, font l'Histoire.

Plus tard, on vous parlera du monde dont la France n'est qu'une petite part. Vous saurez qu'avant nous de grandioses civilisations sont nées, se sont épanouies et parfois sont mortes. Vous verrez vivre d'autres peuples, dont le passé est aussi riche que le nôtre.

Mais vous ne devrez jamais craindre de garder, au fond de votre cœur, une place privilégiée à l'Histoire de ce merveilleux pays où le hasard vous a fait naître.

Vous allez voir qu'elle le mérite.

LA PRÉHISTOIRE

Lascaux fut découverte par des enfants

Le grand dessin de la page précédente montre quelques aspects de la vie d'un homme préhistorique. Il revient de la chasse et se tient debout, solide, avec sa lance à la main droite. Oui, la chasse a été bonne et il ramène dans sa hutte une biche abattue. La faune est abondante. Il pourra rester là encore longtemps. Autour de sa taille, une tunique en peau de bête : un loup ? un ours ? et, lui servant de souliers : deux morceaux de peau croisés. Le grand animal aux longues défenses recourbées est un mammouth.

Notre chasseur a consolidé sa hutte de branchages et de terre avec des ossements. Elle est circulaire ou ovale, avec une entrée étroite. Si l'homme y habite quelque temps, il pourra l'améliorer en dallant le sol. A côté de la hutte, l'ouverture d'une caverne nous montre le premier habitat de l'homme. C'est un simple rebord rocheux, ou peut-être le départ d'une grotte souvent sans profondeur. L'entrée basse et sans doute dissimulée par des broussailles empêche l'accès aux animaux féroces. Par terre, au premier plan, voici quelques armes du chasseur préhistorique : lance, harpon, sagaie dont la pointe est faite d'os ou d'ivoire. Cette baguette est un propulseur qui prolonge le bras lors du lancer et donne une vitesse plus grande au projectile. Quant au bâton percé, en bois de renne, son rôle reste encore assez mystérieux ; levier ? bâton de commandement ?

N'oublions pas, sur la gauche, des silex taillés alors que les ancêtres de notre chasseur se servaient uniquement de galets arrondis trouvés dans les rivières. La tête sculptée sur la droite est très connue, c'est la « Vénus de Brassempouy » trouvée dans une grotte des Landes et qui mesure 4 cm.

Le petit chien Robot courait à travers la campagne. Entre les bouquets de bruyère et les chênes au pied desquels poussent les truffes, est-ce un lapin qu'il cherchait ? Il y avait beaucoup de terriers sur ce plateau du Périgord, près de Montignac-sur-Vézère, et Robot les connaissait bien. Il suffisait de le voir cheminer le nez au sol pour deviner qu'il humait quelque bonne piste.

Quatre garçons, en s'amusant, suivaient de loin le petit chien : Simon, Georges, Jacques et Marcel. Robot appartenait à Marcel Ravidat qui, avec ses dix-sept ans, était l'aîné de la bande. Il faisait très beau. On était en septembre. La rentrée des classes approchait et les quatre amis avaient décidé d'explorer ensemble cette campagne où il y avait toujours quelque chose à découvrir.

Soudain, Robot pénétra dans un bois qui entourait un petit château dont on distinguait le toit à travers les branches. Les garçons hâtèrent le pas pour le suivre. Ils le virent s'arrêter brusquement à l'entrée d'un terrier et se mettre à gratter la terre. Cette fois, c'était sûrement un lapin !

— Cherche, Robot, cherche ! cria Marcel.

A l'instant même, Robot disparut. Où était-il donc passé ? Les garçons s'approchèrent et Marcel reconnut une sorte d'entonnoir creusé dans la terre, quelques années auparavant, par la chute d'un arbre. C'est dans ce trou que Robot, assurément, s'était engouffré.

Les garçons se penchèrent. On ne voyait rien. Ils écoutèrent. On n'entendait rien. Pauvre Robot ! Consternés, Simon, Georges et Jacques regardaient Marcel dont l'inquiétude faisait peine à voir.

— Robot ! appelait Marcel, agenouillé vers l'ouverture au fond de laquelle on n'apercevait que de l'obscurité.

Il prit vite sa décision, élargit les broussailles qui rétrécissaient l'entrée et s'engagea à son tour, la tête la première, dans l'étroit couloir. La pente était plus raide qu'il ne l'avait cru et il se sentit glisser de plus en plus rapidement. Quelques instants plus tard, il toucha une surface plate. Il parvint à se mettre debout et, ravi, entendit près de lui les jappements de Robot.

L'endroit ne semblait pas hostile. Il appela ses camarades, les encouragea à le rejoindre, ce qu'ils firent l'un après l'autre. Quand ils se trouvèrent tous réunis, l'un d'eux sortit une boîte d'allumettes de sa poche et en craqua une.

Ce que les garçons découvrirent alors les laissa stupéfaits. Ils se tenaient en effet dans une salle et celle-ci était immense. Surtout, ils s'apercevaient que les murs étaient décorés ! Chaque allumette éclairait pendant huit secondes ; dès que l'une s'éteignait on en allumait une autre. Les garçons s'approchèrent des murs enduits de couleurs rouges, noires et brunes.

— Un animal ! cria l'un d'eux.

Une sorte de cheval à deux cornes, gigantesque et fantastique, était en effet peint sur le roc. Toujours à la lumière fugitive et tremblante des allumettes, les quatre découvreurs allaient pénétrer dans une seconde salle ornée d'animaux qui, cette fois, leur semblèrent être des taureaux. Plus loin, ce fut un homme qu'ils repérèrent, et cet homme avait une tête d'oiseau !

L'exploration se prolongea jusqu'à la dernière allumette. Quand ils remontèrent à l'air libre, ils avaient compris qu'ils venaient, à eux quatre, de découvrir une grotte de la Préhistoire. En Périgord, même les enfants savaient que, dans le pays qu'ils habitaient, des hommes avaient séjourné, il y a très longtemps. Des hommes que l'on appelait *préhistoriques* parce qu'ils vivaient avant (*pré* veut dire *avant*) que ne commence l'Histoire.

Ce qu'ils ne savaient pas encore, c'est que ce lieu allait devenir célèbre dans le monde entier. Bientôt plus personne n'ignorerait la grotte de Lascaux.

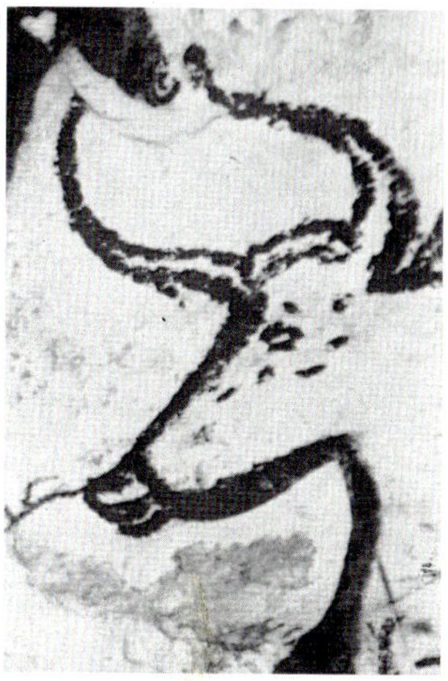

Sur les parois de la grotte de Lascaux, court, galope toute une faune en pleine action, saisissante de vie et de vérité.

Cet auroch est l'ancêtre de notre taureau. Avec le bison, c'est le plus grand bovidé de l'époque que l'homme n'hésitait pourtant pas à chasser. Il avait de belles cornes et mesurait 2 m au garrot. Le taureau de Camargue reste son petit cousin.

L'auroch, ou taureau sauvage, a survécu bien après l'époque glaciaire. On a abattu le dernier, en Pologne, au début du XVIIIe siècle.

Un million et demi d'années

Quand j'ai moi-même visité Lascaux, j'étais accompagné de ma fille Isabelle. Elle avait dix ans.

Elle m'a demandé :

— C'est vieux, toutes ces peintures ?

— Très vieux. Au moins 15 000 ans.

— 15 000 ans !

Elle s'étonnait, bien sûr, mais je voyais qu'elle essayait de se rendre compte de ce que pouvaient bien représenter 15 000 ans. J'ai cherché avec elle. Voulez-vous en faire autant avec moi ?

Je vous propose une base de calcul. Si votre père a 35 ans et votre grand-père 65 ans, ajoutez simplement leurs âges, ce qui vous donne un total de 100 ans. A partir de là, si on vous parle de 1 000 ans, pensez que cela représente dix fois l'âge de votre père ajouté à celui

de votre grand-père. Puisque 15 000 ans c'est quinze fois 1 000 ans, l'ancienneté de Lascaux correspond à 150 fois les âges additionnés de votre père et de votre grand-père.

— Des hommes vivaient donc en France, il y a 15 000 ans ? a interrogé Isabelle.

— Bien sûr. Mais dis-toi bien que ces hommes-là étaient loin d'être les premiers. Il y a 1 500 000 ans que des hommes habitent ce territoire qui n'était pas encore la France mais qui l'est devenu un jour.

— Un million et demi d'années !

Tout cela commençait à intéresser sérieusement Isabelle.

— C'est en France que sont apparus les premiers hommes ?

— Non. En Afrique.

— Il y a combien d'années ?

— Cinq millions.

Isabelle ouvrait de grands yeux. Cinquante mille fois l'âge de son père et de son grand-père !

— Je dois te dire, Isabelle, qu'il y a cinq millions d'années ces

Les artistes de la grotte de Lascaux évoquent ici les animaux quotidiens qui formaient leur environnement habituel. Ils les ont peints avec un tel réalisme qu'on reconnaît facilement les espèces. Ici, dans un grand galop, courent des chevaux, des cerfs, un auroch, encerclant un troupeau de rennes, plus petit de proportions.

Certaines espèces vivent encore de nos jours. Ainsi le petit cheval basque, Pottoka, est sans doute un descendant des chevaux de Lascaux.

Un sanglier est représenté tacheté, avec son mufle allongé. Comme dans beaucoup d'autres grottes, on trouve associé le cheval avec un autre bovidé (bison ou auroch) et un cerf comme troisième élément.

En revanche, aucun petit animal n'est représenté. Pourtant, ils foisonnaient à côté des mammifères et des grands carnivores.

hommes-là ne nous ressemblaient pas du tout. Ils n'étaient même pas encore tout à fait des hommes. Ils n'étaient pas très éloignés de ces animaux sauvages auxquels ils disputaient leur nourriture.

— Mais alors, les premiers hommes qui ont vécu en France, comment y sont-ils venus ?

— On pouvait alors traverser la Méditerranée sur des étendues de terre ferme qui ont disparu depuis. Quelques familles ont quitté l'Afrique pour venir s'établir sur notre territoire.

— Est-ce qu'ils nous ressemblaient, ces hommes-là ?

— Pas précisément. Ils étaient beaucoup plus petits que nous : 1,20 m en moyenne. Ils ne pesaient que trente à quarante kilos. Il faut que tu les imagines, avec leurs longs cheveux, mais avec moins de poils sur le corps que les animaux. Et pas très beaux à voir ! Ils n'avaient pas de front. Directement au-dessous du crâne s'accrochaient d'énormes arcades sourcilières. Les yeux se cachaient derrière une véritable forêt de poils. Le nez était plat et écrasé, troué de narines béantes. La mâchoire était énorme et projetée en avant.

— Mais, papa, c'étaient des singes !

— Justement non ! Le singe ne se tient pas naturellement debout. Il peut courir quelques instants sur ses jambes de derrière, mais bientôt il retombe. L'être qui a traversé la Méditerranée pour arriver chez nous disposait d'une colonne vertébrale plantée droite au-dessus d'un bassin lui-même solidement appuyé sur les jambes. Dans la nature, il n'existe pas d'autre créature ainsi constituée. Nous sommes en présence d'un bipède, ce qui veut dire qu'il marche sur *deux pieds* seulement. J'ajouterai que la mâchoire de cet être-là est très différente de celle des grands singes, dotée, elle, de canines démesurées. La denture des premiers Français ressemble à la nôtre.

— C'est important ?

— Oui. Un être qui se tient debout et qui a une denture analogue à la nôtre, même s'il ne nous ressemble guère, appartient à l'espèce humaine. La nôtre.

Près de Perpignan, dans le petit village de Tautavel, on a découvert dans une grotte un des plus anciens fossiles humains d'« homme debout ».

Bien campé sur ses deux pieds, légèrement fléchi, ce vieil homme de 450 000 ans aura une descendance qui se tiendra de plus en plus droite.

La forme des os du bassin lui permettra cette position, à l'inverse de l'ossature du singe.

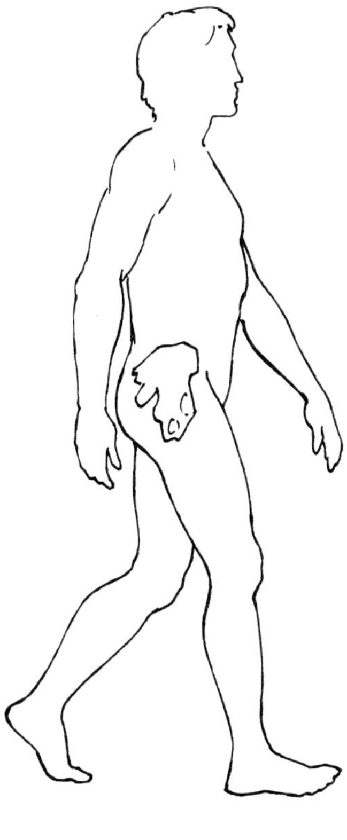

Des hommes démunis de tout

Aujourd'hui, Isabelle est devenue une grande personne. Elle est mariée et elle a un fils, Ugo. Je me souviens d'être allé les voir quand Ugo était encore bébé.

Nous nous sommes installés dans le salon. Dans la cheminée, Jean-François, le mari d'Isabelle, avait allumé un feu. Cela donne une chaleur bien agréable, un feu de bois : Isabelle en a profité pour changer Ugo. D'ailleurs, Ugo lui-même semblait ravi. Les fesses à l'air, il tendait ses petits bras vers le feu.

Moi, je restais songeur. Je pensais au rôle que joue le feu dans notre vie. Que deviendrions-nous, dans nos maisons, sans le chauffage ? Que nous brûlions du bois, du charbon, du mazout ou du gaz,

c'est toujours du feu que nous dépendons. L'électricité qui nous éclaire provient de centrales qui, elles aussi, utilisent le feu. Nos automobiles fonctionnent grâce à un moteur à explosion : une explosion, c'est du feu.

Il nous semble que le feu a toujours existé. Que les hommes sont incapables de vivre sans lui. Erreur.

Longtemps les hommes ont ignoré le feu.

Il ne faut jamais oublier que, depuis qu'il y a des hommes, le climat a changé plusieurs fois. Pour nous en tenir à la France, tantôt il y a fait aussi chaud qu'aujourd'hui en Afrique — et alors les rhinocéros paissaient à la hauteur de Paris. Tantôt, quelques milliers d'années plus tard, les glaces de la banquise s'étendaient jusqu'à Lyon.

On peut à la rigueur comprendre que, pendant les périodes de grande chaleur, les hommes aient vécu sans feu. Mais quand il faisait aussi froid qu'aujourd'hui au Groenland, comment parvenaient-ils à survivre ?

Comment les mères pouvaient-elles soigner des bébés aussi nus que celui d'Isabelle, alors que les seuls abris étaient des grottes souvent ouvertes à tous les vents ? Songez que l'on ne connaissait en ce temps-là, en fait de vêtements, que des peaux de bête jetées sur les épaules !

Et la nourriture ? Impossible de faire cuire quoi que ce soit : on en était réduit à des morceaux de viande crue ou à des végétaux arrachés directement à la terre.

De toutes les créatures terrestres, l'homme est la plus démunie. Il n'a ni poils pour se protéger du froid, ni crocs, ni griffes pour se défendre. Et pourtant l'homme a survécu. Il a triomphé de tous les dangers, de tous les pièges que lui tendait la nature, de toutes les bêtes sauvages prêtes à chaque instant à se jeter sur lui pour le dévorer — ces bêtes que, pendant si longtemps, il n'a même pas pu tenir en respect par le feu.

Songez encore que les premiers hommes ne possédaient ni armes ni outils. Les premiers outils dont ils ont disposé n'étaient rien d'autre que des cailloux qu'ils ramassaient à terre. Avec un caillou, on peut briser un coquillage, décortiquer un fruit, briser une noix, mais guère plus. Il a fallu des centaines de milliers d'années pour que l'homme découvre qu'à l'aide d'une pierre on peut casser une autre pierre et obtenir ainsi un objet tranchant : énorme progrès.

Cette anfractuosité est l'entrée de la grotte supérieure du Moustier. L'homme préhistorique cherchait pour se loger des abris naturels comme un surplomb de falaise, une grotte, une entrée de caverne. Il y habitait d'une façon régulière ou bien quittait cet abri pour un autre quand le terrain de chasse s'épuisait.

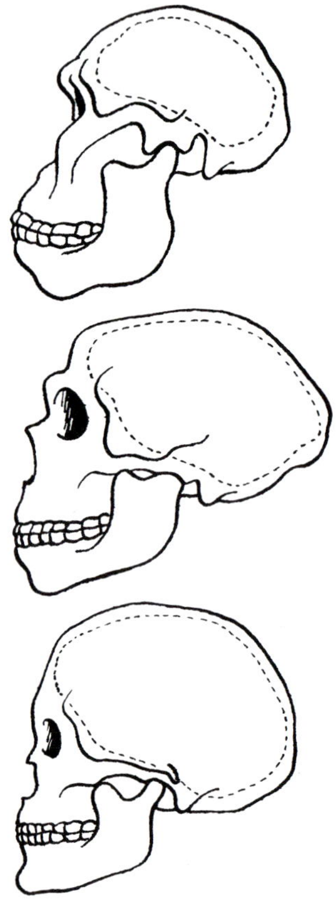

Pour tout cela, nous devons admirer ces lointains ancêtres. Et nous dire, humblement, que nous serions incapables aujourd'hui de montrer le même courage qu'eux.

Le feu du ciel

Serrés au fond de leur grotte, les hommes, les femmes, les enfants de la tribu regardent le rideau de pluie qui les sépare de la vallée. De temps en temps, l'un d'eux pousse quelques grognements, à quoi un autre répond par deux ou trois sons différents : c'est le premier langage.

Sans doute ce qui se dit dans la grotte ressemble-t-il à ce qui se répète encore aujourd'hui :

— Voilà décidément encore un été pourri !

— Que voulez-vous, il n'y a plus de saison !

Tout à coup, un éclair zèbre le ciel. Une lumière si vive qu'elle fait cligner les yeux. L'instant d'après, c'est un coup de tonnerre si fort que les enfants hurlent de peur et se serrent contre leur mère.

Les hommes eux-mêmes sont inquiets. Pour eux, dans la nature, tout est mystère. Si le ciel gronde ainsi, c'est qu'il est en colère. Et pourquoi est-il en colère ?

En haut de la page, ce crâne est celui d'un australopithèque. Le trou de la moelle épinière est déjà sous le crâne ; l'australopithèque marchait donc debout. Son crâne, de faible volume, paraît pourtant énorme si on le compare à sa petite taille de 1,30 m environ. C'est déjà un « homme habile ».

Au milieu, ce crâne appartient à un homme du Neandertal. La face est avancée tout en étant moins proéminente que celle de son aïeul. Le front fuit vers l'arrière et la boîte crânienne a une capacité égale à celle de l'homme moderne.

En bas, voici le crâne de l'homme de Cro-Magnon de même forme que le nôtre ; menton accusé et front haut sans arcades.

Ces quatre chasseurs ont jeté leur dévolu sur un grand animal : le rhinocéros laineux, espèce aujourd'hui disparue. Tous les quatre, lance à la main, progressent courbés, contre le vent, et avancent en silence dans un terrain marécageux.

Rien dans l'animal ne sera perdu. Sa peau laineuse servira pour les tuniques et les pagnes, on ne laissera pas un gramme de viande (chaque homme en mangeant 1 kg par jour), les os longs seront fendus pour récupérer la moelle, ceux des vertèbres, percés, feront des colliers et les os plats serviront de pelles.

Les hommes apprennent à cuire leur viande

La pluie a cessé de tomber. Les gens de la tribu se sont jetés hors de la grotte et, tout heureux, s'avancent à travers les herbes. Étonnés, ils s'arrêtent. Là-bas, dans la vallée, s'élève une épaisse fumée. Un geste du plus âgé intime l'ordre aux femmes et aux enfants de rester en arrière. Seuls les hommes, précautionneusement, s'avancent vers cette fumée qui ne leur dit rien qui vaille.

Ils marchent depuis une heure, quand, ensemble, ils poussent le même cri :

— Le feu !

La brousse, tout entière, brûle. Ici, il n'a pas plu et l'orage, en passant, a mis le feu aux herbes.

Le feu ! Ils sont terrifiés, ces hommes. Mais ils attendent. Quoi donc ? Que le feu s'éteigne. Pourquoi ? Vous allez voir.

Vers le soir, les herbes cessent de brûler. Il ne reste plus à terre que des cendres chaudes. Les hommes s'avancent à travers elles, sans trop craindre pour leurs pieds : une épaisse couche de corne les protège mieux que des chaussures.

Un autre cri :

— Là !

Ils courent. Le cadavre d'une antilope, surprise par le feu, gît sur le sol. Ils crient tous ensemble, trépignent de joie, s'agenouillent autour de la bête à demi calcinée. Avec leurs mains, ils en arrachent des morceaux qu'ils dévorent avec un bonheur éclatant.

Tel est le premier bienfait du feu que les hommes ont pu découvrir. Ils savent que la viande cuite se détache des os plus facilement. Et peut-être la trouvent-ils meilleure que crue.

Il ne reste plus rien de l'antilope. Les hommes demeurent accroupis, contents. Ils sont rassasiés, ce qui leur arrive rarement. Ils digèrent. L'un d'eux laisse échapper un rot retentissant. Personne ne le lui reproche. Heureux temps !

Ainsi, pendant des millénaires, se contentera-t-on d'attendre le feu que le ciel envoie. Un jour, quelqu'un de plus ingénieux que les autres s'avisera qu'il est possible, quand des herbes et des branches brûlent, d'entretenir ce feu en y jetant d'autres branches et d'autres herbes.

Conserver ce feu deviendra quelque chose d'essentiel. Si on le laisse éteindre, c'est une catastrophe irréparable.

Sans doute aussi arrivait-il que des tribus dont le feu s'était éteint tentent d'aller le voler dans d'autres tribus : c'est le thème d'un livre célèbre, *la Guerre du feu*, dont on a tiré un film très réussi.

Des milliers d'années encore et ce sera une nouvelle étape, au moins aussi importante. En frappant les unes contre les autres certaines sortes de pierres — on les appelle des *silex* —, on a fait jaillir des étincelles. Et on s'est aperçu que celles-ci, convenablement dirigées vers de la mousse bien sèche, mettaient le feu à cette mousse. On a appris aussi à frotter deux morceaux de bois l'un contre l'autre. Au bout d'un certain temps, ils s'enflamment.

Dès lors, le feu était domestiqué. Inutile désormais de le garder captif. On l'obtenait à volonté. Bien sûr, ce n'était pas aussi rapide que de tourner le commutateur électrique ou de presser le bouton de l'allume-gaz, mais l'homme, maître du feu, venait de commencer à assurer sa maîtrise sur l'univers.

Cette photo est tirée du film La Guerre du feu. *L'homme qui traverse la rivière, bâton au poing, sac de peau accroché à l'autre poignet, cherche-t-il à s'emparer du feu ? L'a-t-il déjà trouvé, puis perdu ?*

C'est autour du feu miracle que la famille se fixe et devient tribu. Grâce au feu elle peut cuire la viande et les plantes. Et les fauves s'en écartent en grondant.

Des marcheurs incomparables

Aujourd'hui, le rallye Paris-Dakar traverse le désert. Mais ces voitures, ces motos, ces camions bariolés par les slogans publicitaires croisent parfois dans le même désert des caravanes composées seulement d'hommes et de bêtes.

La télévision vous les montre, ces tribus qui, sur le dos de leurs chameaux, se déplacent sans cesse, allant, d'oasis en oasis, à la recherche d'eau et de nourriture.

Ce sont les *nomades.* Ils sont aujourd'hui une exception dans le monde. Au temps de la Préhistoire, pendant des centaines de milliers d'années, il n'a rien existé d'autre que des nomades. Mais ceux-là n'avaient pas la chance de disposer de chameaux.

C'est à pied qu'ils marchaient.

Regardez ce cortège silencieux progressant dans la forêt, où les pas des grands animaux ont tracé une sorte de chemin. Les hommes ouvrent la marche, avec leurs arcs et leurs massues, scrutant les fourrés pour faire face aux dangers qui pourraient se présenter. Derrière eux, les femmes portent les provisions. Autour d'elles, des enfants courent et rient, ou bien se traînent en pleurant d'épuisement. Pas de vieillards : on les abandonne dès qu'ils ne peuvent plus suivre.

Il y a des semaines que l'on voyage. Chaque soir, à l'étape, les hommes allument de grands feux et veillent. Les femmes préparent le campement, cuisent la nourriture, soignent les enfants. Demain, on repartira.

On ne s'arrêtera que lorsque le chef se croira parvenu au site idéal, près d'une rivière où l'on pourra pêcher, non loin d'une forêt où l'on poursuivra le gibier et où l'on cueillera les fruits qui s'y trouvent, ainsi que les plantes propres à la consommation. Ces gens ne peuvent survivre qu'en se déplaçant sans cesse.

Ils ne s'arrêtent que l'hiver, quand il fait trop froid. Alors ils recherchent des grottes dans lesquelles ils s'installent durant quelques mois.

Si vous passez par Nice, vous pourrez, en longeant la mer sous le mont Boron, apercevoir l'entrée des grottes du Lazaret. Là, il y a 150 000 ans, dans une cavité de 40 mètres de long sur 20 mètres de large, ont longtemps vécu des hommes qui mesuraient de 1,50 m à 1,65 m. Ils y ont connu les grands froids d'une période glaciaire. Pour se protéger, ils ont construit dans la grotte elle-même une tente en peaux de bête, dans laquelle ils allumaient des feux. En outre, pour couper le vent glacé, ils ont élevé un mur à l'entrée de la grotte. On ne peut guère parler de confort. Songez que la fumée ne s'évacuait que très difficilement : les accès de toux devaient être fréquents ! Mais ces hommes disposaient leurs lits d'algues séchées autour des feux : au moins ils avaient chaud.

Ces hommes-là étaient déjà fort habiles. Ils étaient capables de fabriquer des poinçons en os, des poignards et des casse-tête, des pics, des hachoirs, des couteaux.

Cette grotte du Lazaret n'a été habitée, chaque année, que de novembre à avril. Imaginez la joie des hommes, des femmes, des enfants de cette tribu quand ils voient venir le printemps. Non seulement ils vont pouvoir s'évader de leur abri enfumé, mais surtout ils vont retrouver une nourriture plus riche et plus variée. Assez de viandes ou de poissons séchés ! Vive les fruits et les légumes frais ! Donc, ils se remettent en marche, redevenus nomades pour découvrir d'autres zones giboyeuses ou riches en végétaux comestibles.

Ces groupes en éternel cheminement sont peu nombreux : une quinzaine de personnes tout au plus. S'ils étaient en plus grand nombre, le gibier aussi bien que le produit de la cueillette deviendraient très vite insuffisants. Fatalement, au sein de ces groupes, tout le monde est parent.

Voici le fait le plus extraordinaire peut-être de ce temps-là : ces

familles pouvaient se déplacer tout au long d'une vie entière sans en rencontrer d'autres. Pendant des centaines de milliers d'années, la population du territoire qui allait devenir la France n'a pas dépassé 20 000 habitants. Oui, 20 000 seulement ! Souvenez-vous que la France, aujourd'hui, compte 55 millions d'habitants.

Demandez que l'on vous indique, dans la région que vous habitez, une ville de 20 000 habitants. Allez-y, promenez-vous dans les rues, regardez de près les gens que vous rencontrerez. Après quoi, faites l'effort de les imaginer, ces gens-là, disséminés à travers toute la France. Autant dire que, même disposant de voitures de Formule 1, vous devrez rouler longtemps avant d'en retrouver un ou deux. On parle volontiers de chercher une aiguille dans une botte de foin. Vous ne sauriez trouver meilleure image pour évoquer 20 000 personnes perdues du Nord au Midi et de l'océan Atlantique jusqu'au Rhin.

Ces silex taillés ont été découverts dans une vallée du Périgord. L'industrie de la pierre taillée produit des outils d'une grande finesse dont ces délicates « feuilles de laurier ». Le tailleur de silex sait débiter par percussion la pierre de la carrière. Il obtient une lame avec un éclat allongé possédant deux longs tranchants. En retouchant une extrémité de la lame, on obtient un nouvel objet et la « boîte à outils » de l'homme préhistorique peut comprendre une centaine de formes pour les seuls outils en pierre ; racloirs pour préparer les peaux, pointes crantées, burins, harpons à pointes d'os pour la pêche.

Les premiers habitants de notre pays

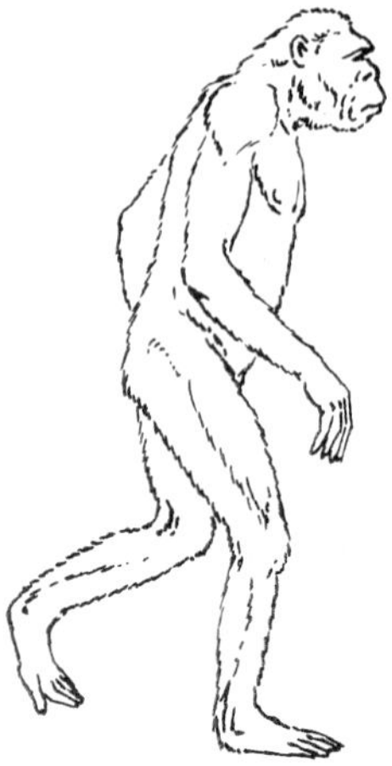

Australopithèque gracile

Australopithèque robuste

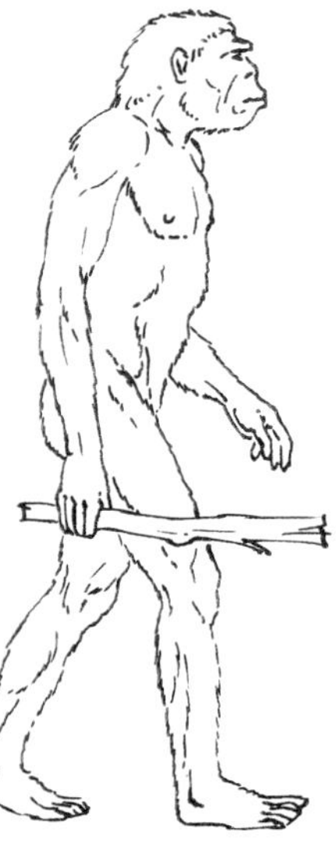

Homo habilis

Comment, dans ces conditions, les familles nomades en auraient-elles croisé d'autres ? L'exception, justement, c'était la rencontre.

Une tribu s'avance, une fois de plus, dans la forêt. Le spectacle est un peu lassant, il dure depuis si longtemps ! Pardonnez-moi, mais je ne puis pas réinventer la Préhistoire.

Ce qui rompt la monotonie, c'est que ces hommes qui marchent toujours sont fort différents de ceux qui les ont précédés.

L'homme, au long des millénaires, se transformait physiquement. C'était toujours l'homme, mais du fait que son aspect n'était plus le même, de nouvelles races apparaissaient.

Les savants leur ont donné des noms fort compliqués : *Homo habilis, Pithécantrope, Homo erectus.* Observez leurs silhouettes, telles qu'il est possible de les reconstituer d'après leurs squelettes : il est évident qu'ils ne se ressemblent guère. Il est non moins certain qu'ils évoluent peu à peu vers l'apparence qui est la nôtre aujourd'hui.

Cette nouvelle tribu qui s'avance, sans se méfier de ce qui l'attend, vous pourriez à première vue supposer qu'il s'agit de grands singes. Il eût été fâcheux que vous le leur disiez. Vous les auriez fâchés.

Regardez-les donc mieux que cela : malgré une tête énorme à la mâchoire proéminente, une face emmêlée de poils, ce sont des hommes.

Nous connaissons même leur nom. Les savants les ont appelés : hommes de Neandertal[1].

Donc, ils trottinent sur la piste forestière, ces messieurs et dames Neandertal. Pas trop mécontents d'eux. Il y a de quoi : apparus dans nos contrées il y a 80 000 ans environ, ils ont pulvérisé les connaissances de leurs prédécesseurs. Les premiers, ils ont su tailler des pierres en pointe — les fameux silex —, il les ont assujetties à des bâtons de bois, inventant la lance ou la sagaie, comme vous voudrez. Pour couper les arbres, ils disposent de haches en pierre.

Bien mieux, quand M. Neandertal meurt, on l'enterre. Ses prédécesseurs se contentaient d'abandonner leurs morts aux chacals ou aux vautours. Cette négligence est oubliée : on creuse pour le défunt Neandertal une fosse, on y allonge le corps, la tête vers le soleil couchant, les jambes repliées. On cale le crâne avec des pierres, on le

1. Du nom d'une vallée allemande, en Rhénanie, où l'on a découvert le premier squelette de ce type.

recouvre de plaques d'os. On dépose même auprès de lui des quartiers de viande, des outils et des objets familiers. Pas de doute : on veut l'aider à poursuivre son voyage. Ces messieurs et dames Neandertal croient que la mort du corps n'est pas la fin de tout et qu'il existe en nous un esprit qui peut lui survivre.

Il y a pourtant fort à parier que, ce jour-là, la petite famille Neandertal ne songe pas à la mort. Il fait beau. Dans quelques jours on aura gagné un nouveau terrain de chasse.

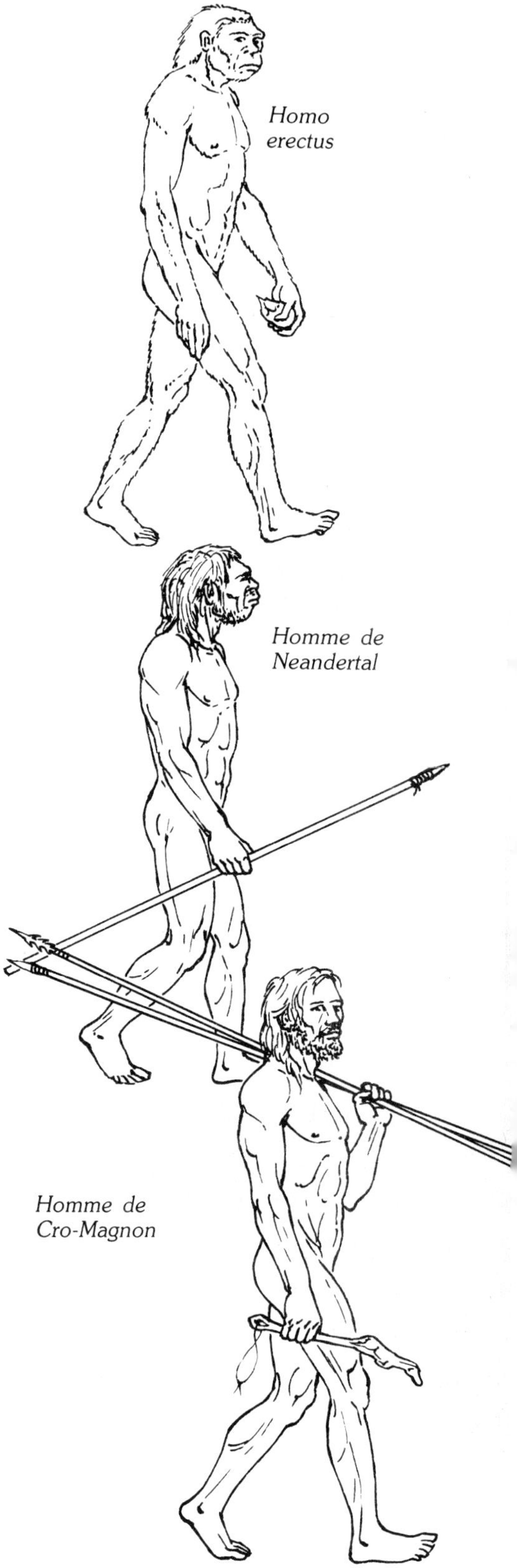

Cro-Magnon contre Neandertal

Soudain, l'homme qui, sagaie en main, marche devant en éclaireur, s'arrête tout net. Il pousse un cri qui est un avertissement. Tous ces braves Neandertal s'immobilisent aux aguets.

Les hommes ont rejoint l'éclaireur. Ils l'entourent, le questionnent à voix basse : qu'a-t-il vu ?

Pour toute réponse, il montre à travers les fourrés une file d'autres nomades qui, progressant en sens inverse, se rapprochent d'eux. Ce sont des choses qui arrivent. Il suffit d'attendre. Et de rester vigilant.

Voilà que les autres sont maintenant à portée du regard. Au même instant, dans tous les rangs Neandertal, retentit le même cri de stupeur.

Comment auraient-ils pu prévoir le coup qui leur advient ? Les hommes qui sont devant eux — car il faut bien croire que ce sont des hommes ! — *ne leur ressemblent pas.*

Comme les survenants se sont immobilisés eux aussi — la prudence est de règle aux temps préhistoriques — on a tout le temps de les détailler. Il faut bien reconnaître que ces gens-là sont plus fins, plus élancés, que leurs bras sont moins longs et, surtout, que leur visage offre des traits fort éloignés de ceux des Neandertal : le front est plus haut, les arcades sourcilières proéminentes ont disparu, ils ont un vrai nez et la mâchoire agressive s'est changée en menton.

Les Neandertal ne le savent pas, mais nous avons, nous, le droit de le dire : ce qui vient d'apparaître, là, dans la forêt, c'est tout simplement *l'homme de Cro-Magnon* [1].

1. Appelé ainsi du nom d'un site du Périgord où on a pour la première fois trouvé son squelette.

L'homme de Cro-Magnon vivait dans des grottes

Ils sont donc face à face, aussi méfiants les uns que les autres. Il a bien fallu que l'un d'eux, M. Neandertal ou M. Cro-Magnon, hasarde le premier pas.

Si ces messieurs en sont venus aux mains, pourquoi vous dissimulerais-je que mes vœux vont plutôt du côté de l'équipe Cro-Magnon ?

Pour quelle raison n'en serais-je pas le *supporter*, puisque l'homme de Cro-Magnon, c'est nous !

Cro-Magnon joue et gagne

Petit jeu : un Cro-Magnon se présente à Paris, place de la Concorde, au milieu des embouteillages, un soir à 18 heures. Supposons qu'il ait abandonné ses vêtements un peu rustiques et revêtu, pour l'occasion, un *jean* et un chandail : *vous ne le reconnaîtriez pas !*

Nous ne descendons pas des hommes de Neandertal, race éteinte, mais, en ligne directe, de cet *homo sapiens* — ce qui veut dire homme intelligent — qu'était l'homme de Cro-Magnon.

Comme ils vivent dehors et que sans cesse ils marchent, courent, nagent, montent aux arbres, ils sont bien sûr plus robustes, plus athlétiques que nous. Mais si, à la télévision, vous contemplez un champion olympique du 110 mètres haies, vous pouvez être sûr qu'il n'est pas différent de cet homme qui vivait en France il y a 20 000 ans.

Ces merveilleuses fresques de Lascaux, que n'oubliera jamais Isabelle, c'est l'homme de Cro-Magnon qui les a peintes. Il a même inventé, pour s'éclairer dans les grottes obscures, *la lampe*, en faisant brûler de la graisse dans un os creusé.

En Périgord, la Vézère coule dans le même lit qui était le sien il y a 20 000 ans. C'est l'endroit idéal pour surprendre l'homme de Cro-Magnon.

M'accompagnez-vous ?

L'homme de Cro-Magnon est fatigué de sa chasse. Il a déchargé le gibier à l'entrée de la grotte et est allé cherché sa petite lampe. C'est un os de renne creusé dans lequel il a fait fondre de la graisse de sanglier et a posé une mèche en poils de renne.

Sa lampe dans la main gauche lui donne un rond de lumière suffisant. Il peut terminer une frise de poneys galopant qu'il colorie avec de l'ocre orangé. Pour le ventre du bison il prendra du calcaire blanc.

Pendant la dernière saison de chasse, la grotte dans laquelle il se réfugiait a été décorée au burin de pierre. Il a reconnu deux bouquetins bien gravés et un cerf.

Un homme, vêtu d'un anorak et la tête couverte d'une capuche — le temps est un peu frais — , traîne vers la rivière son kayak. Il le fait glisser dans l'eau, avec une habileté née de l'habitude. En une minute, grâce à sa pagaie, il a gagné le milieu de la Vézère. Il lance sa ligne et bientôt un poisson frétille au bout de son hameçon.

Ce pêcheur expérimenté n'est autre qu'un homme de Cro-Magnon. Tout ce dont il dispose, il l'a inventé il y a plus de 15 000 ans.

Sa pêche achevée, il rentre chez lui, dans l'une de ces nombreuses grottes dont on aperçoit aujourd'hui encore l'ouverture en hauteur, sur les parois calcaires qui dominent la vallée. Il y grimpe par une échelle de corde qu'il a tissée.

Là, sa petite famille l'attend. Sa femme prépare le repas du soir. Le plus près possible de l'ouverture — à cause de la fumée — un feu brûle. Elle y a placé des pierres qui, peu à peu, sont portées à l'incandescense. Elle en saisit une et la jette dans une outre en cuir, largement ouverte et remplie d'eau. En quelques instants le liquide se met à bouillir. Mme Cro-Magnon pourra y faire cuire des légumes ou de la viande, selon sa préférence. Ou celle de son mari. Quant aux enfants, on ne les questionne pas : dès cette époque les parents exigent qu'ils mangent de tout. Pour leur bien.

Ce dont Mme Cro-Magnon pourrait concevoir de l'orgueil, c'est d'avoir inventé la cuisine.

L'aiguille est responsable de tout cela. Depuis l'invention du feu, voilà la découverte essentielle.

Vous souriez : c'est bien peu de chose, une aiguille ! Vous avez tort. Il vous suffit de considérer Mme Cro-Magnon dans son domaine. Ses aiguilles sont en os et creusées d'un trou par où passer le tendon — ligament tiré d'un animal — qui sert de fil.

Grâce à ces aiguilles, Mme Cro-Magnon a pu assembler des peaux de bêtes et les ajuster sur son propre corps avec talent, il faut le supposer ; sur ceux de son mari et de ses enfants avec amour, il faut l'espérer : les premiers vêtements ont ainsi vu le jour. D'autres peaux cousues sont devenues des sacs, bien utiles pour entasser les provisions, et des outres que l'on peut remplir de liquide. Toute la vie quotidienne s'en est trouvée changée.

Merci, Mme Cro-Magnon ! Nous applaudissons. Mais le plus étonnant est encore à venir.

Une découverte fondamentale : le bronze

Si les hommes préhistoriques ont été si longtemps nomades, ce n'est pas parce qu'ils aimaient cela. Comme vous et moi, ils auraient préféré rester en place.

Mais M. Cro-Magnon était observateur. Ces graines qu'il recueillait dans la nature — le blé, le seigle, l'orge — pour en faire sa nourriture, il a remarqué que, si on les répandait sur de la bonne terre, elles levaient quelques mois plus tard. Au lieu de cueillir au hasard, quel progrès de choisir le lieu où pousseront les végétaux dont on a besoin ! De cette simple constatation — encore fallait-il y penser — est née, il y a 7 000 ans environ, l'agriculture.

M. et Mme Cro-Magnon ont donc appris à recueillir les graines, à semer, à récolter. En même temps, ils capturent et domestiquent certains animaux, dont ils vont apprendre à pratiquer l'élevage.

Il s'agit du bond en avant le plus prodigieux qu'ait connu jusque-là l'espèce humaine. Pour la première fois de son histoire, commencée depuis cinq millions d'années, l'homme s'arrête. On dit qu'il devient *sédentaire*. Les tentes et les abris provisoires vont peu à peu faire place à des maisons. Ces maisons deviendront des villages.

Révolution au Néolithique

Cette révolution s'est produite à une époque que l'on nomme *néolithique* — autrement dit : époque où l'on savait polir la pierre alors que l'on appelait *paléolithique* l'époque où l'on savait seulement la tailler.

Incroyables progrès ! Les villages se sont peu à peu entourés de palissades qui les mettent à l'abri des animaux sauvages. Pour la première fois, l'homme se sent en relative sécurité. Les terribles battues d'autrefois, les corps à corps avec les fauves ou les mammouths ne sont plus qu'un mauvais souvenir. On peut nourrir les bébés grâce au lait des mammifères domestiqués. Autrefois, un grand nombre de nourrissons, dont les mères n'avaient pas assez de lait, mouraient. Maintenant, ils survivent. La population de la future France ne cesse de s'accroître. Elle va atteindre cinq millions d'habitants.

Et le mouvement se précipite. Il y a un peu moins de 4 000 ans, les hommes vont commencer à utiliser chez nous les métaux. En faisant fondre ensemble du cuivre et de l'étain, ils découvrent le bronze. Adieu aux outils et aux armes en silex ! Chaque village possède ses ateliers de fabrication métallurgique. Les guerriers disposent d'épées de bronze, de poignards, de glaives, de lances de bronze. Les chefs se font modeler des casques et des cuirasses en bronze. On chasse avec des flèches en métal. Les arbres sont abattus à l'aide de cognées en bronze : deux ou trois fois plus rapidement qu'avec les haches en pierre. Le bois se travaille avec des ciseaux en métal. On taille, on creuse des pirogues ; on sculpte des objets ; on voit apparaître les premiers meubles.

Ces hommes se rasent : ils disposent de rasoirs en forme de croissant. Pourquoi voudriez-vous que les femmes s'oublient ? Elles rangent dans leurs coffres des épingles à cheveux, des bracelets, des colliers, des boucles d'oreille, des bagues. Elles cousent avec des aiguilles de bronze.

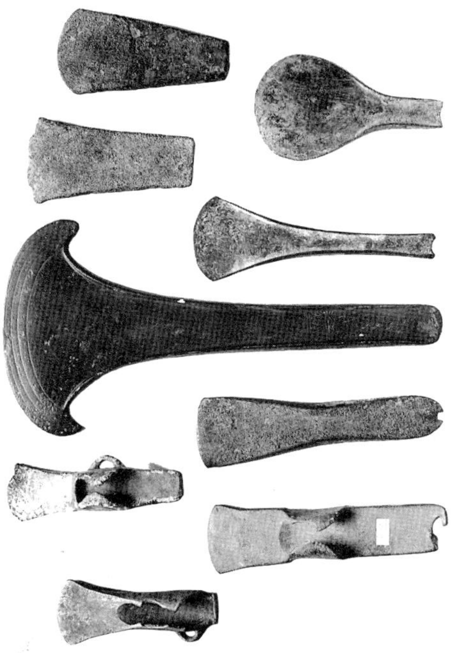

Ces neuf haches de bronze ont toutes été trouvées en France ; elles sont exposées au musée préhistorique de Saint-Germain-en-Laye. Sur certaines d'entre elles on voit l'encoche où s'emmanchait la poignée. Nous sommes loin des silex taillés ou des os de renne polis.

L'arrivée du cuivre, puis la découverte du bronze, n'a pas mis fin tout de suite à l'industrie de la pierre taillée.

Mais après un usage qui dura des millions d'années, la pierre est supplantée par ce nouveau matériau.

Les envahisseurs

Les voyez-vous, il y a 2 700 ans, ces cavaliers qui galopent sur leurs chevaux domptés, brandissent leurs lances et leurs épées — de fer, cette fois, incontestable supériorité sur le bronze — et s'abritent derrière des boucliers de bois ?

Ils viennent du centre de l'Europe et rien ne les arrête : ils foncent. Sur leur passage, ils détruisent, ils incendient, ils massacrent. Rien ne les réjouit davantage que les corps à corps avec leurs ennemis. A ceux-ci, ils ne consentent aucune grâce : les prisonniers capturés par eux sont aussitôt décapités d'un coup d'épée. Les têtes ainsi récoltées sont liées entre elles pour former des colliers qu'ils attachent triomphalement au cou de leurs chevaux.

Qui sont ces sauvages ?

Désolé. Ce sont nos ancêtres : les Celtes. Les Romains préféreront les appeler les Gaulois et le nom leur est resté. Ce n'est pas par hasard qu'ils font irruption chez nous sans y être invités. Leur intention est claire et le seul fait que les guerriers soient suivis de chariots où s'entassent leurs familles prouve qu'ils ne sont pas seulement de passage, mais entendent bien s'installer chez nous. La France est un pays où il fait bon vivre. On parlera à juste titre de la douce France. Cela se sait, cela se dit.

Nous allons voir que nos ancêtres les Gaulois ne se le sont pas fait dire deux fois.

NOS ANCÊTRES LES GAULOIS

Les premiers professeurs étaient les druides

Cherchons ici l'explication du grand dessin de la page précédente. Nous voici dans un village gaulois en pleine activité.

A tout « guerrier », tout honneur, saluons d'abord le Gaulois. Son casque à cornes se prolonge avec deux couvre-joues et un protège-nuque. Avec sa tunique agrafée aux épaules et que recouvre sa cotte de mailles de fer, son pantalon ou braie, son fermoir de ceinture en bronze, son immense bouclier ovale joliment décoré, il est bien protégé pour se battre. Mais seuls les Gaulois riches s'habillent ainsi.

Les maisons, souvent de forme rectangulaire, sont bâties en bois et en torchis. Le toit est en chaume et le sol en terre battue.

Les deux hommes vêtus d'une tunique courte et qui travaillent, l'un en bas, l'autre en haut d'un échafaudage sont deux scieurs de long en train de débiter un tronc d'arbre. Derrière eux passe un sanglier ou porc à moitié sauvage. Les Gaulois, grands amateurs de charcuterie, en mangeront la chair salée ou fumée.

Le champ est mûr, la moissonneuse est prête. C'est une énorme caisse garnie de dents qu'on peut régler pour couper les tiges à la distance voulue. La faux suffira pour moissonner de petites surfaces. Le soc de la charrue est en métal. Le fer à cheval est déjà inventé ainsi que la roue à rayons.

La Gauloise coiffée de nattes, à la robe ceinturée, peut choisir entre plusieurs instruments ménagers : un seau de bois cerclé de fer, comme la roue, pour aller au puits, un chaudron en cuivre où cuira le pot-au-feu de sanglier aux pois, fèves et choux, le tonneau, inventé depuis peu par les Celtes. La poterie en céramique à pâte rouge, cuite dans un petit four simple, ornera la maison.

Deux hommes vêtus de blanc, grimpés dans un chêne que l'hiver a dépouillé de ses feuilles, s'approchent, avec des gestes empreints d'un infini respect, d'une touffe de gui comme surgie du large tronc. L'un d'eux lève une serpe d'or et, d'une main sûre, tranche la plante. Le gui choit dans une étoffe blanche que le second tenait prête.

Alors, de la foule assemblée sous le chêne, monte un long cri de joie : le rite s'est accompli, les druides ont rendu grâce aux dieux.

Chaque fois que la lune en vient à son sixième jour, il en est ainsi. On cherche, dans l'énorme forêt gauloise, un arbre de l'espèce appelée « chêne rouvre ». Pour tous ceux qui vivent en Gaule, le chêne rouvre est l'arbre que les dieux aiment le plus : l'arbre divin par excellence. Si par bonheur ils aperçoivent une touffe de gui, ils s'écrient qu'elle arrive du ciel. Sûrement, c'est l'un des dieux gaulois qui l'a placée là. Ils ne sont pas moins de quatre cents, ces dieux, invisibles, mais présents, surtout dans les forêts et, en général, partout où se trouve de l'eau.

Dès que l'on a découvert du gui, on se hâte de prévenir les druides. Eux seuls ont le droit de couper le gui. Parce que les druides sont les prêtres des Gaulois.

Sous le signe d'Astérix

Regagnons en leur compagnie le village voisin. Mêlons-nous à la foule qui les suit : hommes portant des tuniques de couleurs bigarrées, souvent à carreaux — comme aujourd'hui les kilts des Écossais — femmes vêtues de simples robes droites, serrées à la taille, de teinte uniforme, blanches ou grises.

Partout s'élèvent des maisons généralement rondes et construites, sous des toits de chaume, en pierres sèches, en argile et surtout en bois. Les Gaulois excellent à travailler le bois : les ponts qu'ils jettent sur les rivières sont en bois et font, par l'audace de leur conception, l'admiration des voyageurs. En bois également, les fortifications qui entourent les villes et les villages. Mais le bois ne se conserve pas comme la pierre ou la brique. Ce qui fait que nous n'avons gardé aucun témoignage de cette architecture gauloise. C'est bien dommage, avouons-le.

Je sais ce que vous pensez : ce village que je vous décris, c'est le village d'Astérix. Pourquoi prétendrais-je le contraire ? Les auteurs d'*Astérix*, Goscinny et Uderzo, se sont très exactement documentés. Si les aventures qu'ils prêtent à leurs héros sont naturellement imaginaires, le cadre où elles se déroulent reste très proche de la réalité.

Dans ce village, chacun est retourné à ses occupations, les agriculteurs — les plus nombreux — ont rejoint leurs champs. Les étrangers n'y vont pas par quatre chemins : ils décernent aux Gaulois le brevet de meilleurs cultivateurs de leur temps. N'ont-ils pas imaginé la moissonneuse tirée par des bœufs, qui coupe les épis de blé et en charge automatiquement une voiture ? N'ont-ils pas inventé la charrue avec soc en fer qui laboure en profondeur, les engrais qui doublent ou triplent le rendement du sol ? Le tonneau, si pratique pour conserver l'huile et le vin, et tellement supérieur aux amphores romaines qui se brisaient pendant le voyage, est encore une invention gauloise. Tout cela n'est pas rien.

D'autres habitants du village sont allés ouvrir leurs boutiques provisoirement closes. Le menuisier a retrouvé son établi et le forgeron sa forge. Le charcutier a repris ses préparations : ces têtes de porc, ce lard, ce saindoux, ce jambon fumé qui font la réputation de la cuisine gauloise. La matière première est à portée de la main. A chaque instant, des troupeaux de porcs noirs et bruns passent sans crainte du voisinage des habitations à la forêt voisine. Il suffit au charcutier de rattraper à la course l'un de ces porcs dont les glapissements stridents rythment la vie quotidienne de la localité. Certains trouvent du charme à tout ce bruit. D'autres s'en exaspèrent. Et notamment les enfants qui ont des leçons à apprendre.

Ce beau dolmen est situé dans le Lot.

Il se compose de pierres verticales qui soutiennent des dalles horizontales. Le tout forme une sorte de chambre. Il y a beaucoup de dolmens en France, surtout dans l'Ouest et le Centre, et ils ont des figures variées. Certains forment de vrais couloirs. Les dalles de couverture peuvent peser jusqu'à 50 tonnes.

A quoi servaient-ils ? Sans doute s'agissait-il de tombeaux collectifs. On ne pense plus maintenant que les dolmens étaient des autels pour les sacrifices offerts par les druides.

Une grande pierre dressée toute seule s'appelle un menhir. Plusieurs menhirs disposés en cercle s'appellent un cromlech. Ce sont tous des monuments mégalithiques puisque le mot mégalithe veut dire : grosse pierre.

Au nom de la serpe d'or

Justement, quelques enfants ont accompagné un druide dans sa demeure. Sur des bottes de paille, ils se sont assis en rond autour de lui. Et le druide s'est mis à parler. Il raconte. C'est sa fonction : raconter.

Mais attention ! Quand le druide a achevé son récit, il demande aux enfants de répéter très exactement ce qu'il a dit. Avec les mêmes phrases, avec les mêmes mots. Si l'un d'eux se trompe d'un seul adjectif, il doit tout recommencer. Inutile de souligner que, dans la maison du druide, il y a beaucoup de pleurs et de grincements de

Les Gaulois étaient des envahisseurs

Dans cette garrigue au sol caillouteux, on a retrouvé les restes d'une maison « mégalithique » bâtie avant Jésus-Christ et habitée par une famille de Gaulois.

Elle est solidement construite avec des murs ronds de pierres sèches. Ces murs, dont il ne reste que les soubassements, pouvaient atteindre jusqu'à 2 m de haut. Ils étaient épais et percés d'ouvertures étroites de 50 cm de large. On ne sait pas comment était le toit, sans doute composé d'une couverture végétale. Pour d'autres maisons on utilisait des tuiles ou encore des dalles calcaires. Cette habitation de pierre est issue de la cabane de branchages et de terre à laquelle on commence à ajouter un étage avec, au ras du toit, une ouverture carrée qui aérera la soupente.

dent. Vous êtes sûrement de mon avis : voilà un exercice bien singulier. Vous allez voir que non seulement il s'explique mais qu'il se justifie.

Tout tient en quatre mots : les Gaulois n'écrivent pas. On ne peut pas dire qu'ils ignorent l'écriture, puisqu'ils ont de fréquents rapports avec des voisins comme les Romains ou comme les Grecs — alors établis à Marseille — qui, les uns et les autres, écrivent et lisent depuis longtemps. La vérité est que les Gaulois ne *veulent* pas écrire. La science appartenant en exclusivité aux druides, et ceux-ci tenant jalousement à ce privilège, ils n'acceptent de communiquer ce qu'ils ont appris de leurs prédécesseurs qu'à quelques enfants soigneusement choisis par eux, généralement au sein des familles nobles, c'est-à-dire celles qui possèdent la terre.

Qu'enseignent les druides à ces élèves privilégiés ? Un seul de leurs préceptes nous a été légué, mais il dit tout :

— Honore les dieux, fuis le mal, pratique la bravoure.

Mais ces druides aussi prédisent l'avenir en lisant dans les astres :

Le masque de cette divinité celtique, trouvé en Haute-Garonne, nous regarde du haut de ses orbites vides. A l'origine, celles-ci étaient probablement en émail incrusté. Le travail de la barbe et des cheveux finement ciselés dans le métal contraste avec le peu de recherche du visage.

Il s'agit probablement du dieu Mercure d'origine romaine mais adopté par les Gaulois qui l'honoraient comme dieu du commerce et des voyages et inventeur de tous les arts.

Les dieux celtiques étaient nombreux. La Gaule en comptait environ 400. Les druides enseignaient l'immortalité de l'âme qui, après un certain nombre d'années, pouvait recommencer à vivre dans un autre corps.

jamais un Gaulois n'entrerait en guerre sans les interroger. Ils rendent la justice et ils soignent les malades. Impossible d'en douter, cela représente un pouvoir considérable.

Quand ils ont fini d'apprendre aux enfants les noms de leurs dieux, quand ils leur ont fait répéter les poèmes et les chants dont raffolent les Gaulois, ce que les druides racontent le plus volontiers, c'est l'histoire de leur peuple.

Le croirez-vous ? Ce peuple n'est rien d'autre que celui venu si brutalement s'installer chez nous il y a 2 500 ans : les Celtes. Mais oui. Comme quoi il faut se méfier des impressions premières. Ces dieux que révèrent les Gaulois, ces lois qu'ils ont adoptées, cette hiérarchie qu'ils respectent leur ont été donnés par ces envahisseurs que nous avons désignés, non sans raison, comme des sauvages. Les Celtes ont révélé dans la paix des qualités insoupçonnées. Ils ont tout simplement justifié leur nom : *Celte* signifie *homme supérieur*.

C'est grâce à eux que la Gaule est devenue ce pays si techniquement avancé et si florissant. Merci, les Celtes.

Les habitants de ces immeubles furent les premiers spectateurs d'une découverte récente. Une équipe d'archéologues retrouva, en 1967, une partie des épaisses murailles entourant la ville antique de Marseille, ainsi que les dalles du bassin, au premier plan.

Les premières assises, formées de blocs énormes de pierres taillées, remontent à la fondation de la ville et c'est devant ce mur que se brisa l'assaut des Romains.

La région était riche grâce au sel des marais-salants voisins et au commerce par mer ; les peuples de la Méditerranée fréquentaient ce jeune port.

Marseille, le plus grand port du monde

Un voyageur arrive de Rome. Il débarque à Marseille, fondée par des colons grecs vers l'an 600 avant Jésus-Christ.

Naturellement, ce voyageur ne soupçonne pas que, six siècles plus tard, Jésus naîtra en Palestine. Il dénombre les années en partant de la fondation de Rome. Nous, en revanche, nous comptons à partir d'un repère admis par tout le monde occidental : la naissance de Jésus-Christ. Quand on évoque un événement qui s'est produit avant sa naissance, on dit : avant Jésus-Christ. On écrit souvent : av. J.-C. et on place devant la date le signe — (moins).

Que voit à Marseille ce voyageur romain ?

Une grande et belle ville étagée sur les hauteurs qui domine la mer. Les maisons de bois entassées descendent jusque sur le Lacydon, le vieux port d'aujourd'hui. En 1967, des fouilles permettront de retrouver — intacts — le bassin dallé de pierres et les quais qui ont été édifiés il y a plus de vingt-cinq siècles. Si ce Romain n'admire pas c'est qu'il n'a aucun goût : le port de Marseille est alors un des plus vastes du monde.

Marseille n'est pour notre voyageur qu'une halte. En route ! Rien n'est plus facile que de circuler en Gaule. Partout les Gaulois y ont tracé un réseau de routes, pratiques et bien entretenues. Elles sont carrossables ; on passe les rivières sur les fameux ponts de bois et les marais sur des chaussées de pierre. Les voies romaines qui, deux ou trois siècles plus tard, sillonneront la Gaule ne feront pour la plupart que prendre la relève des routes gauloises.

Au détour d'un chemin — souvent au bord d'une rivière — voici une grande maison isolée. Notre Romain l'appellera *aedificium*. Il en existe beaucoup en Gaule. Ces maisons sont la résidence des nobles gaulois. Ils vivent là entourés de leurs hommes d'armes, de leurs serviteurs, chassant avec passion, surveillant la culture de leurs terres, l'élevage de leurs troupeaux.

Ces nobles-là jouent un rôle politique d'importance : ils élisent le chef de leur peuple. Notre voyageur arrive d'un pays qui obéit tout entier au même gouvernement ; ce qui ne manque pas de le frapper, c'est qu'il découvre la Gaule divisée en un grand nombre de petits états indépendants que l'on appelle *cités*. Chacun ne dépasse guère la dimension d'un de nos départements d'aujourd'hui ou, pour les plus vastes, d'une de nos provinces. Ce sont par exemple les Eduens en Bourgogne, les Sequanes en Franche-Comté, les Arvernes en Auvergne.

Ce que notre Romain va également constater — je ne puis m'empêcher de croire qu'il l'a fait avec un malin plaisir — c'est que ces cités s'entendent rarement entre elles. Il rentrera chez lui en répétant que les Gaulois adorent se quereller. Pour un oui ou pour un non, ils se font la guerre.

— Autant de Gaulois, dira-t-il en riant, autant d'opinions différentes !

Je voudrais pouvoir le prendre en flagrant délit de partialité. Hélas, je crains qu'il n'ait eu parfaitement raison.

L'avenir va le démontrer avec éclat. Pour le malheur de la Gaule.

La princesse de Vix

Sur le chemin de halage qui longe la Seine, plusieurs esclaves, attelés au lourd bateau, s'épuisent à remonter le courant.

Un garde-chiourme ne les quitte pas de l'œil. S'ils faiblissent, la lanière du long fouet qu'il tient solidement en main cingle leurs épaules.

Sur le pont du bateau, étendus sur des coussins, les maîtres devisent agréablement. Soudain, l'un d'eux interrompt la conversation et désigne du geste un mont qui domine la vallée, là, devant eux. Aussitôt chacun se tait. C'est un réel malaise qui, maintenant, pèse sur ces navigateurs.

On se rapproche. On distingue mieux cette place forte qui domine le fleuve du haut des cent mètres du mont Lassois. Un colossal système défensif la protège : un fossé de douze mètres de large, cinq de profondeur, long de trois kilomètres. D'énormes levées de terre soutiennent ces remparts.

D'évidence, c'est un seigneur qui réside là. Et quel seigneur ! Sur une série de gradins naturels qui s'étagent sous la forteresse, des habitations s'adossent à la falaise rocheuse. On dirait que ceux qui y résident sont venus là non seulement pour servir le seigneur mais pour obtenir sa protection.

En vérité le seigneur ne règne pas seulement sur son *oppidum* — comme les Romains appellent ce genre de forteresse — mais sur

Ces ruines sont les seuls vestiges de l'oppidum d'Ensérune dans le Languedoc.

Un oppidum est une place forte de l'époque gallo-romaine. Entouré de gros murs épais, l'oppidum est généralement bâti sur une hauteur, ce qui permettra de localiser l'ennemi longtemps à l'avance et de pouvoir lui résister. Un grand fossé complète le rempart.

L'intérieur de la place forte comprend des « magasins » où l'on entrepose les armes, le ravitaillement, les réserves pour la vie de tous les jours. L'eau de pluie est recueillie dans des puits.

A l'extrémité de la place forte on trouve le cimetière. Les morts d'Ensérune y reposent encore dans des tombes repérables grâce à des pierres dressées.

Les artisans gaulois étaient renommés

La réputation des artisans gaulois dépassa très vite les frontières de la Gaule, et n'étaient pas rares les tonneliers et les ferronniers qui travaillaient déjà pour l'exportation.

On voit ici, à l'ouvrage, un menuisier en train d'égaliser une planche de bois qui servira peut-être au tonnelier. Savez-vous, à ce propos, que le tonneau est une invention celtique et qu'il servait au transport de la bière et du vin ?

En dessous, on voit deux ferronniers occupés à cercler une roue de bois. Le cerclage consolidait la roue et évitait à celle-ci de s'user trop rapidement.

Les maisons campagnardes étaient rustiques et beaucoup plus simples que les immeubles des villes. Le toit était généralement en chaume tandis que les murs de caillebotis étaient recouverts, par un maçon, d'un enduit protecteur.

Pour cuire les poteries, on utilisait souvent ces sortes de four dont le dôme était construit et démoli à chaque fournée.

toute la région avoisinante. Un rude guerrier, ce seigneur, dont le casque, le bouclier, l'épée — de véritables objets d'art — suscitent l'admiration de ses sujets. Quand il s'élance, à la tête de ses hommes d'armes, dans quelque expédition punitive, chacun fait silence et chacun tremble. Mais ce seigneur est aussi un commerçant particulièrement avisé. Comment cela ? Vous allez voir.

Dans la vallée, le garde-chiourme a tout à coup hurlé un ordre. Les esclaves se sont arrêtés et se sont mis à tirer de toutes leurs forces sur les cordages pour rapprocher l'embarcation de la rive.

Le cratère (ou vase) de Vix est un bronze énorme découvert dans une petite ville de la Côte d'Or. C'est une des splendeurs de l'art grec. Toute une frise de soldats orne son col. Ils conduisent des chars attelés à quatre chevaux.

Comment ce vase, qui pèse plus de 200 kg, a-t-il été retrouvé près de la Seine, des centaines d'années après sa naissance ? Nous sommes en 1952, lorsque des chercheurs français découvrent les restes d'une grande tombe préhistorique. Essayons de creuser encore malgré le temps de neige. Un morceau de bronze apparaît. Peu à peu un vase énorme, sans équivalent jusqu'alors, va revoir le jour. Il faudra trois jours pour le dégager de la boue cependant qu'une pompe assèche le caveau. Puis le squelette d'une femme est apparu qui portait un diadème, un collier, un bracelet.

Un peu plus loin, un peloton de guerriers gaulois barre le chemin : des cavaliers et des fantassins, tous formidablement armés. L'image même d'une force que nul ne songerait à affronter. Pas les marchands que voici, en tout cas.

Car ce sont là des marchands. Les flancs de leur bateau sont bourrés d'étain. En ce temps, toute l'Europe du Sud — à commencer par l'Italie et la Grèce — fabrique de grandes quantités d'objets de bronze. Donc, il lui faut de l'étain. Le principal gisement alors connu se trouve en Cornouailles, dans l'actuelle Grande-Bretagne. Des marchands vont donc y chercher le précieux métal, en chargent des bateaux qui traversent la Manche et remontent la Seine jusqu'en Bourgogne. Là, l'étain est porté par des caravanes jusqu'en Italie, puis en Grèce.

Les efforts des esclaves ont porté leurs fruits. Le bateau colle à la rive. Les marchands sautent à terre. L'un d'eux s'approche des hommes en armes figés dans leur immobilité terrifiante. Il s'incline et salue courtoisement leur chef qui répond avec une brièveté assurément calculée. Il regarde l'embarcation, en jauge d'un coup d'œil le contenu et lance un chiffre. Le marchand soupire. Il tire de son manteau un sac d'or qu'il remet entre les mains du chef. Celui-ci compte les pièces, une à une. Le compte y est.

Un simple signe de tête en guise de remerciement : c'est bien le moins. Le peloton fait demi-tour et s'en retourne vers l'*oppidum*.

Les marchands vont remonter à leur bord. Les esclaves vont se remettre à tirer. Le bateau va reprendre sa marche. De temps à autre, sur le passage, un autre seigneur prélèvera sa dîme. C'est ainsi. Les marchands savent que les récalcitrants — on en a compté autrefois — ont été réduits à l'état de cadavres. Mieux vaut payer.

Inutile de dire que ce seigneur est fort riche. Il fait d'ailleurs bon usage de sa richesse. Les marchands savent qu'au retour ils pourront lui proposer des meubles, des vases, des armes venues d'Italie, de Grèce et même de Crimée. Et encore des bijoux pour sa femme, une princesse qu'il aime passionnément.

Quand des chercheurs mettront la main, en janvier 1952, sur la tombe de cette princesse, morte à moins de trente ans il y a 2 500 ans, ils y trouveront un fabuleux trésor composé d'objets et de bijoux venus de toute l'Europe, mais aussi de créations du merveilleux art celtique : on l'appellera, du nom du lieu où on l'a découvert, le trésor de Vix.

Il est conservé aujourd'hui au musée de Châtillon-sur-Seine. Je jure que cela vaut le déplacement.

Éternellement, la dame de Vix et son trésor témoigneront de la grandeur des Celtes.

Les Suisses préfèrent la Gaule

L'ennui, c'est que trop d'étrangers regardent du côté de cette Gaule trop riche. Je vous l'ai dit : cela sera toujours ainsi.

Dès la fin du IIe siècle av. J.-C., les Romains ont occupé dans le sud du pays un vaste territoire qui va des Alpes aux Pyrénées. Ils l'ont appelé *Provincia*, nom latin qui deviendra plus tard pour nous la Provence.

Les Gaulois ne semblent pas s'être trop alarmés du fait de cette présence. Ils ont eu tort. C'est en revanche avec effroi qu'en l'an 58 av. J.-C., ils ont appris qu'une masse énorme d'Helvètes — les Suisses d'aujourd'hui —, un peu las de leurs montagnes où il fallait tant peiner pour faire pousser de maigres récoltes, ont voulu traverser la Gaule pour aller s'installer dans la riche Saintonge.

On comprend qu'un tel projet n'ait pas été accueilli d'un bon œil par les Gaulois et en particulier par les Eduens, peuple qui, pour son malheur, était établi justement entre la Suisse et la Saintonge. Ils redoutaient les ravages que n'aurait pas manqué de causer à travers le pays le passage de 350 000 Helvètes que l'on pressentait avides. Les Saintongeais, enfin, n'avaient nulle envie d'être délogés de chez eux : mettez-vous à leur place !

Les Eduens se sont demandé qui pourrait les tirer de ce mauvais pas. Ils ont eu l'idée de s'adresser à l'homme le plus puissant du monde de ce temps-là : Jules César.

Ce n'était pas une bonne idée.

César n'a pas fait de manières pour accepter. Accouru avec ses légions, il a écrasé les Helvètes, massacrant sans inutile pitié les deux tiers d'entre eux, et contraignant les survivants éperdus à regagner leurs montagnes.

Dès lors, au pays des Eduens, César s'est considéré comme chez lui. Un peu plus tard, il est entré en Alsace pour en chasser les Germains. Là encore il a triomphé. Orgueilleusement, il a répété :

— Je suis le sauveur de la Gaule !

Les Gaulois auraient dû se dire qu'il n'y a souvent rien de plus dangereux qu'un sauveur.

Il descendait d'une déesse

Superbe, écrasante manifestation d'une cohésion née d'une discipline de fer, la légion romaine s'avance sur la route gauloise.

Derrière la première cohorte, un homme d'un peu moins de cinquante ans, maigre et sec, se tient à demi étendu sur une litière portée par d'athlétiques esclaves. Sous une tête chauve, un visage aux traits aigus laisse deviner un mélange d'extrême dureté et d'exceptionnelle intelligence.

L'homme, qui vient de se dresser sur ses coudes pour mieux observer la campagne environnante, c'est Jules César. S'il se trouve sur cette route à la tête de ses légions, c'est dans un but extrêmement précis : il veut parachever sa mainmise sur la Gaule.

César est l'homme le plus illustre de son temps. Il appartient à l'une des plus anciennes familles romaines et affirme même — le croit-il vraiment ? — descendre de la déesse Vénus. Dans son berceau, il a trouvé la richesse, la puissance. La vie lui a tout donné de ce qu'un homme peut espérer : les plus hautes charges de Rome, il les a obtenues. Mais, depuis l'adolescence, il ambitionne passionnément d'exercer le pouvoir suprême. Pour y parvenir, il s'est fait nommer proconsul en Gaule.

Il sait ce qu'il fait. Les Romains considèrent les Gaulois comme les plus redoutables de leurs ennemis. Ils conservent le souvenir amer de cette expédition au cours de laquelle 30 000 Gaulois, conduits par leur chef Ambicat, ont pris et ravagé Rome, ne se retirant qu'en emportant un butin considérable. César sait que, s'il bat les Gaulois, les Romains ne pourront plus rien lui refuser : s'il le veut il sera dictateur ou — qui sait ? — roi.

Du haut de sa litière, c'est un regard de convoitise que César jette sur cette Gaule dont la richesse lui est depuis longtemps connue.

Tout à l'heure, à l'étape, on lui a servi du foie gras, autre invention de ces diables de Gaulois. Il n'a jamais rien mangé de meilleur. Décidément, ils ont tout, ces Gaulois ! Quand il contemple ces champs admirablement cultivés, César ne peut s'empêcher de penser à la terre de son Italie, presque toujours pauvre et quasi stérile. Et s'il ne s'agissait que d'agriculture ! Il songe à cette ville de Bibracte, qu'il traversait la veille, à 20 km de la ville actuelle d'Autun. On lui a montré les ateliers où, de la main de milliers d'ouvriers, sortent tous ces objets métalliques qui font eux aussi la renommée de la Gaule : œuvres d'art, armes, outils, chaudrons, chenêts et même — grande nouveauté pour les Romains — fourchettes et cuillers !

Partout en Gaule, on exploite des mines d'où l'on tire le fer, le plomb, le cuivre et même l'or. « C'est un pays où l'or foisonne », écrit un auteur latin.

« Trop c'est trop », doit se dire César. Il est temps de faire de la Gaule — définitivement — une colonie romaine.

Combien de fois a-t-il cru y parvenir ! Mais quand il écrivait à Rome

Cette jeune Gauloise s'incline devant une source sacrée. Les Gaulois adorent toutes les forces de la nature : tonnerre, Soleil, vent, eau sous toutes ses formes car, à leurs yeux, elle représente la vie. Ces grossières statuettes en bois sont autant d'ex-voto c'est-à-dire de remerciements pour un malade guéri. La tête sans tronc représente peut-être la partie du corps malade et qui a été guérie par contact avec le dieu eau. De nos jours encore, la croyance populaire fait lancer dans certaines fontaines des pièces de monnaie pour obtenir une grâce.

Ces deux soldats romains, en tenue de combat, font partie d'une frise retrouvée à Rome et maintenant exposée au Musée du Louvre.

Leurs longs boucliers ovales les protègent presque entièrement. Ce sont des cavaliers de l'armée impériale. La durée de leur service militaire est longue : vingt ans dans la légion. Un Gaulois jugé digne de servir dans la cavalerie peut y faire toute sa carrière jusqu'au grade d'officier et devenir citoyen romain.

L'armée romaine ressemble à un creuset où se fondent le soldat romain et le soldat gaulois.

que la Gaule était décidément pacifiée — cela lui arrivait tous les ans — une nouvelle insurrection éclatait.

César l'a appris à ses dépens : le peuple gaulois ne se laisse jamais facilement asservir. Quand on lui annonçait qu'une cité s'était une fois de plus insurgée, il envoyait contre elle ses amis éduens : diviser pour régner, c'était la devise du très habile César.

A la fin de l'année 53 av. J.-C., du haut de sa litière, le proconsul est convaincu d'avoir triomphé. La Gaule est à lui.

C'est compter sans un certain Vercingétorix.

Pour la liberté gauloise

L'homme, campé au plus haut de la colline, prête l'oreille du côté de la plaine, au nord. Soudain, un appel le rejoint, un cri strident qui accroît sa vigilance. Il y répond par un cri semblable. Toute son attention décuplée se porte vers un grand arbre, là-bas, à l'horizon. Il sait qu'un crieur est posté dans cet arbre et le cri signifie qu'un message va lui être transmis.

Avec une lenteur calculée, chaque mot étant articulé syllabe par syllabe, voici ce qui lui parvient :

— Ce matin... au lever du soleil... grand massacre... à Cenabum... Il n'y a plus un Romain... de vivant... dans la ville.

Cenabum, c'est aujourd'hui Orléans. Notre homme attend. Un nouveau cri lui annonce que le message est achevé. Alors il se tourne vers le sud, pousse le même cri et répète ce qu'il vient d'entendre :

— Ce matin... au lever du soleil...

Extraordinaire système qui permet, à travers toute la Gaule, une transmission ultra-rapide des informations. C'est ainsi que, le jour même à 240 km de là, les habitants de Gergovie, capitale des Arvernes — on dirait aujourd'hui les Auvergnats — vont connaître la nouvelle du massacre.

Dans l'instant, la ville a la fièvre. Les gens courent dans les rues, se hèlent de maison en maison. Un homme jeune — trente ans à peine — et de fière allure a jailli de sa demeure pour rejoindre ses amis. Il paraît hors de lui. Il s'exclame :

— Assez de lâcheté ! Il faut imiter ceux de Cenabum !

Cet homme s'appelle Vercingétorix. Il est le fils d'un des plus puissants chefs des Arvernes, Celtill, mis à mort par ses sujets trente ans plus tôt, parce qu'il avait voulu s'attribuer le titre de roi. On l'avait brûlé sur un bûcher. Pas de doute : les Arvernes n'aimaient pas les demi-mesures.

Il rayonne de force généreuse, Vercingétorix. L'image qu'il offre à tous est celle d'un patriote fier, indomptable, farouchement attaché aux libertés de son pays.

Il n'a pas que des amis. Parmi les Arvernes eux-mêmes, certains plaident pour la prudence : les Romains sont si forts ! Vercingétorix non seulement balaye ces arguments défaitistes, mais, devenu chef des Arvernes, il va se révéler à la fois un grand général et un remarquable homme d'État.

L'un après l'autre, les peuples de la Gaule se rallient à lui. Un prodigieux élan ameute la Gaule contre l'occupant. Partout, on massacre les garnisons romaines. Les Gaulois amis des Romains sont sommés de rejoindre les insurgés. S'ils s'y refusent, on les fait mourir dans d'horribles supplices.

Quand la révolte a éclaté, César était en Italie. Il accourt, parcourant certains jours quatre-vingts kilomètres. Avec 20 000 hommes, il se porte vers les points menacés. C'est là que se manifeste, dans tout son éclat, le génie de Vercingétorix. Il convainc son peuple et ses alliés de tout détruire devant les armées de César :

— Il faut incendier les villages et les granges sur le territoire que doit traverser l'ennemi !... Même les villes doivent être livrées aux flammes !

Nous sommes en février. Le but est clair : il faut réduire les légions romaines à la famine. Et la tactique réussit ! Malheureusement, on hésite à brûler Avaricum (Bourges), la plus belle ville des Gaules. Le résultat : César l'assiège, l'affame et la prend après un siège de deux mois.

Encouragé, le Romain marche sur Gergovie où Vercingétorix s'est retiré. Une forteresse redoutable, Gergovie. A plus de 700 mètres d'altitude, il s'agit d'une masse rocheuse qui, presque à pic, domine la plaine de plus de 300 mètres. Fidèle à sa tactique, César s'est fait appuyer par les Eduens. Devant Gergovie, ceux-ci l'abandonnent pour se rallier à la cause gauloise ! César reconnaît son échec et se retire (mai - 52).

C'est la victoire la plus éclatante de toute l'histoire de Vercingétorix. Aujourd'hui encore nous en sommes fiers.

Double page suivante. Le long de l'autoroute du soleil, en Bourgogne, se dresse l'Archéodrome. C'est une illustration de l'Antiquité, des temps les plus lointains de la Préhistoire jusqu'à la Gaule romaine. La photo que nous voyons représente une partie de l'Archéodrome : ici nous voyons la reconstitution grandeur nature d'une partie de la ligne de fortification construite par l'armée de César autour de la forteresse d'Alésia.

Pour renforcer cet ouvrage, on distingue aux pieds du rempart des troncs d'arbres taillés en pointe et durcis au feu, bien enfoncés et reliés entre eux sous des branchages emmêlés. L'ennemi s'empalait sur ces pieux aigus.

Le camp retranché d'Alésia

Une bataille décide du sort de la Gaule

Cette monnaie romaine nous montre le seul portrait connu de Jules César. Il est vieux, maigre, son visage est entaillé de rides profondes. La couronne de laurier cache en partie son front dégarni. Victorieux du peuple gaulois, son armée occupe solidement un territoire limité par les Alpes et le Rhône d'abord, puis toute la Gaule, avant d'écraser les Germains.

Qu'est devenu l'orgueil de César ? Il s'est replié, avec toutes ses forces, vers la *Provincia*. Le plan de Vercingétorix porte ses fruits. La guerre d'escarmouche, il compte bien la poursuivre jusqu'à l'hiver. Alors, à bout de ressources, les Romains seront chassés de Gaule.

Pourquoi le chef arverne ne s'en est-il pas tenu à ce beau plan ? Les historiens ne l'ont jamais expliqué. Peut-être enivré par sa réussite, a-t-il voulu finir la guerre d'un seul coup. Il poursuit les légions romaines et les attaque près de Dijon. Il a trop préjugé de ses forces. César reste plus fort que ne l'avait cru son rival. Il l'emporte.

Vercingétorix, vaincu mais non désespéré, va se réfugier à Alésia, aujourd'hui Alise-Sainte-Reine.

Bataille à Alésia

Si un jour vous descendez en voiture vers le sud par l'autoroute A6 — l'autoroute du Soleil — demandez à vos parents de prévoir, sur l'aire de Beaune-Tailly, une halte à l'Archéodrome. Croyez-moi : ce sera passionnant. Non seulement vous y trouverez évoquée la vie des premiers habitants de notre pays, ceux de la Préhistoire et de la Gaule, mais vous découvrirez là une remarquable reconstitution du siège d'Alésia.

En s'enfermant dans cette place forte avec 80 000 hommes, Vercingétorix a cru pouvoir réitérer l'opération réussie de Gergovie. Comme la capitale arverne, l'*oppidum* d'Alésia est situé sur un plateau (2 500 m de long sur 500 m de large). Il est complètement isolé et domine les vallées d'une hauteur de 160 à 170 mètres. Des pentes abruptes surmontées par une falaise verticale constituent une défense naturelle de premier ordre. Un seul accès par l'est ; encore est-il coupé par ces murs gaulois qui faisaient l'admiration de César lui-même. Assurément, ici encore César va se casser les dents.

C'est mésestimer le Romain. Mieux que personne il sait tirer des leçons de ses défaites. Il n'essaiera pas de prendre d'assaut Alésia. Il va bloquer la place forte, l'entourer par tous les moyens dont dispose l'armée romaine. Et ces moyens sont immenses. C'est cela que vous montre l'Archéodrome, en une surprenante reconstitution grandeur nature.

Autour de la ville, César établit vingt-trois postes fortifiés qui abritent chacun 1 600 à 1 800 hommes. Il creuse deux fossés larges de

4 m, chacun de profondeur égale. Il remplit d'eau le fossé intérieur. Derrière il construit un terrassement surmonté d'une palissade d'une hauteur de 3,50 m et complète celle-ci par un parapet et des créneaux.

Partout, sur les espaces de terre qui précèdent ces ouvrages, il fait planter des pieux taillés en pointes acérées et peu visibles. Tout attaquant viendra s'y empaler. Impossible d'énumérer toutes les défenses imaginées par le génie de César. Il a atteint son but : non seulement il n'est plus possible à aucun Gaulois de sortir d'Alésia, mais aucune autre armée gauloise ne pourra venir délivrer la ville. Exploit extraordinaire : César a fait édifier en quelques jours une deuxième ligne de fortifications, identique à la première, mais établie en sens contraire. Quand l'armée de secours, appelée par Vercingétorix, accourra, elle s'y brisera.

Le jour vient où il n'y a plus de grain de blé dans la ville assiégée. En vain Vercingétorix en a chassé les bouches inutiles : vieillards, femmes, enfants. César, informé, a interdit qu'on les accueille. On a vu errer ces malheureux entre les lignes gauloises et romaines. Ils y sont morts de faim. Tous.

Dans la citadelle, les guerriers eux-mêmes sont à bout de force. Vont-ils périr jusqu'au dernier ?

Non.

L'héroïque Vercingétorix, pour sauver ceux qui restent en vie, décide de s'offrir en victime expiatoire.

Le chef arverne a coiffé son casque à deux ailes. Il a enfourché sa plus belle monture. Il sort de la ville, galope jusqu'au camp de César et jette ses armes aux pieds de son vainqueur.

On aurait souhaité, de la part de César, plus de mansuétude. En graciant Vercingétorix, il se serait grandi. Il a préféré faire conduire le chef gaulois à Rome et l'y faire jeter dans la prison Mamertine. Vercingétorix va y croupir durant six ans, avant d'en être extrait pour figurer au triomphe de César. Après avoir parcouru la ville attaché au char de celui qui, selon son vœu, est enfin devenu dictateur, il sera étranglé devant le temple de Jupiter.

C'en est fait. La Gaule est devenue romaine. L'étonnant de l'affaire, c'est qu'elle va puiser dans sa défaite les fondements d'un stupéfiant renouveau. De toutes ces larmes et de tout ce sang répandus, va naître pour notre pays un nouvel âge d'or.

Vercingétorix a conduit la lutte contre Rome quand il avait environ vingt-cinq ans. On voit ici son profil sur une pièce de monnaie. Sa barbe est rasée et ses cheveux mi-longs sont bouclés. Son nom signifie sans doute « grand roi des guerriers ».

DE CÉSAR A CLOVIS

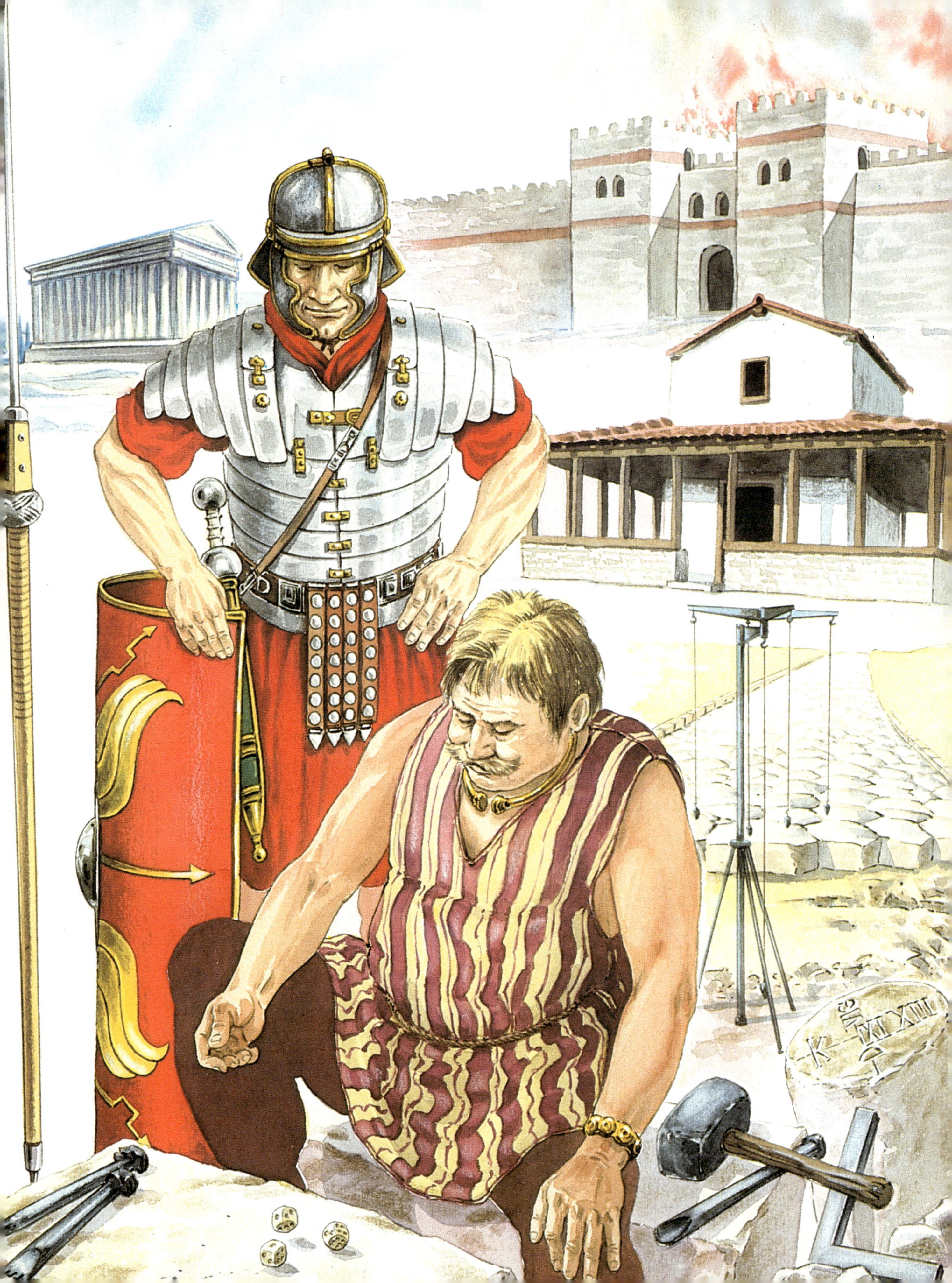

Les Gaulois se romanisent

Expliquons le grand dessin de la page précédente.

Si la civilisation de la Gaule est avant tout paysanne, le pays une fois devenu romain présente une civilisation où les villes dominent. Voilà pourquoi cette couverture met en honneur quatre monuments avec les hommes qui les bâtissent et les outils dont ils se servent. En haut : le célèbre pont du Gard à trois étages n'est autre qu'une partie d'un immense aqueduc qui coupe la vallée du Gardon, près de Nîmes, et amène l'eau à travers 40 km de garrigues. Les pierres sont assemblées au mortier.

Le temple qui se dégage sur le ciel est la Maison-Carrée de Nîmes, aux proportions merveilleusement équilibrées dans leur petitesse : 25 × 13 m.

Voici ensuite un « fanum », maison gauloise romanisée entourée d'une colonnade. La pierre et la tuile y ont remplacé le torchis et la paille.

A l'arrière-plan, une ville fortifiée brûle... Les premiers barbares arrivent ! Une voie romaine en construction nous conduit jusqu'au Gaulois et au légionnaire. Sous les dalles, les ouvriers ont ménagé une couche de sable, puis une autre de pavés concassés et cimentés. L'équerre et le fil à plomb sur trépied permettent le bon alignement.

Le chef de chantier se repose en jouant aux dés près de la borne romaine qui indique les directions et les distances. Un ouvrier taille un bloc de pierre avec un marteau et une pointe à crans, un autre fend un bloc à l'aide de coins tandis qu'une pierre déjà taillée est soulevée par un palan.

Ces deux machines de guerre sont des sortes de catapultes. Quant au légionnaire debout, casqué, en cuirasse de fer à plaque articulée, il porte une sorte de tablier de cuir qui lui protège le ventre.

Un immense cri a fait, vers le ciel, s'envoler au même instant tous les oiseaux de Lyon :

— *Salut César !*

Cette foule qui hurle sa joie est une foule gauloise. Celui qu'elle acclame s'appelle Caligula. Debout sur son char, il répond aux acclamations en saluant les Lyonnais de larges gestes de la main.

A Rome, après que le conquérant des Gaules, Jules César, eut été assassiné en plein Sénat, son fils adoptif, Auguste, s'était fait empereur. Tibère lui a succédé, puis Caligula à Tibère, et Claude à Caligula. Comme ils appartiennent à la même famille, on les appelle tous César.

Il est tout-puissant, Caligula. Lorsqu'il vient à Lyon en visite — en l'an 39 après J.-C. — il n'y a que deux ans qu'il règne. Salué d'abord comme un prince excellent, ses sujets ont appris avec peine qu'il était tombé gravement malade. Quand on a annoncé sa guérison, il a bien fallu reconnaître que son caractère s'était modifié. Dans les rangs de la foule lyonnaise, certains hommes informés regardent avec attention son visage pour deviner si ce qu'on a murmuré devant eux est vrai : l'empereur serait-il devenu fou ? Ils se rassurent. Rien d'apparent, si ce n'est, malgré tout, un regard un peu trop mobile, des yeux un peu trop troubles.

En fait, Caligula ne se trouve encore que sur le chemin de la folie. Il n'en est pas encore au point de nommer son cheval sénateur, ce qu'il fera bientôt ! Pour le moment, s'avançant dans les rues de Lyon, il admire.

C'est une ville superbe que Lyon, désormais capitale commune des trois provinces gauloises : l'Aquitaine, la Lyonnaise, la Narbonnaise. Caligula réagit comme ses prédécesseurs aux yeux de qui, pour la plus grande ville de Gaule, rien n'était trop beau, rien n'était trop riche. Auguste a séjourné à Lyon et, son titre d'empereur ne lui suffisant pas, s'y est fait proclamer dieu. L'empereur Claude y est né. Tibère l'a visité. Tous ils ont aimé Lyon et ses 50 000 habitants qui seront bientôt 80 000. Ils y ont favorisé la construction d'un nombre incroyable d'édifices de toutes sortes. Pour sa part, Auguste a fait édifier à Lyon un théâtre de 4 500 places.

Le char de Caligula s'engage dans la voie principale de la cité, le Decumanus, longue de 300 m, large de près de 9 m. Des boutiques alternent avec de hauts immeubles. C'est le coin le plus animé de la ville, le quartier où l'on trouve toutes les marchandises imaginables. Un peu plus loin l'avenue croise la rue d'Aquitaine, l'une des plus belles, large de 12 m, où se pressent temples, palais, riches demeures.

C'est peut-être ce qui frappe le plus Caligula : il se sent chez lui à Lyon. Comme d'ailleurs dans toutes les grandes villes de Gaule, que ce soit Narbonne, par exemple, Vienne, Nîmes, Reims ou Lutèce, la ville des Parisii, nom qui se transformera un jour en Parisiens. Ces villes gauloises, enfin construites en pierre, ressemblent à s'y méprendre à des villes romaines. Les Gaulois y ont construit des cirques, des théâtres, des thermes — à la fois piscines et saunas —, des places publiques appelées *forum*, où le peuple, comme à Rome, discute des affaires de la cité, des temples enfin pour prier Jupiter ou Apollon, tous les dieux de Rome.

Ces Gaulois que Caligula voit dans les rues de Lyon sont vêtus comme des Romains, ils ont abandonné leurs noms gaulois pour des noms latins. L'éloquence des Gaulois était depuis toujours reconnue et admirée ; désormais les plus intelligents d'entre eux se font applaudir au forum dans des discours en latin. Ils ne pensent plus qu'à devenir citoyens romains, faveur que d'ailleurs Rome leur accorde souvent. Beaucoup de Gaulois exerceront à Rome de hautes fonctions, certains seront sénateurs et même l'un d'eux deviendra empereur !

Il m'étonnerait que Caligula, qui avance toujours à travers les rues de Lyon en liesse, ne se soit pas posé la question : ces gens qui s'étaient battus avec tant d'ardeur patriotique contre César, ont-ils donc oublié qu'ils étaient gaulois ?

Tranquillisons l'empereur. Il n'en est rien.

Simplement, avec beaucoup d'intelligence, les Gaulois ont emprunté à Rome ce qui pouvait le mieux améliorer leur vie quotidienne : l'eau courante, par exemple, que l'on achemine vers les villes par des aqueducs. Lyon n'est-il pas alimenté par l'aqueduc du Gier qui déverse dans la ville chaque jour 24 000 m^3 d'une eau venue du Pilat, à 75 km de là ? Pourquoi les Gaulois se seraient-ils privés de faire, à l'instar des Romains, circuler de l'eau chaude à l'intérieur des murs de leurs maisons, adoptant ainsi le premier chauffage central ?

Ils ne sont pas devenus romains pour autant. On n'a jamais dénombré plus de 300 000 Romains dans une Gaule qui comptait alors 10 millions de Gaulois. Ce qui a permis à ces derniers de préser-

Cette belle statue de l'empereur Caligula avec sa toge drapée et retenue sur le bras gauche nous le montre au début de son règne bien court. Il n'est pas encore devenu fou. Bientôt son orgueil de puissance ne connaîtra plus de limite.

ver les façons de pensée qui leur venaient de leurs ancêtres, leurs antiques traditions et même leur langue : ce que nous appelons *l'identité.*

Il ne faudra pas moins de plusieurs siècles pour que toute la Gaule parle latin. Si les enfants des familles aisées étudient en latin dans des écoles comme celle d'Autun — la plus célèbre — les gens simples useront encore au IVe siècle du vieux langage celtique. Bien sûr, la langue française que nous utilisons reste en grande partie l'héritage du latin, mais vous ne devez jamais oublier que beaucoup de mots que vous employez tous les jours nous viennent des Gaulois. Si nous les avons conservés, c'est grâce à la volonté de nos ancêtres de défendre leur langue. Les mots : le cheval, la chèvre, le chat, le taureau, l'alouette, la ruche, la charrue, le chemin, la barque, la graine, le savon, la roche, l'if, le chêne, le bouleau, Vercingétorix aurait pu les comprendre.

Savez-vous que tous nos noms de fleuves, notamment, sont celtiques ? Désormais, quand vous direz : *Seine, Loire, Garonne, Rhône,* je vous demande d'adresser une pensée d'amitié à nos ancêtres les Gaulois !

En fait, les Romains, sans le savoir, ont fait à la Gaule un cadeau merveilleux. Ils lui ont apporté ce qui lui avait toujours manqué, l'unité. C'en est bien fini de ces tribus, de ces cités, de ces chefs qui sans cesse se faisaient la guerre. Ce qui règne — et régnera pendant trois siècles — c'est la paix romaine. Pour la première fois, la Gaule est tout entière soumise aux mêmes lois. Un géographe grec, Strabon, qui voyageait chez nous au début de notre ère, s'est écrié qu'il avait vu en Gaule *une même famille.*

Cela, c'est capital. Car, de cette famille-là, naîtra un jour la France.

Nous sommes ici au début du IIIe siècle. Cette mosaïque qu'on peut voir avec beaucoup d'autres au musée de Saint-Germain-en-Laye est un précieux témoignage de la vie à la campagne. Il s'agit d'un calendrier qui illustre les occupations des hommes tout au long de l'année. Nous assistons à une scène de labour et de semailles ; deux bœufs labourent, conduits par un paysan qui les pousse de son aiguillon, tandis qu'un autre paysan lance le grain dans le sillon creusé.

Une autre scène nous montre, juste avant celle-là, que cette même terre a été engraissée par le fumier retiré de l'étable grâce à un brancard porté par deux hommes.

La vie rustique est déjà admirablement ordonnée et active. Les Gaulois ont gardé leur façon de travailler la terre. Les mots qu'ils employaient alors en agriculture sont passés dans notre vocabulaire actuel ; nous utilisons des mots gaulois quand nous disons, en regardant cette mosaïque, la graine, le soc, la charrue, le chêne, le taureau, la lande.

La Gaule heureuse

Je vais vous faire un aveu : s'il m'avait été donné de désigner l'époque où j'aurais voulu naître, j'aurais choisi la Gaule romaine.

Quand je regarde vivre les gens de ce temps-là, je les vois heureux. C'est ce que pensent d'ailleurs les fonctionnaires ou les soldats romains, un peu jaloux de ce pays qui a reçu en partage tant de richesses, tant de beauté.

La paix romaine a eu pour conséquence un prodigieux essor éco-

0 100 200 300 400 500 600 700 800 900 1000 1100 1200 1300 1400 1500 1600 1700 1800 1900 2000

Dans les Bouches-du-Rhône, il est énorme, ce pont Flavien situé sur une toute petite rivière.

Il s'agit d'un cadeau offert dans son testament par le notable Flavos, prêtre du culte de l'Empereur Auguste. Il habitait Arles. Peut-être aussi a-t-il voulu, par ce pont en arc de triomphe, marquer la frontière entre les colonies d'Arles et d'Aix. En tout cas, son nom gravé sur la face d'un arc conserve le souvenir de ce riche Romain.

nomique. L'industrie accomplit des prodiges, que ce soit pour l'extraction et le travail des métaux, la fabrication de poteries, de vêtements, de chaussures, d'outillage. Des villes entières vivent de cette industrie. Les incomparables routes gauloises ont été encore améliorées. On les a doublées de voies en ligne droite — les autoroutes de l'époque — qui raccourcissent singulièrement les distances. Quelques années avant Caligula, l'empereur Tibère, grâce à des spécialistes qui changeaient aux relais avec une vélocité stupéfiante les chevaux de sa voiture, choisis parmi les plus rapides, a pu parcourir en Gaule 296 km en vingt-quatre heures ! Probablement le record du monde de son temps. Sur les mêmes routes le courrier impérial parcourt en moyenne 75 km par jour et les simples particuliers 45 km.

Mais ce qui, en Gaule romaine, vous aurait séduit le plus — j'en suis sûr — ce sont ces campagnes ordonnées, ces champs bien tracés, ces cultures abondantes, ces vignobles déjà renommés, ces prés aux riches herbages. Ce que vous auriez aimé, ce sont ces *villas* éparses à travers tout le pays, ces propriétés agricoles qui appartenaient à de grandes familles où vivaient et travaillaient parfois plusieurs milliers d'hommes et de femmes. Certaines étaient immenses : celle de Montmorin, dans notre département de la Haute-Garonne, comportait plus de cent cinquante pièces.

Tous les récits que nous possédons nous montrent que, sous les toits de tuile de ces villas, a régné une véritable douceur de vivre. On y trouve des piscines, des bains chauds, des bains froids, des salles de sudation idéales pour faire perdre quelques kilos. Dans les cours et les jardins, au sein des ateliers s'activent, en plus des domestiques ou esclaves de sexe mâle, tout un peuple d'ouvrières. La règle est que la villa doit se suffire à elle-même : on y fabrique jusqu'aux meubles, jusqu'à l'outillage, on y tisse, taille et coud jusqu'aux vêtements.

Plus loin, voici la chambre à coucher des propriétaires, la salle à manger d'hiver avec sa cheminée où brûlent de grands feux, avec aussi la salle à manger d'été. Celle du sénateur Apollinaire ouvre ses grandes baies sur un lac, afin que les convives puissent apercevoir les pêcheurs pousser au large leurs bateaux et jeter leurs filets.

Quel calme ! Quelle paix ! On n'entend à l'aube que le chant du coq, à midi que celui des cigales, sur le soir que le coassement des grenouilles, parfois le chant des flûtes des bergers et les sonnettes des troupeaux qu'ils conduisent à la prairie.

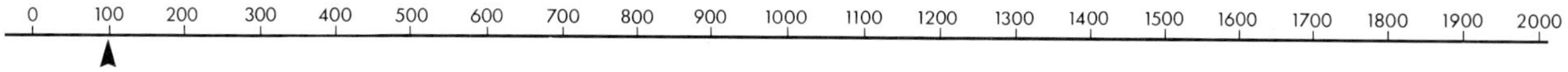

Dans ce paradis terrestre, les jours passent trop vite. De villa à villa, on se rend visite. On pratique l'équitation, on joue aux dés, à la paume. Surtout on chasse. On courre le cerf, le sanglier, le loup, l'auroch. Si on reste chez soi, on lit, on compose de petits vers, on rédige des épigrammes, on écrit. Chaque villa dispose d'une bibliothèque personnelle.

Oubliées, les rudes forteresses des Gaulois indépendants. La villa gallo-romaine, paisible, accueillante, amicale, faite pour le plaisir des hommes et des femmes, m'apparaît un peu comme l'oasis vers laquelle, après une longue marche, aspirent les caravanes du désert. Pas à vous ?

Bien sûr, une telle existence était réservée aux gens fortunés. Mais quelque chose me dit que, dans ces villas, les esclaves eux-mêmes n'étaient pas trop à plaindre.

Pourtant, dans ce pays qui semble voué au bonheur, des hommes et des femmes allaient traverser de si terribles souffrances que, près de deux mille ans plus tard, elles nous bouleversent encore.

Cette monnaie romaine en bronze s'appelle un sesterce. Son diamètre est d'environ 35 mm. De profil un empereur est représenté. Sur l'envers les quatre lettres S.P.Q.R. signifient : Senatus Populus Quae Romanus (le Sénat et le Peuple Romain).

A côté des pièces de bronze et d'argent, on frappe des monnaies d'or ; un « aureus » équivaut à quinze deniers d'argent.

Le sacrifice de Blandine

Jamais autant de spectateurs n'ont pris d'assaut ce gigantesque lieu de spectacle de Lyon qui évoque aussi bien un théâtre qu'un cirque et que l'on appelle amphithéâtre. Sur les gradins de pierre, c'est une cohue incroyable. Chacun, jouant des pieds et des coudes, brandissant ce qu'il a apporté, a dû conquérir sa place de haute lutte.

Combien sont-ils ? En y ajoutant une troisième rangée de gradins, l'empereur Hadrien a porté la capacité de l'amphithéâtre d'Auguste à 10 700 places : l'équivalent aujourd'hui de la plus grande salle de spectacle de Paris, celle de Bercy. Ce jour-là, un après-midi de l'été 177, je gage que mille spectateurs supplémentaires, au moins, ont dû s'y glisser.

Pourquoi sont-ils accourus avec tant d'empressement ? Est-ce une pièce de théâtre qui va leur être offerte ? Des danses ? De la musique ? Un combat de gladiateurs ?

Non. Là, dans l'amphithéâtre, on va mettre à mort des chrétiens. Parmi eux un jeune garçon, Ponticus. Et une jeune fille de seize ans, Blandine.

Entassés dans la prison édifiée sous les gradins, une centaine

d'hommes et de femmes, serrés les uns contre les autres, attendent. Ils savent qu'ils vont mourir et ils prient.

Un jour, des marchands grecs, asiatiques, syriens, qui apportaient leurs marchandises en Provence et remontaient le Rhône, se sont mis à parler d'un certain Jésus, qu'ils appelaient aussi Christ, qui avait vécu en Palestine et que les Romains avaient cloué sur une croix. Ce Christ, disaient ces marchands, envoyé sur la terre pour sauver le genre humain, était le fils de Dieu. Il avait demandé aux hommes d'aimer la paix, de refuser l'injustice, de détester l'argent, de secourir les pauvres, de se garder de la violence et, avant tout, d'être bons. Avant de mourir crucifié, il leur avait laissé un dernier message :

— Aimez-vous les uns les autres !

Un certain nombre de Gaulois ont été frappés par ce qu'on leur disait de ce Christ. Ils ont voulu en savoir davantage. D'autres voyageurs leur ont fait connaître les récits d'hommes qui avaient suivi Jésus — les apôtres — et avaient recueilli ses paroles. Celles-ci étaient si belles, si consolantes pour les gens qui souffraient, si riches

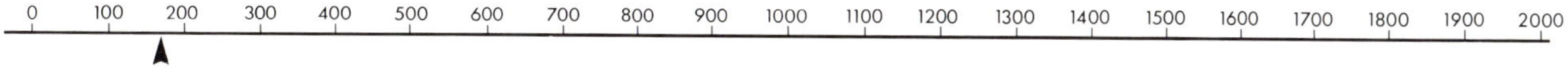

A Lyon, le martyre de Blandine, la jeune esclave. Jusqu'au IVe *siècle, beaucoup de chrétiens seront martyrisés parce qu'ils refusent de renier leur croyance et d'adorer les dieux païens. Ainsi, Saint Sernin ou Saturnin fut, vers 250, attaché à un taureau qui, excité par la foule, le traîna dans les rues de Toulouse.*

d'espoir pour tous les hommes, que, vers l'an 150, à Vienne et à Lyon notamment, des Gaulois ont voulu devenir les disciples de ce Christ, c'est-à-dire des *chrétiens.*

Malheureusement pour eux, les Romains, s'ils acceptent en général toutes les religions — on dit à juste titre qu'ils sont *tolérants* — exigent que celles-ci reconnaissent l'empereur régnant à Rome comme étant lui-même un dieu. Les chrétiens s'y refusent : ils disent qu'il n'y a qu'un seul Dieu, celui qui a envoyé Jésus, son fils, parmi les hommes. Voilà pourquoi on a commencé à pourchasser les chrétiens, à les arrêter, à les persécuter. Si, terrorisés, ils renient leur religion, s'ils jurent qu'ils ne sont pas chrétiens, on les libère. Mais, malgré les tortures, le plus grand nombre tient bon. Alors on les met à mort. On les exécute en public dans l'amphithéâtre. De quelle façon ? Vous allez voir.

La petite Blandine est esclave. Ce qu'elle va subir défie l'imagination. Toute une journée les bourreaux s'acharnent sur cet être fragile. Au soir, son corps n'est plus qu'une plaie affreuse. Mais Blandine n'a pas faibli. Les bourreaux s'étonnent :

— Un seul de ces supplices aurait dû la tuer !

Blandine, les chairs déchirées, couverte de sang, répète de sa voix d'enfant :

— Je suis chrétienne, je n'ai rien fait de mal.

A travers les murs de la prison, des rugissements font tout à coup sursauter les prisonniers : ainsi les lions sont là ! Des lions qui ont faim !

Une fanfare retentit. Des gardes, l'injure à la bouche, font irruption dans la prison. Ils poussent à coups de fouet les condamnés dans l'arène. Sur les gradins, quand on lâche les bêtes, une immense clameur s'élève. Les chrétiens tombent à genoux et prient ardemment, cependant que les lions s'élancent vers eux. Ceux qui ne sont pas déchirés par leurs griffes et leurs crocs, on les assoit sur des chaises de fer rougies au feu. Ils grillent, mais ils répètent :

— Je suis chrétien.

Les bourreaux ont gardé pour la fin Ponticus et Blandine. On les interroge une dernière fois : acceptent-ils de renier leur Dieu ? Ils refusent. Ponticus subit le premier toute la série des supplices. Sans faiblesse.

Tous ils sont morts. Il ne reste que Blandine. On la traîne au centre

C'est ici, dans cet amphithéâtre des Trois Gaules, retrouvé depuis peu à Lyon, que les premiers chrétiens furent mis à mort. Blandine était de ceux-là. Nous sommes en 177, les chrétiens sont accusés de choses invraisemblables, alors on les insulte, on les jette en prison avant de les livrer au supplice au milieu de la foule en colère.

de l'amphithéâtre. On l'attache à un poteau planté dans le sable fin. Du public jaillissent des injures, des imprécations. Certains rient nerveusement. Blandine, elle, est rayonnante. On lâche les lions. Ils s'approchent de l'adolescente, la frôlent, la flairent — et s'éloignent.

Alors, furieux de cet échec, les bourreaux vont fouetter la malheureuse. Chaque coup de lanière lui arrache un lambeau de chair. On l'enferme dans un filet, on la livre à un taureau qui, plusieurs fois, la projette en l'air. Elle ne pousse pas un cri, elle paraît ne rien sentir. Il faut enfin l'égorger. Un homme qui, épouvanté, a assisté à tout cela écrit : « Les païens eux-mêmes reconnaissaient qu'on n'avait jamais vu parmi eux supporter de si cruelles douleurs. »

Ce que n'ont pas compris les Romains, c'est que le martyre de la petite esclave va inciter beaucoup plus de Gaulois à adopter la nouvelle religion que les persécutions n'en éloigneront d'autres.

Moins de cinquante ans après la mort de Blandine, de nombreuses églises seront déjà construites à travers la Gaule. Le jour approchera où, tout entière, la Gaule romaine sera chrétienne.

A l'Est, les barbares...

Ce que je vous raconte ici est l'histoire de la France. Je ne l'oublie pas. Mais notre pays ne forme qu'une presqu'île de l'Europe et, si l'on regarde plus loin, de l'énorme continent asiatique dont l'Europe n'est que la pointe avancée.

Les Gallo-Romains ne savaient rien de ce qui se passait au-delà de leurs frontières. Tout juste connaissaient-ils la présence, au-delà du Rhin, d'étrangers qui ne leur disaient rien qui vaille : ils les appelaient des *barbares*. Pour les Grecs, également, tous les gens qui ne parlaient pas grec étaient des barbares.

Ces peuplades, entre Rhin et Danube — et bien au-delà —, se remuaient beaucoup. Comme cela s'était toujours produit — souvenez-vous des Celtes — ils grillaient d'envie de passer en Gaule.

Jusqu'à la fin du IVe siècle, les légions romaines sont parvenues à faire entendre raison à ces envahisseurs en puissance. La solidité de ces armées reste si grande que les barbares ont dû longtemps renoncer à franchir le Rhin.

Mais, de siècle en siècle, l'Empire s'est affaibli. De trop nombreuses révolutions, des guerres civiles, des coups de force ont peu à peu ruiné à Rome le pouvoir politique. Des épidémies ont causé des millions de morts. L'Empire s'est dédoublé, un empereur d'Orient régnait à Byzance — l'Istanbul d'aujourd'hui — un empereur d'Occident gouvernait à Milan. Oui, Rome a cessé d'être la capitale de l'empire romain.

C'est le temps où un peuple inconnu est arrivé d'Asie en Europe : les Huns. Surgis des steppes de Mongolie, ces cavaliers nomades de race jaune ont en vain tenté de conquérir la Chine qui les a repoussés. Alors ils ont déferlé sur l'Europe, semant partout l'épouvante par leur apparence sauvage et leur cruauté.

Il faut dire qu'il y avait de quoi. Si vous en doutez, lisez ce qu'écrivait d'eux un historien latin du IVe siècle, Ammien Marcellin, qui les a observés de près, ces Huns :

« Ils sont d'une férocité sans mesure. Ils ont le corps trapu, les membres robustes, la tête volumineuse...

« On dirait des bêtes à deux pattes. Ils ne se nourrissent pas d'aliments cuits au feu ni assaisonnés mais de racines sauvages et de toutes sortes de viandes qu'ils mangent à demi crues, après les avoir légèrement échauffées en s'asseyant dessus quelque temps lorsqu'ils sont à cheval.

« On les dirait cloués sur leurs chevaux qui sont laids mais vigoureusement constitués. C'est sur leur dos que les Huns vaquent à toute espèce de soin ; à cheval jour et nuit, ils ne mettent pied à terre ni pour boire, ni pour manger, ni pour dormir, ce qu'ils font inclinés sur le cou étroit de leur monture. Ils suivent en grand tumulte le chef qui les mène au combat, ils se partagent par bandes et fondent sur l'ennemi en poussant des cris effroyables. Groupés ou dispersés, ils chargent ou fuient avec la promptitude de l'éclair. »

C'est afin de fuir les Huns que, dans une poussée formidable, les barbares ont fini par bousculer les défenses romaines et par franchir le Rhin, pour — en plusieurs vagues — réaliser leur rêve : s'installer en Gaule.

Les Wisigoths sont venus s'établir entre la Loire et les Pyrénées où ils ont fondé un royaume. Les Burgondes vont se fixer en Savoie et dans le pays qui prendra leur nom : la Bourgogne. Les Francs, eux, campent encore dans le Nord mais leur pression s'accroît d'année en année.

La maison brûle, la porte est enfoncée, la colonne cannelée de la villa gît par terre.

Et le féroce soldat hun, avec ses yeux bridés et son teint jaune, toujours à cheval, jamais en repos, galope vers l'Ouest depuis sa lointaine Asie. Il a parcouru des milliers de kilomètres et laissé sa Mongolie natale avec ses déserts glacés pour aller toujours plus loin, vers des plaines cultivées, accueillantes et tièdes. Il a pillé, brûlé, tué, chassé aussi pour se nourrir. L'arc et les flèches sont là, derrière la selle et le fouet bien lové dans sa main droite.

La Paix romaine est bien finie. Les barbares arrivent, fuyons !

Pauvres Gallo-Romains ! Ils pleurent la douceur perdue de la paix romaine. Bon gré mal gré ils ont dû s'entendre avec les Barbares.

Ne croyez pas que, du jour où les Barbares se sont établis chez nous, les villas ont toutes été rasées, faisant place aux tentes, huttes, baraques des Germains, Alamans et autres Burgondes. La plupart du temps, la conquête ne s'est pas trop accompagnée de violences. En général, les Barbares se sont contentés de cohabiter avec les gens du cru, édifiant, non loin des *villas* dont ils admirent naïvement la magnificence, leurs rustiques cabanes entourées de fossés. Ils se réunissent même de grand matin pour aller saluer les voisins gallo-romains en les appelant à grands cris *père* ou *oncle*. Charmant, non ?

Malgré tout, la plupart des grandes villes ne sont plus que l'ombre d'elles-mêmes. A Lutèce, on a abandonné la rive gauche où naguère s'élevaient des temples, des thermes, des arènes et de riches villas. Il n'en reste que des ruines. La rive droite n'est guère qu'un marécage. Les habitants se sont réfugiés dans l'île de la Cité que l'on a entourée d'un mur.

Là, près de l'église Notre-Dame, habite une jeune fille. Elle est née à Nanterre. Elle a gardé les troupeaux. On l'appelle Geneviève.

Là où passe Attila

Un matin du printemps de l'année 451, des cavaliers pénètrent au galop dans Lutèce. Ils paraissent épuisés, terrifiés. Ensemble, ils clament :

— Les Huns ! Les Huns !

Les gens jaillissent de leurs maisons, les entourent, les questionnent. Les cavaliers répondent que les Huns, derrière leur chef Attila, ont franchi à leur tour le Rhin, que le Samedi saint ils ont assiégé, pris et brûlé Metz. Quant aux habitants de la ville, ils ont tous été massacrés.

Un frémissement court la foule. Cet Attila, prince impitoyable, chacun sait qu'on l'appelle le « fléau de Dieu ». Plus tard on dira même que « là où est passé Attila, l'herbe ne repousse jamais ».

Les questions fusent :

— Sait-on où il se dirige, Attila ?

— Oui. Il marche sur Lutèce.

Dans l'instant, on ne voit plus, dans les rues, que des hommes et des femmes terrorisés. Un cri, un seul : il faut quitter la ville, il faut fuir !

Une voix frêle, la voix de Geneviève s'élève alors :

— Pourquoi partir ?

Elle répète qu'il faut se confier à la Providence. « Avant tout, prier », dit-elle. Des femmes l'approuvent, se réunissent avec elle

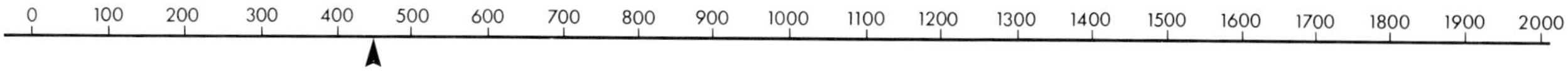

dans une église. Mais Geneviève estime qu'il faut également agir. Elle harangue les hommes qui songent toujours à quitter la cité. Furieux que l'on se mêle de leurs affaires, ils menacent de la jeter dans la Seine ! Un prêtre la sauve en jurant que l'évêque Germain tenait Geneviève pour une élue de Dieu. Du coup — les foules sont ainsi — on acclame la jeune fille et on abandonne définitivement le projet d'exode.

Quelques jours plus tard, un nouveau messager parvient à Lutèce. Il apporte une extraordinaire nouvelle : Attila a quitté la vallée de la Seine pour marcher vers la Loire. Il a donc renoncé à entrer dans Lutèce ! Battu la même année aux Champs-Catalauniques — près de Châlons-sur-Marne — il devra faire retraite vers l'Est. On ne parlera plus des Huns en Gaule.

Pour les Parisiens, aucun doute, ce sont les prières et la foi de Geneviève qui ont sauvé Lutèce. Logiques avec eux-mêmes, ils ont fait de la jeune fille, que l'Église déclarera sainte, la patronne de leur ville.

Récemment, on a rendu à Geneviève un hommage beaucoup plus imprévu : elle est aussi devenue la patronne des hôtesses de l'air...

Clovis, roi des Francs

Dans la plaine qui entoure la ville belge de Tournai, des milliers de guerriers francs rassemblés poussent de vigoureux

— Hoch ! hoch !

La langue qu'ils parlent, ces Francs, n'est pas de l'allemand, mais elle sonne comme de l'allemand. Celui qu'ils saluent ainsi est un jeune homme de quinze ans. Il vient de succéder à son père, le roi Childéric. Il se nomme Clovis.

Voilà donc encore d'autres Barbares. Il y a déjà longtemps que les Francs sont établis dans la Belgique actuelle. A plusieurs reprises ils ont déjà tenté des expéditions vers le sud. Toujours ils ont été repoussés.

Ce n'est pas faute de savoir se battre. Le courage se lit sur leur visage, cependant que, brandissant leurs lourdes haches — les *francisques* — ils jurent à leur jeune roi de le suivre partout où il voudra les conduire. Ce qui frappe chez eux, c'est ce large ceinturon dont ils entourent leur taille et dans lequel ils passent une lourde épée, ce

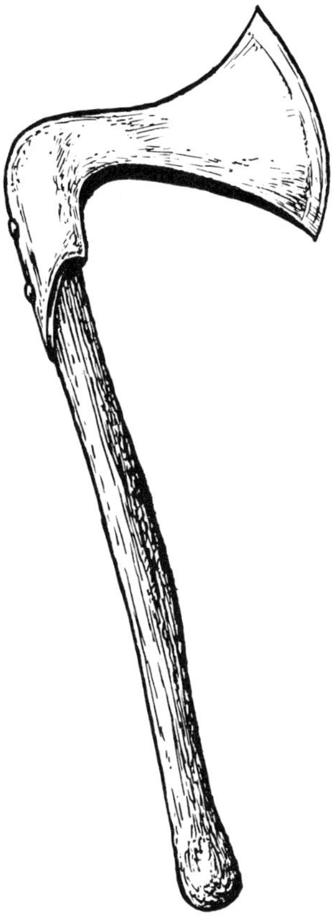

L'arme favorite du Franc est une hache qui s'appelle aussi francisque. Le fer en est épais et très acéré, le manche est court. Pour engager le combat, il lance de loin cette hache, soit au visage de l'adversaire, soit contre son bouclier, avec une force telle que souvent l'ennemi tombe à terre.

Le Franc aime la guerre avec passion, il y voit le moyen de devenir riche grâce à sa part de butin. Et s'il meurt dans un combat, il vivra en compagnie des dieux.

Tandis que le soldat franc à nuque rasée s'exerce au lancement de la francisque, le grand guerrier en armes s'apprête au combat. Il porte une arme particulière nommée « hang », c'est-à-dire hameçon. Cette pique a une pointe forte armée de crochets recourbés et tranchants. Attaché au bout d'une corde, le hang peut servir de harpon.

pantalon si étroit qu'il colle littéralement à leurs jambes. Mais c'est bien plus encore cette large chevelure rousse qu'ils ramènent en avant sur le front, tout en laissant leur nuque à découvert. Si on les interroge, sur cette curieuse manière de se coiffer, ils répondent qu'ils se protègent ainsi contre la tentation de fuir et de présenter leur nuque découverte à leurs ennemis.

Clovis, quant à lui, porte de longs cheveux qui retombent sur ses épaules. Chez les Francs, le seul signe de commandement est une longue chevelure. Un chef qui se laisserait tondre perdrait toute autorité sur ses guerriers.

Il n'y a que quelques jours que Clovis a conduit en terre son père Childéric, fils de Mérovée. Il a fallu creuser une tombe de vaste dimension : Childéric y a été inhumé avec son cheval, ses armes et ses bijoux. La moindre des choses, comme vous voyez.

Clovis est païen. Cela signifie qu'il croit aux dieux des anciens Germains. Mais ce jeune prince, déjà, sait observer. Son père, païen lui aussi, lui a souvent parlé de ces évêques catholiques qui jouent un si grand rôle dans la Gaule romaine. Il lui a expliqué que, depuis les

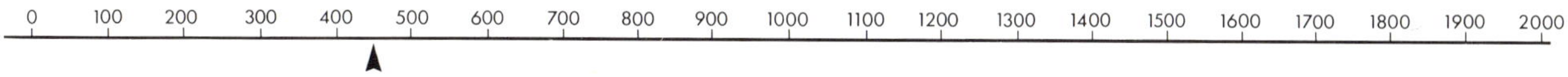

Cet ensemble d'armes et de bijoux a été trouvé près du village de Pouan dans l'Aube. Ils pourraient appartenir à un chef barbare tué sur la route de Troyes à la bataille des Champs Catalauniques. Nous sommes au milieu du Vᵉ siècle.

Les deux poignées de ces épées sont en or incrusté de grenats. La boucle à ardillon droit est d'or pur et la paire de broches à monture d'argent est aussi d'or et de grenats. Le tout est d'une extrême finesse.

invasions barbares, la seule véritable autorité en Gaule était celle de ces évêques.

Là, devant ces guerriers farouches qui sont devenus les siens, Clovis ne peut s'empêcher de se rappeler les conseils de Childéric : s'il veut réussir cette conquête de la Gaule que son père n'a pu mener à bien, il lui faudra avant tout obtenir l'amitié des évêques.

En vérité, il ne pense qu'à cela, Clovis : conquérir la Gaule. Et, malgré son jeune âge, pour y parvenir, il est bien décidé à user de tous les moyens. Tous.

Si vous voulez bien comprendre l'homme qu'était Clovis, vous devez voir en lui avant tout un soldat valeureux. Dans tous les combats qu'il va livrer — Dieu sait s'ils ont été nombreux ! — il se voudra toujours au premier rang, le plus exposé, le plus furieux, le plus intraitable. Mais ce guerrier est aussi un négociateur de haute valeur en même temps qu'un politique impitoyable.

Croyez-vous que ce soit par hasard qu'il ait épousé une princesse catholique, la douce Clotilde, fille d'un roi burgonde ?

Quand la négociation se révèle impossible, il agit par la ruse.

Quand la ruse échoue, il n'hésite pas à faire tuer ceux qui le gênent.

Pour atteindre son but, il va mettre des années. Mais il l'atteindra. En 486, une victoire décisive, près de Soissons, contre le Romain Syagrius, le rend maître de tout le pays entre la Somme et la Loire.

C'est ici que se situe l'épisode célèbre du vase de Soissons. L'habitude des Francs, après la bataille, c'est d'abord de piller et de partager ensuite ce qu'ils ont pillé. Des guerriers se sont emparés d'un vase sacré, un vase d'église. Clovis, toujours soucieux de se ménager les catholiques et qui veut rendre le vase à l'évêque de Soissons, leur demande de le lui céder. Les soldats acceptent tous, sauf un. Celui-là, envieux et impulsif, frappe le vase de sa hache et crie :

— Tu ne recevras que ce que le sort te donnera !

Un silence stupéfait accueille cette sortie incroyable. On attend avec terreur la réaction du roi. Or Clovis reste silencieux et s'en va sans avoir rien répliqué.

Un an plus tard, lors d'une revue, le roi se trouve de nouveau devant le guerrier qui l'avait naguère si gravement insulté. Il examine ses armes et fronce le sourcil.

— Personne n'a apporté d'armes aussi mal tenues que les tiennes, dit-il. Ni ton javelot ni ton épée ni ta hache ne valent rien.

Brusquement, il se saisit de la hache de l'homme et la jette à terre. Comme le soldat se baisse pour la ramasser, Clovis lève sa propre hache et d'un seul coup lui fend la tête en s'écriant :

— Souviens-toi du vase de Soissons !

Celui qui nous a raconté cette histoire — il s'appelle Grégoire de Tours — nous dit que cet acte inspira une grande crainte parmi les compagnons de Clovis. Nous n'avons pas de mal à le croire. Vous devez comprendre ce qui a fait agir le roi franc. Le partage du butin était une tradition de son peuple. Clovis, pour ne pas mécontenter ces soldats dont il avait tant besoin, n'a pas voulu châtier l'homme qui lui refusait le vase. Mais un an plus tard, il a puni un soldat négligent. Personne ne pouvait plus rien contester, mais vengeance était faite.

La plus grande bataille qu'ait eu à livrer Clovis est celle qui l'a opposé, près de Mayence, aux Alamans. On l'appelle la bataille de Tolbiac. S'il a remporté la victoire, il a bien failli être battu. La tradition — elle est si belle que l'on est tenté d'y croire, même si elle n'est pas absolument sûre — veut qu'au plein de la bataille, à l'instant où il se voyait vaincu, Clovis se serait écrié :

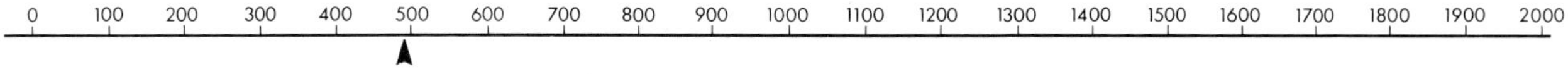

— Christ que Clotilde assure être le fils de Dieu vivant, secours-moi dans ma détresse et, si tu me donnes la victoire, je croirai en toi et je me ferai baptiser !

A peine aurait-il prononcé ces paroles que les Alamans auraient pris la fuite.

Fidèle à sa promesse, Clovis va se convertir au catholicisme. Bien mieux, il le fera non seulement en compagnie de sa famille, mais de son armée.

Le premier roi catholique

Le jour de Noël 496, quelle liesse dans la ville de Reims tout entière décorée de tapis et de tentures ! Follement acclamé, Clovis, vêtu à la romaine, s'achemine vers le baptistère. Derrière lui marchent son épouse Clotilde et son fils Théodoric. Sur le seuil du baptistère le roi franc trouve l'évêque Remi, mître en tête, crosse en main. Clovis — beaucoup de gens l'appellent sicambre plutôt que franc — demande que le baptême lui soit conféré.

— Eh bien, Sicambre, répond l'évêque, incline humblement la tête. Adore ce que tu as brûlé et brûle ce que tu as adoré.

Par trois fois, Clovis est immergé dans le baptistère. Après quoi, d'un pas assuré, trois mille de ses soldats entrent dans l'eau. Ces rudes guerriers ont dû, pour en arriver là, traverser Reims pieds nus et revêtus d'une chemise blanche. Il n'est pas certain qu'ils y aient mis beaucoup d'empressement. Mais pouvait-on désobéir à Clovis ?

Le baptême du roi des Francs va porter ses fruits. La Gaule chrétienne va se rallier à lui.

A sa mort, Clovis laissera à ses fils un grand royaume qui s'étendra pratiquement à l'ensemble de la Gaule, celui des Francs. Dans le nom franc, il y a déjà France. Et Clovis aura choisi sa capitale : Paris. Il a même tenu — preuve de sa prédilection — à y faire construire une église pour abriter son tombeau.

Quelques années plus tard, dans cette même basilique où reposait le premier roi de la Gaule franque, on portera la dépouille mortelle d'une femme. Elle avait sauvé cette ville devenue la capitale du royaume nouveau.

Clovis et Geneviève dans un même tombeau : la preuve était donnée que décidément la France pouvait naître.

Nous sommes le jour de Noël 496 dans la cathédrale de Reims. Agenouillé dans l'eau, Clovis, le roi des Francs, va recevoir le baptême. Son épouse Clotilde est déjà chrétienne. Souvent elle lui a dit :

— Vos dieux sont de simples idoles de bois ou de métal, mon Dieu, par sa parole, a tout créé.

Maintenant, tous deux seront chrétiens, et bientôt trois mille soldats francs se feront baptiser à la suite de leur chef. Ici nous voyons seulement les deux principaux personnages : Clovis et l'évêque Remi. La cathédrale de Reims deviendra l'église des rois de France et presque tous s'y feront sacrer.

CHARLEMAGNE SANS BARBE FLEURIE

Charles Martel bat les Arabes à Poitiers en 732

Guerre et invasion d'un côté, paix et civilisation de l'autre. Le guerrier qui galope sur son cheval arabe symbolise le danger de l'Islam. Cette nouvelle religion révélée par Mahomet se veut conquérante. Elle a envahi au VIIe siècle toute la côte africaine de la Méditerranée, puis au VIIIe siècle est passée en Espagne, a traversé les Pyrénées, gagné l'Aquitaine et a continué vers la riche abbaye de Tours. Les soldats musulmans, au nom d'Allah, brûlent les églises, tenant haut le drapeau vert du prophète que surmonte le croissant.

Le croissant contre la croix. La croix est tenue bien haute par Charles Martel, ici en tenue de guerre. A la tête d'une armée très mobile, il met en échec l'Islam près de Poitiers et sauve la chrétienté. Nous sommes en l'an 732.

Charles a revêtu son haubert ou courte cotte de mailles. Un bonnet de fer protège sa tête. Pour autre défense il possède un bouclier rond.

L'homme robuste assis en vêtement pourpre et mauve brodé d'or c'est Charlemagne, son petit-fils. Le pape lui-même a posé sur sa tête la couronne impériale en ce soir de Noël de l'an 800. Il porte les insignes de son pouvoir ; le sceptre et le globe. Devant lui est posé un gros livre manuscrit enluminé. Lui-même sait à peine lire et pas du tout écrire mais il crée des écoles dans les évêchés et les monastères.

Six ans après le couronnement de Charlemagne, c'est la consécration d'une des plus vieilles églises romanes de France : Germigny-des-Près. Elle se détache sur le ciel, rare exemple d'architecture carolingienne parvenue intacte jusqu'à nous.

Quant à la grande épée du premier plan, elle a un nom : Durandal, et une histoire : celle de Roland qui périt à Roncevaux.

L'armée franque vient de faire halte. Dressé sur ses étriers, son chef regarde devant lui aussi loin que peut porter son regard. Il s'appelle Charles, ce chef, et on le surnomme Martel. Infatigable, doté d'une force physique peu commune, son sobriquet lui vient de la masse d'armes que ses soldats lui ont vu si souvent manier au combat.

Ce qu'il cherche à deviner, là-bas, à l'horizon, c'est si l'armée ennemie qu'il veut écraser n'est pas visible.

Non. Rien encore. Au début de ce mois d'octobre 732, les Sarrasins, autrement dit les Arabes, ne sont pas au rendez-vous.

Charles Martel lui-même a-t-il jamais entendu parler de l'Arabie ? Sait-il que ce désert si lointain a donné naissance à un homme du nom de Mahomet qui, un siècle plus tôt, a enseigné à ses frères de race une nouvelle religion, les invitant à se soumettre à la volonté du Dieu unique, Allah. Cette soumission, il l'a appelée : *Islam.* Il a dicté des règles de vie valables pour les croyants — les Musulmans — qui ont été recueillies dans un livre, *le Coran.*

Avant de mourir, Mahomet a ordonné à ses disciples d'annoncer la nouvelle religion au monde entier. A ceux qui combattraient pour sa foi, il a promis le Paradis.

Alors les croyants se sont mis en marche. La *guerre sainte* commencait.

Soldats incomparables, les Arabes, s'avançant sur le pourtour de la Méditerranée, ont aussitôt remporté de prodigieux succès. On les a vus en 635 à Damas, en 641 à Alexandrie, en 713 à Tolède. Ayant occupé l'Espagne, c'est le royaume des Francs qu'ils se sont mis en tête de conquérir.

Depuis Clovis, il s'est beaucoup affaibli, ce royaume. En ce temps, quand un roi meurt, on partage son domaine entre tous ses fils. Le drame, c'est que la plupart du temps ces héritiers ne s'entendent pas entre eux. Ils se font la guerre ou s'entretuent. Cette famille des Mérovingiens — elle tient son nom de Mérovée, grand-père de Clovis —, qui règne sur la Gaule et que déchirent des intrigues de toutes sortes, n'a cessé de voir diminuer son autorité. Seul le roi Dagobert, qui a régné de 629 à 639, a su restaurer la grandeur du royaume de Clovis. Après lui, on a vu hélas la Gaule sombrer de nouveau dans le désordre.

Les derniers Mérovingiens ont fini par être si méprisés de leurs

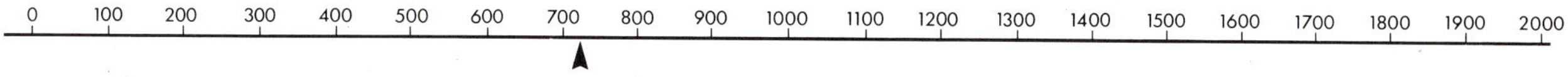

sujets que, pour se moquer d'eux, on les a appelés les « rois fainéants ». On affirme — mais ceci est surtout une image — qu'ils sont devenus incapables de monter à cheval et qu'ils ne se déplacent plus qu'allongés dans des chariots tirés par des bœufs. Peu à peu, la totalité du pouvoir est passée aux mains des majordomes chargés de l'administration des domaines du roi : les *maires du palais.*

Le roi, revêtu de ses plus beaux habits, tient sa cour. Il reçoit les ambassadeurs, il offre des banquets, il chasse. Le maire du palais, qui est toujours un noble, gouverne. Le roi s'incline devant ses décisions.

Charles Martel est précisément un de ces maires du palais. L'un des plus puissants que les Francs aient connu. Charles a juré de briser l'avance des Arabes — les Francs préfèrent les appeler les Sarrasins — venus d'Espagne pour conquérir la Gaule.

Saint Louis donne l'ordre d'exécuter la statue de Charles Martel, en gisant, c'est-à-dire couché sur son tombeau, dans la basilique Saint-Denis. On a de ce « presque roi » la description suivante : « Beau, valeureux et propre à la guerre, Charles Martel a su rétablir l'ordre en France, matant les révoltes des évêques, des grands du royaume. Son plus beau titre de gloire est d'avoir sauvé, avec son armée Franque, la Gaule et l'Europe de l'invasion des Arabes. »

Victoire à Poitiers

Pendant une semaine entière, les deux armées vont s'observer. Comme elles sont différentes ! D'un côté, avec leurs javelots et leurs arcs, voici les Arabes sur leurs petits chevaux, aussi vifs que mobiles. Sur l'autre, brandissant haches et épées, la lourde ligne des fantassins et des cavaliers francs.

Et puis, le 17 octobre 732 — un samedi — à vingt kilomètres au nord-est de Poitiers, les deux armées se rencontrent. Choc prodigieux !

Férocement, on se bat toute la journée. Nul n'est épargné. On fend les crânes, ou coupe les têtes, on éventre, on égorge. Les cadavres arabes et francs imprègnent de leur sang la terre gauloise. Quand vient la nuit, chaque armée, épuisée, se retire dans son camp. Mais le sommeil fuit Charles Martel. Le lendemain, écrasera-t-il définitivement les Sarrasins ? La Croix du Christ triomphera-t-elle du Croissant de Mahomet ?

Le jour se lève. Stupéfaction : les Arabes ont démonté leurs tentes et, reconnaissant leur infériorité, se sont enfuis ! Charles Martel est vainqueur, sinon par K.O., du moins aux points.

Toute la Gaule franque va acclamer son sauveur. Qui oserait lui dénier désormais le pouvoir absolu ? Qui voudrait se préoccuper encore du roi mérovingien, si inexistant ? Quand l'obscur Thierry IV meurt, on ne songe même pas à le remplacer.

Pépin le Bref était petit mais très fort

La "Notitia Dignitatum", sorte d'annuaire du début de la Gaule mérovingienne, est illustrée de scènes caractéristiques de l'époque. Ici l'habillement d'un homme d'armes. A cette époque le soldat pourvoyait lui-même à son équipement et à sa nourriture. (Ci-dessus.)

Miniature du IXe siècle représentant l'attaque d'un château. Les soldats sont protégés soit par une chemise de maille apparente, le "halsperg" (qui deviendra le haubert), soit par une sorte de gilet de toile renforcé de plaques métalliques et cousues porté entre deux tuniques. Un casque avec couvre-nuque termine leur équipement. (Page de droite.)

Charles Martel, tel un vrai souverain, quand il sentira venir la mort, partagera entre ses fils le royaume des Francs. Comme s'il était le sien.

Un seul de ces fils, Pépin, après avoir évincé ses frères, va hériter de ce pouvoir. A cause de sa toute petit taille, ce Pépin est surnommé le Bref. C'est vrai que Pépin le Bref n'est pas grand, mais sa force se révèle peu commune. Il sait, en l'arrachant du sol par une seule patte, soulever un porc de trois cents livres. Un jour, assistant dans un cirque au combat d'un lion contre un taureau, il est descendu dans l'arène, l'épée à la main. Un coup a suffi pour trancher la tête du lion, un autre celle du taureau.

Connaissant cela, vous comprendrez, je pense, que, renonçant à toute hypocrisie, Pépin ait expédié les deux derniers héritiers de Clovis encore vivants, dûment tondus, dans des monastères. Réunissant à Soissons une assemblée de représentants des nobles et du peuple, il s'est fait solennellement proclamer roi des Francs :

Petit, d'où son surnom, mais d'une habileté rare dans les affaires de l'État, Pépin le Bref ne restera pas éternellement maire du palais. Berthe au grand pied donnera naissance à Charlemagne alors qu'elle est sans doute encore concubine de Pépin et sera couronnée en même temps que ce dernier en l'abbaye de Saint-Denis.

— Vive le roi Pépin !

Tel est le titre dont on le salue désormais. Il n'a pas l'intention de s'en tenir là. Pépin le Bref voit loin. Très loin.

Un cavalier plus très jeune, mais de noble allure, progresse lentement sur les chemins défoncés de la Gaule franque. Une escorte d'hommes en armes, nombreuse, l'entoure, car voyager en ce temps se révèle souvent dangereux.

Un adolescent d'environ douze ans chevauche près de l'homme âgé. De temps à temps, il l'interroge respectueusement sur sa santé.

Quand un paysan se hasarde à questionner l'un des soldats de l'escorte sur l'identité du voyageur, il a droit à une réponse méprisante :

— N'es-tu pas capable de reconnaître le Saint-Père ?

Alors, le paysan tombe à genoux, ébloui, bouleversé.

Le sacre de Pépin le Bref

Ce pape qui vient de Rome et, à petites étapes, s'achemine lentement vers Paris se nomme Etienne II. Pépin le Bref, sûr d'être désormais le roi le plus redoutable d'Europe occidentale, lui a fait demander de venir jusqu'à la basilique de Saint-Denis faire couler sur son front cette huile sainte que seuls les rois peuvent recevoir. On appelle cela un *sacre*.

Les papes depuis longtemps ne comptent plus sur l'aide de l'empereur qui, dans un luxe écrasant, règne à Byzance. Etienne II ressent passionnément le besoin de se sentir défendu. Ce Pépin ne pourrait-il justement devenir ce protecteur ? On ne peut rien refuser à quelqu'un dont on a besoin. Le pape a accepté de venir sacrer Pépin et s'est mis en route en compagnie de deux envoyés du roi franc, de ses principaux conseillers et de six cardinaux.

Le jeune homme qui chevauche près de lui est le fils de Pépin. Il s'appelle Charles. A vrai dire, dans sa famille on l'appelle plutôt Karl, car on y parle plus volontiers la langue germanique des Francs que le latin. Mais c'est en latin que Charles a été baptisé sous le nom de Carolus. Qui aurait pu prévoir ce jour-là qu'il deviendrait un jour *Carolus magnus*, autrement dit Charles le Grand, autrement dit Charlemagne ? Et qu'il fonderait une dynastie : les Carolingiens ?

A la mort de Pépin, en 768, va commencer l'un des règnes les plus éclatants, les plus glorieux, les plus mémorables de notre histoire. Charles monte sur le trône. Il a vingt-six ans.

Charles, seul roi des Francs

Détail d'une statuette équestre en bronze doré datant de l'époque carolingienne. Il semble qu'elle représente Charlemagne. La légende a bien à tort donné à l'empereur une barbe fleurie. Il n'avait en fait qu'une moustache tombante à la franque.

Dans sa chambre, le roi Charles s'éveille. Le jour commence à peine à luire sur les toits de cette grosse ferme qu'on appelle palais, parce qu'il faut bien que la demeure d'un roi soit un palais.

Il n'est pas homme à paresser au lit. D'un bond il est debout, déployant sa haute stature : au moins un mètre quatre-vingt dix. Ses épaules sont celles d'un athlète.

Il n'a pas de barbe. Vous sursautez : à propos de Charlemagne, on parle toujours de « l'empereur à la barbe fleurie ». Je suis désolé, mais il s'agit d'une légende. La seule image de lui dont nous soyons sûrs — une statuette où l'on voit Charles à cheval — nous le montre seulement avec une forte moustache.

Le front est droit et le nez long. Des cheveux courts et drus. Un cou large. On lui voit même déjà une tendance à l'embonpoint. Ce qui ne nous étonne plus quand nous prenons connaissance de son menu habituel : cinq plats à chaque repas. Sa préférence va à la viande rôtie, celle du cerf ou du chevreuil, gibiers qu'il chasse lui-même à cheval en compagnie de molosses qui n'ont peur de rien et d'une armée de rabatteurs munis de filets.

Il a dormi nu, comme tous les gens de son temps. En hâte, il s'habille : une chemise et un caleçon de toile de lin blanche, une tunique de soie brodée, un gilet en peau de castor, une culotte prolongée par des bandelettes qu'il enroule autour de ses jambes. A la mauvaise saison, il jette sur ses épaules un vaste manteau de laine que retient une agrafe — la fibule — comme en portaient autrefois les Romains. Rien d'original dans cette tenue : c'est le costume traditionnel des Francs.

Question : quel est le problème qui s'est posé à la mort de Pépin ? Vous avez déjà deviné : le royaume a été divisé entre Charles et Carloman. Par chance pour l'unité française, Carloman, trois ans plus tard, va mourir prématurément.

Charles est resté seul roi des Francs. Bien plus encore que son père, il a des projets. D'immenses projets.

La France de Charlemagne
1. Empire de Charlemagne.
2. Territoires sous influence.

Charlemagne part en guerre

Ce matin-là, le ciel est bleu. Depuis quelques jours, les bourgeons percent aux arbres. Les oiseaux qui se sont tus pendant les longs mois d'hiver s'en donnent à cœur joie. On a même vu paraître des hirondelles.

Pas de doute, c'est le printemps.

Au palais de Charles, quel remue-ménage ! Les femmes remettent

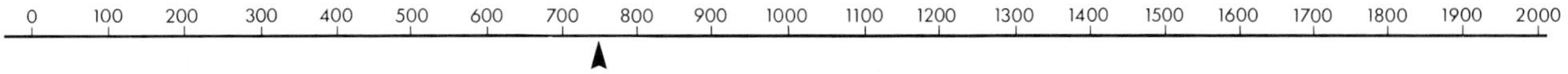

en état l'habillement des guerriers, tandis que ceux-ci astiquent leurs armes. Chacun sait que, chaque année au printemps, l'armée de Charles part en guerre. Pour les Francs, se battre est un tel honneur que les guerriers payent eux-mêmes leurs chevaux, leurs armes, et les fantassins — ou gens de pied — qui les accompagnent.

On se battra tout le printemps et l'été. A l'automne, Charles renvoie les guerriers sur leurs terres.

Dans les premiers temps du règne, la guerre était nécessaire pour

Ces deux miniatures sont tirées de l'évangéliaire de Charlemagne, écrit en lettres d'or ou d'argent. Le bleu et le rouge dominent. On reconnaît, à leur symbole, deux évangélistes rédigeant le Nouveau Testament : saint Marc avec son lion, saint Luc avec son bœuf.

Tous deux se servent d'une plume d'oie.

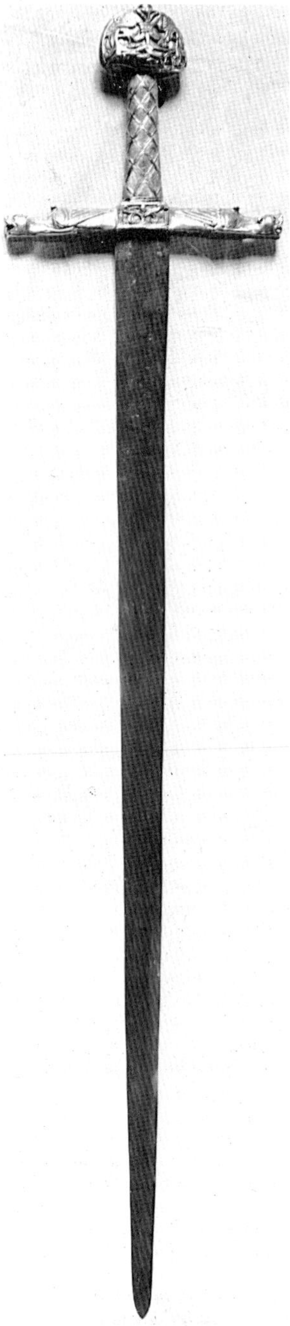

L'épée dont la poignée est ornée de motifs carolingiens est peut-être celle de Charlemagne. Elle servait pour le sacre des rois.

mettre à la raison les seigneurs et les peuples du royaume toujours disposés à désobéir au roi. C'est ainsi qu'il a fallu pacifier l'Aquitaine en révolte.

Le jour est venu où plus personne en Gaule n'a osé discuter l'autorité de Charles. Mais alors il a fallu penser à tous ceux, au-delà des frontières, qui restent avides de se jeter sur notre pays. Charlemagne a toujours préféré attaquer le premier, que ce soient les musulmans d'Espagne ou ces gens de l'Est qui rêvent toujours de franchir le Rhin et dont certains restent païens.

Car Charles se sent chargé d'une double mission : il lui faut bien sûr protéger son royaume, mais il n'oubliera jamais qu'un jour à Saint-Denis l'huile sainte a coulé sur son front. Depuis ce jour-là il se considère comme le représentant de Dieu sur la terre. Il doit donc défendre la religion du Christ partout où il le peut.

En Allemagne, les Saxons refusent avec un entêtement qui leur fait honneur d'abandonner leurs anciens dieux, ceux que l'on prie depuis tant de siècles dans la forêt germanique. Pendant plus de trente ans, Charles va conduire contre eux des expéditions qui ne se signalent pas, croyez-le bien, par leur douceur. Des prêtres accompagnent l'armée, chargés d'expliquer aux Saxons la religion chrétienne. Mais les Saxons ne veulent ni de la loi de ce roi franc ni de ses missionnaires. Charles, aussi entêté qu'eux, ne renonce pas davantage. Ce que ses armées font régner en Saxe, c'est la terreur. On brûle les villages dont les habitants refusent de se faire chrétiens. On pend ou l'on égorge les hommes. On emmène les femmes et les enfants en esclavage.

Vous avez raison de trouver affreuse une telle violence. Mais un homme comme Charlemagne ne réagit pas comme nous. S'il use de brutalité — le mot est faible — tous les peuples de son époque en font autant. Personne ne se fait de cadeau. La vie humaine ne compte guère.

Ces Saxons qui souffrent tant de la terreur franque, s'ils prennent vivant un soldat de Charlemagne, ils le mangent !

En fin de compte, Charlemagne annexera la Saxe. Il écrasera la rebellion des Bavarois, il soumettra les Frisons qui habitent au nord du Rhin et même les Avars qui résident le long du Danube. Le peuple avar tout entier va devenir chrétien et leur chef, le Khan, viendra régulièrement faire sa cour au roi des Francs.

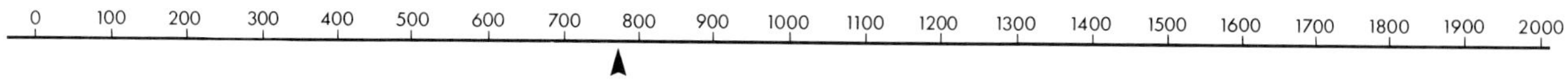

Souverain animé par une foi ardente, Charles n'oublie pas non plus que Pépin, son père, a promis au pape la protection des descendants de Charles Martel. C'est à ce titre qu'il intervient en Italie contre les Lombards. Il les bat — il bat tout le monde —, fait don au Saint-Père d'une partie de leurs terres et s'attribue le reste en coiffant la prestigieuse *couronne de fer,* celle des rois lombards. L'Italie presque entière devient une province du royaume franc.

Roncevaux, Roncevaux...

Une fois de plus, Charlemagne s'en est allé en Espagne affronter ces « infidèles » musulmans qui périodiquement cherchent à envahir son royaume. Il est sur le chemin de retour et le gros de son armée a déjà franchi les Pyrénées. Il a confié le commandement de l'arrière-garde au comte de la Marche de Bretagne, Roland, un paladin — c'est-à-dire un seigneur de la suite du roi — dont le courage fait l'admiration de tous. Ce n'est pas un jeune homme, plutôt un guerrier dans la force de l'âge.

L'après-midi s'avance, celle du 15 août 778. L'air est torride et l'on étouffe dans l'étroit défilé où la cavalerie progresse péniblement, au milieu de roches chauffées à blanc par le soleil. On chemine en longues files et, à chaque pas, les chevaux buttent contre les éboulis.

Le col que l'on vient d'aborder s'appelle Roncevaux. Parce qu'un poème, l'un des plus célèbres de la littérature française, la *Chanson de Roland* va, deux siècles plus tard, raconter cette histoire, le nom de Roncevaux restera désormais dans la mémoire de tous les Français.

Ce que l'Histoire nous enseigne se résume en peu de mots. Voici : un peuple qui vivait sur la frontière, les Vascons, ancêtres des Basques d'aujourd'hui, a dressé une embuscade contre l'arrière-garde de l'armée de Charlemagne. Et cette arrière-garde, tout entière, a péri dans l'embuscade, y compris le courageux Roland.

La *Chanson* nous donne beaucoup plus de détails.

Roland, dit la *Chanson,* était bien plus qu'un paladin : le neveu de Charlemagne. Quand il a vu fondre sur lui les Maures — autre mot pour désigner les Arabes ou Sarrasins — il a cru pouvoir, seul avec ses chevaliers, en venir à bout. Il a mis l'épée à la main, s'est jeté sur les agresseurs, et a pourfendu les Maures par dizaines. Tout autour,

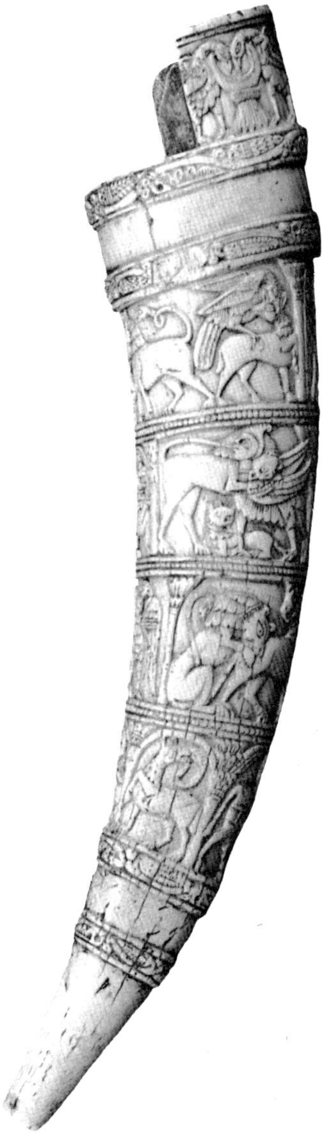

Dans un musée de Toulouse, on peut voir cet olifant dit « cor de Roland ». Si l'on en croit la légende, Roland, Comte de la Marche de Bretagne se serait rompu une veine du cou en sonnant trop fort de ce cor en ivoire.

La mort de Roland à Roncevaux

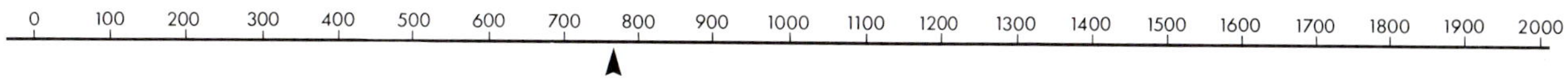

Nous sommes ici dans une vallée encaissée de Navarre au sud des Pyrénées. Charlemagne vient de raser la ville de Pampelune et se hâte de traverser la montagne car il a appris une mauvaise nouvelle ; ses ennemis, les Saxons, viennent de traverser le Rhin. A la tête de son armée, il débouche sur les plaines de Gascogne tandis que l'arrière-garde atteint le col de Roncevaux, passage étroit surmonté à droite comme à gauche de collines de rochers. Or, du haut de ces rochers dévale l'ennemi. Ce sont des Basques. Le comte Roland voit son cheval tué sous lui. Il est lui-même blessé. Son épée ? Il la tient bien dans sa main droite, mais où est l'ennemi ? Il a disparu après l'embuscade, il n'y a plus personne, sauf des morts, des blessés dont luimême, Roland, qui a détaché de son cou la chaîne de son cor et qui sonne, sonne à perdre haleine... A moi !

Hélas, nul ne l'entend dans ce fond de ravin qui étouffe les sons. Il va mourir. « Ce cruel revers », écrit un contemporain, « effaça dans le cœur du roi la joie des succès qu'il avait eus en Espagne. »

c'étaient de furieux corps à corps, de l'héroïsme à revendre. Les combattants des deux camps hurlaient leur haine et les cris d'agonie accompagnaient le choc des épées.

Bientôt, Roland sait, à n'en pas douter, que les Maures auront le dessus. Là-bas, en avant, l'armée de Charlemagne n'est pas loin. Il pourrait l'alerter en soufflant dans son olifant, un petit cor que les seigneurs portent à la ceinture. Longtemps, il s'y refuse : un noble Franc doit triompher lui-même de ses ennemis.

Quand il s'y résigne, le combat est perdu. Roland sait qu'il va mourir. Pour que sa belle épée, nommée par lui Durandal, ne tombe pas au pouvoir des Maures, il la lève contre un roc et l'abat de toutes ses dernières forces pour la briser.

Un Maure l'achève.

Quand Charlemagne revient sur ses pas, il ne trouve plus un seul de ses compagnons vivant.

Mais la *Chanson,* la première écrite en vers français et non plus en latin, rendra Roland immortel.

Aix-la-Chapelle, capitale de l'Occident

Le cri du guetteur a retenti :

— Le roi !

Aussitôt le gouverneur du palais s'est précipité. Au loin, dans la plaine, se devine le cortège de Charles : une fourmilière de serviteurs, d'hommes d'armes, de fonctionnaires, d'écuyers, de conseillers, de prêtres qu'on appelle *clercs.* Tout ce monde est marié et a des enfants. Imaginez le nombre de gens que cela représente.

Charles dispose de plusieurs résidences qui ressemblent aux grandes villas de la Gaule romaine : celle de Quierzy, par exemple, ou d'Attigny, ou de Herstall. Ces domaines sont avant tout agricoles. Toute l'année, on cultive les champs, on élève les bêtes en prévision de la visite du roi. Quand la cour arrive, elle se jette sur les provisions accumulées patiemment. Charles et les siens vont résider là jusqu'au moment où tout aura été dévoré. Après quoi, de nouveau, les hommes montent à cheval, les femmes, avec les enfants, se hissent dans les lourds chariots qui s'ébranlent vers un autre palais où tout recommencera.

Longtemps, Charles s'est accommodé de cette vie errante. Le jour est venu où, ses conquêtes l'ayant rendu maître de territoires immenses, il a compris qu'il lui fallait disposer de ce que nous appellerions une « capitale ». Entre le Rhin et la Meuse, il possède déjà une villa. Il va la faire raser et édifier sur une colline un palais tel qu'on n'en avait jamais vu en Occident. Cette fois le mot *palais* se justifie, ô combien !

Regardez-le avec moi, Charles, dans sa splendide demeure. Il vient de rentrer de l'une de ses expéditions. Il traverse le rez-de-chaussée où d'innombrables chambres accueillent ses serviteurs. Par un majestueux escalier, il gagne le premier étage, s'arrête un instant pour considérer avec orgueil la salle de réception — 46 m sur 20 ! — que prolonge la salle du trône. Il est fatigué, c'est avec joie qu'il retrouve sa chambre, à côté de celles de ses filles.

Extraordinaire vision : les meubles sont incrustés d'or. Sur un mur, la carte du monde tel qu'on l'imagine à l'époque. Partout des tentures, des vases en or ou en argent. Malgré la rigueur de l'hiver une douce chaleur est dispensée par le chauffage.

Charles s'avance sur le balcon d'où il domine le paysage. Il admire les bâtiments qui abritent le trésor, la bibliothèque, les archives. Plus loin, voici l'immense piscine où peuvent nager cent personnes. Au bas de la colline, il considère cette chapelle grandiose à laquelle il a apporté tous ses soins, engageant les meilleurs architectes, faisant venir les matériaux — notamment marbre et porphyre — de tout son empire, en particulier d'Italie.

Logiquement, tous ceux qui dépendent de Charles, travaillent pour lui ou pour sa cour, se sont installés autour du palais. Une ville est née : Aix-la-Chapelle. Digne de son fondateur.

Pour que règne la justice

Devant Charles, quelques hommes sont rassemblés, l'air grave, sévère. Ils vont partir dans quelques heures. Leurs chevaux et leurs escortes les attendent déjà.

Le roi parle et ils écoutent, avec autant d'attention que de respect.

Ces hommes sont les *missi dominici* — ce qui en latin veut dire « les envoyés du maître » — qui, régulièrement, s'en vont porter aux quatre coins du royaume les décisions du roi.

Il existait déjà de tels fonctionnaires sous les rois mérovingiens. Mais Charles a considérablement accru leur rôle et leurs pouvoirs.

En 1215, un orfèvre du Moyen Age termina son chef-d'œuvre, une « châsse », dite de Charlemagne, qu'on peut admirer dans le trésor de la cathédrale d'Aix-la-Chapelle. Le grand empereur était mort 400 ans plus tôt dans cette même ville et était enterré là, dans la basilique qu'il avait fait construire. Il avait 72 ans.

Le décor de la châsse est d'une extrême richesse, les petites arcades sont en émail et l'or des parois est incrusté de pierres précieuses. Les vêtements des personnages ressemblent plus à des vêtements du Moyen Age qu'à des robes carolingiennes.

Les missi domonici *font respecter les ordres de l'empereur*

Dès qu'ils ont quitté Aix, ils deviennent eux-mêmes les dépositaires de la volonté royale. Les comtes, les évêques, quels que soient leur orgueil, leur soif d'indépendance, leur tendance à se croire maîtres chez eux, devront se plier aux ordres des *missi dominici*. S'ils se sont livrés à des excès, ils demanderont pardon et répareront dans la mesure du possible.

Charles veut que la justice règne dans son royaume. Les *missi dominici* l'aident à l'imposer. C'est pourquoi le peuple les aime et gardera longtemps leur mémoire. Désormais les comtes et les évêques rendront la justice et, s'ils y manquent, les *missi domici* en feront rapport au roi qui les châtiera.

Charlemagne accueille les « missi dominici » au retour de leurs inspections. Celui-là s'incline devant le roi. Il a rendu la justice, il a écouté les plaintes, il a parcouru pendant un mois une partie du pays, il a trouvé bien des abus mais il les a corrigés. Il ne s'est occupé que de la volonté de Dieu et des commandements du roi.

Charles a également pris une décision dont les conséquences se perpétueront dans notre pays pendant des siècles. Il exige un serment de fidélité des hommes libres. Parmi ces derniers, il y a des grands seigneurs. On dit qu'ils se « recommandent » au roi et qu'ils sont devenus ses *vassaux*.

Des seigneurs moins puissants vont se « recommander » à d'autres de plus haut rang. Les vassaux ont donc eux-mêmes des vassaux.

Charlemagne fit bâtir la chapelle impériale d'Aix au début du IXe siècle. Il la fit construire dans son palais sur un modèle Italien. C'est un octogone (huit côtés) orné de colonnes antiques. Le trône de l'empereur, sans aucun ornement, était au centre. (Page de droite.)

Seul le roi n'est le vassal de personne. Ce qui est en train de se créer, c'est ce que l'on appellera : la *féodalité*.

Vive l'école !

Vos parents se souviennent sans doute d'une chanson qui s'intitulait : « Sacré Charlemagne » et dont les paroles n'étaient qu'un long reproche : quelle idée avait bien pu passer par la tête du fils de Pépin quand il avait fondé les écoles ? Ne pouvait-il laisser les enfants tranquilles ?

La vérité est que les écoles, sous diverses formes, ont toujours existé. Le grand mérite de Charlemagne n'est pas de les avoir créées mais d'avoir voulu les ressusciter.

Au temps de Charlemagne, très peu de personnes savaient lire et écrire. Mais l'Empereur a inspiré un renouveau scolaire. On a ouvert beaucoup d'écoles dans les églises et dans les monastères. Les professeurs étaient presque toujours des prêtres ou des moines.

Longtemps, il a été lui-même fort ignorant, ayant été élevé comme la plupart des enfants nobles, bien plus dans les exercices du corps que dans ceux de l'esprit.

Ayant réussi dans toutes ses entreprises, le regret lui est venu de n'avoir pas étudié dans son jeune âge. A quarante ans, il a résolu de rattraper le temps perdu. Il s'est entouré de professeurs qui lui ont d'abord montré à écrire — le résultat s'est révélé médiocre — puis lui ont enseigné le latin et le grec. Il s'est mis à lire les auteurs de l'Antiquité, à étudier l'astronomie, le calcul, la philosophie. Cet extraordinaire effort s'est poursuivi pendant des années, alors même que Charles parcourait l'Europe à la tête de son armée et administrait son empire. Vous saurez plus tard que l'on a beaucoup plus de mal à apprendre à quarante ans qu'à dix...

Instruit, Charles s'est senti un homme heureux, véritablement enrichi par ses nouvelles connaissances. Il a voulu que tous ses sujets puissent atteindre le même bonheur. A Aix-la-Chapelle, il a ouvert dans son palais une école qui doit être un modèle pour toutes les autres. Il a ordonné que, dans chaque évêché et chaque monastère, on ouvre une école semblable, précisant que les enfants pauvres aussi bien que les riches auraient droit à ce même privilège : apprendre.

Le jour de Noël de l'an 800, la foule des fidèles a envahi la basilique Saint-Pierre, à Rome. La messe de la Nativité va commencer et le pape Léon II, qui doit la célébrer, vient de pénétrer dans le chœur.

Tout à coup, au fond de l'église se lève une longue acclamation que bientôt toute la basilique reprend avec enthousiasme. Charlemagne, accompagné de son fils aîné, vient d'entrer.

On le conduit jusqu'au chœur. Il s'agenouille pour évoquer le souvenir de Pierre, le premier des apôtres devenu le premier des papes. Il prie, la tête baissée, les yeux clos. Il sent que l'on pose quelque chose de lourd sur sa tête. Quand il ouvre les yeux il aperçoit devant lui le pape Léon II, souriant. Le pape qui vient de le couronner empereur !

Depuis longtemps, en Europe occidentale, beaucoup y ont songé. La gloire de Charlemagne rayonne du nord au midi, de l'est à l'ouest. Nul roi n'oserait se comparer à lui. Il est lui-même comme le roi de tous les rois.

L'héritier des empereurs romains règne toujours à Byzance. Mais tout absorbé par la politique locale, il semble qu'il ait renoncé à jamais de s'occuper des affaires de l'Occident. Il ne parle même plus latin, la langue de l'Occident, ayant préféré adopter le grec.

Charles le Grand, empereur d'Occident

La veille de Noël, une assemblée d'archevêques, d'évêques, d'abbés et de comtes a délibéré dans la basilique Saint-Pierre. Elle a conclu que, la dignité impériale étant vacante, elle devait être conférée au roi des Francs, Charles, maître des territoires qui avaient été ceux des empereurs en Italie, en Germanie et en Gaule. Lequel Charles, après s'être fait un peu prier, a fini par accepter...

Il n'imaginait pas que tout cela irait si vite. Léon II, lui, a préféré brusquer les choses. D'où la couronne soudainement posée sur la tête du nouvel empereur.

Définitivement Charles est devenu Charlemagne.

Il parachèvera son œuvre en transmettant de son vivant le titre impérial à son fils Louis et mourra le 28 janvier 814 à l'âge de soixante-douze ans, après avoir régné quarante-six ans.

Il n'aura pas eu le temps de connaître cette ultime consécration : l'empereur de Byzance, Léon, vient de reconnaître à Charles le titre d'empereur d'Occident.

Rien de plus justifié : Charlemagne a exercé un pouvoir absolu sur toute l'Europe de l'Ouest. Mais l'empire qu'il a édifié est démesuré. Va-t-il pouvoir se survivre ?

LES FRANÇAIS DE L'AN MIL

Dans une même époque coexistent des moments de paix et de prières à l'ombre des cloîtres, mais aussi des instants terribles où les villes brûlent et où des envahisseurs descendent les fleuves. Ces lueurs, dans le ciel, c'est un château ou un village en flammes. Fuyez, habitants des rives de la Seine, de la Loire ! Les longs drakkars des pirates venus du Nord remontent aisément le cours de la rivière de ce pays si riche à côté du leur et où il ferait bon vivre.

Mais le cavalier du premier plan est prêt pour le combat. Contre la lance de l'ennemi il a revêtu sa camisole rembourrée, le loqueton, et il porte un bonnet de fer et non le heaume réservé aux chevaliers. Son bouclier aux couleurs de son Seigneur, lui permettra de se défendre et de se protéger

Les autres scènes sont plus paisibles. En haut à droite, un ancêtre du château fort construit sur une butte : la motte. Autour de la motte on creuse un fossé et on clôt le sommet d'une solide palissade de planches formant un rempart flanqué de tours.

A gauche un laboureur prépare sa terre grâce à la charrue à soc de fer. Le cheval a remplacé le bœuf et il est maintenant ferré. Un nouveau système d'attelage a été trouvé : le collier d'épaule. Les labours gagnent sur la forêt ; voyez plutôt l'arbre abattu au premier plan.

Au centre, un évêque « crossé et mitré », en chasuble rouge, un moine à la large tonsure, à la longue robe grise, près du cloître de son abbaye, nous suggère la force de l'Église qui va devenir la première puissance du royaume. Les églises et les abbayes se multiplient. Elles sont en style « roman », c'est-à-dire que les voûtes et les arcs sont « en plein cintre ».

Hors d'haleine, un paysan fait irruption dans ce petit village qui allonge au bord de la Seine ses quelques cabanes de bois couvertes de chaume. Il hurle :

— Les Normands !

Aussitôt, les habitants jaillissent de chez eux. L'effroi se lit sur les visages. Des femmes, soulevant leurs enfants dans leurs bras, s'élancent vers la forêt toute proche : le meilleur des refuges. Des hommes jettent dans un sac tout ce qu'ils possèdent de précieux et s'apprêtent à prendre le même chemin.

Trop tard !

De longues barques non pontées, relevées à la proue et à la poupe — 25 m de long, 3 m de large — viennent d'aborder sur la rive du fleuve. Ces *drakkars* contiennent une trentaine de rameurs, mêlés à une quarantaine de combattants. Quels combattants ! Avec leur chevelure hirsute, leurs vêtements de peau, leurs haches ou leurs épées brandies, ils sautent à terre, envahissent le village, rejoignent les fugitifs qu'ils étendent raides morts. Poussant des cris affreux, le plus grand nombre force les masures, les pille consciencieusement. Quand ils en ont fini avec une maison, ils y mettent le feu. Malheur au vieillard ou à l'enfant qui se trouverait près de là ! Les envahisseurs s'en saisissent et les jettent dans le brasier.

Le produit de leur pillage est entassé dans les bateaux. On y pousse les hommes valides que l'on a capturés et qui seront emmenés en esclavage. Les combattants sautent à bord. On hisse la voile, les rameurs s'escriment et l'on repart vers un autre village ou une autre ville que l'on ravagera de la même façon.

Qui sont-ils, ces Normands ?

Ils viennent de Scandinavie, en majorité de la Norvège actuelle. Vous avez bien sûr entendu parler des *Vikings* qui sont allés sur leurs drakkars jusqu'au Groenland et, presque certainement, en Amérique du Nord.

Au début du IXe siècle, s'entassant dans les mêmes drakkars, d'autres Vikings ont entrepris des expéditions vers les côtes de l'Europe occidentale.

Notre pays a vécu pendant trois quarts de siècle dans la terreur des hommes qui viennent du Nord : tel est le sens du mot *Normands*. Si vous étiez né à cette époque, songez que cette épouvante aurait pu vous accompagner depuis votre petite enfance jusqu'à l'heure de votre mort. Car ils n'épargnent rien, les Normands. Tous les fleuves leur sont bons ; ils remontent la Seine aussi bien que la Somme, l'Escaut, la Loire, la Gironde. Ils ne s'en prennent pas seulement aux malheureux qui habitent le long de ces cours d'eau. Ils s'enfoncent dans les terres, mettent à feu et à sang des provinces entières. La France est littéralement saignée à blanc. Les villes brûlent, les abbayes, avec leurs riches terres cultivées, sont dévastées.

Vous vous interrogez : n'existe-t-il pas d'empereurs, de rois capables de rassembler leurs sujets contre les hommes du Nord ? Les Français sont environ 6 millions, les Normands quelques dizaines de milliers seulement. Comment n'est-on pas parvenu à leur interdire l'accès de notre pays ?

Chaos chez les Carolingiens

La vérité est que l'empire carolingien — ainsi appelle-t-on celui de Charlemagne — agonise. Le fils du grand empereur, Louis le Débonnaire, est parvenu tant bien que mal à le maintenir tel qu'il l'avait reçu. Hélas, de son vivant, ses propres fils se battaient déjà pour savoir qui en hériterait. Après sa mort, ils ont continué à se faire la guerre — entre eux, cette fois ! Charles et Louis se sont mutuellement juré de rester alliés contre leur frère Lothaire : cette promesse solennelle a été appelée le *serment de Strasbourg* (842).

Savez-vous pourquoi vous devez vous souvenir de ce serment ? Parce qu'il a été prononcé dans un langage nouveau : le *roman*. Le latin, dont toute la population gauloise avait fini par user, s'est peu à peu modifié. Le roman que l'on parle maintenant, c'est tout simplement la première forme de ce qui sera un jour le français.

Finalement, les trois frères se sont mis d'accord et ont signé, l'année suivante, à Verdun, un nouveau traité par lequel ils se sont partagé l'empire de Charlemagne. Louis a gardé la partie « allemande ». Charles, qui a si peu de cheveux qu'on l'appelle le Chauve, a obtenu la partie « française ». Quant à Lothaire, on a créé pour lui un royaume nouveau, un étrange et long couloir allant de la mer du Nord à la Méditerranée (voir la carte).

Le royaume de Charles porte un nom latin : la *Francia occidentalis.* Dans *Francia,* vous remarquerez qu'il y a *France.* Vous conviendrez que c'est important.

Cette miniature d'un livre pieux de Charles le Chauve nous montre ce roi siégeant en majesté sur un trône richement orné. Dans sa main droite : le sceptre, dans la gauche : le globe gravé d'une croix.

Charles le Chauve est considéré comme le dernier monarque de la dynastie carolingienne ayant vraiment régné.

Les incursions vikings

Cette embarcation longue et fine est un drakkar. Il est idéal pour descendre ou remonter les rivières, moins bon pour tenir la haute mer, et pourtant il a pu arriver jusqu'à l'embouchure de la Seine ou de la Loire. Certains chefs vikings se firent ensevelir dans leur drakkar, recouvert de terre.

Le partage de Verdun (843)

1. Territoire attribué à Charles le Chauve.
2. Territoire attribué à Lothaire.
3. Territoire attribué à Louis le Germanique.

Charles règne donc sur la France dès 843. Or c'est en 841 que les Normands inaugurent leurs terribles incursions sur notre pays. Tristes débuts pour ce roi carolingien !

Contre les Normands, pourquoi n'appelle-t-il pas à son secours les seigneurs qui lui doivent obéissance ?

C'est que les choses ont bien changé.

Le siège de Lutèce par les Normands en 885 tel qu'on se le représentait aux XIXe siècle (peinture de Shnetz). La bravoure du comte Eudes contraindra Siegfried à contourner la ville pour aller piller la Bourgogne. La francisque à deux tranchants dont sont armés certains combattants n'a jamais existé. La véritable francisque n'avait qu'un seul tranchant.

Du temps de Charlemagne, ceux qui avaient apporté leur aide à l'empereur recevaient des terres dont certaines représentaient de véritables provinces : on les appelait des fiefs. Mais, quand ils mouraient, leurs héritiers devaient les rendre à l'empereur qui les remettait à d'autres de ses vassaux.

Les descendants de Charlemagne sont devenus si faibles que les grands seigneurs — les Grands — estiment désormais que les fiefs sont leur propriété. Ils les lèguent à leurs fils, sans que le roi ose intervenir. Naturellement, les fils les imiteront.

Dans le système féodal, chaque seigneur, le vassal, dépend d'un seigneur plus important, son suzerain. Les Grands du royaume ont eux-mêmes installé sur leur fief des seigneurs de moindre rang et ceux-ci ont également fait don de certaines parcelles à des chevaliers qui les secondent dans leurs expéditions guerrières. Tous ont donc un suzerain à qui ils doivent leur aide quand celui-ci la demande.

Cependant, certains propriétaires de fiefs ont donné leurs filles en mariage aux tenants d'autres fiefs. Par le jeu de ces mariages et des héritages, on a vu des Grands en arriver à posséder d'immenses territoires, quelquefois plus vastes que le domaine du roi lui-même ! Ils n'en sont pas moins toujours les vassaux du roi, mais celui-ci, quand il fait appel à eux, doit agir avec beaucoup de diplomatie... D'autant plus que les descendants de Charlemagne continuent, les armes à la main, à se disputer les lambeaux de l'ex-empire.

Les chevaliers ne chôment guère. Leurs suzerains les appellent sans cesse d'un bout à l'autre du royaume. Ils font alors seller leurs petits chevaux, revêtent cette sorte de chemise faite d'écailles de fer que l'on appelle la cotte de maille, se coiffent de leur casque conique doté d'une barre transversale qui protège le nez, rassemblent leur bouclier rond, leur épée, leur lance et partent en guerre.

Les Normands reviennent tous les ans

Les Normands ? A peine les a-t-on annoncés qu'ils sont là, qu'ils pillent et qu'ils tuent. A quoi bon appeler les vassaux en renfort quand on sait que l'on arrivera après la bataille ?

Alors, chaque année ou presque, la même tragédie recommence.

En l'an 866 — enfin ! — un grand seigneur, Robert le Fort, tente de barrer la route aux Normands. Il se bat héroïquement, comme on savait combattre en ce temps-là, bien calé sur sa selle munie d'une sorte de dossier appelé troussequin, frappant à tour de bras l'ennemi de son épée ou le perçant de sa lance. Il mérite son surnom — *le Fort !* — mais y laisse la vie. Et, de nouveau, les Français tremblent.

En 885, le Normand Siegfried assiège Paris. Rien de changé ? Si. L'évêque Gozlin et le comte Eudes décident que, cette fois, ils ne se laisseront pas faire. Une précision : Eudes est le fils de Robert le Fort. Ceci explique sans doute cela.

Sept cents barques portant 40 000 Normands sont signalées. Leur file couvre deux lieues — environ huit kilomètres — de fleuve. Formidablement retranchés dans l'île de la Cité, galvanisés par leur comte, les Parisiens ne cèdent pas. Après un siège de treize mois, malgré l'effroyable famine à laquelle ils ont été réduits, ils ne plient toujours pas. Siegfried, qui veut piller la riche Bourgogne, doit se résoudre à faire tirer ses drakkars sur la terre ferme par des chevaux et des bœufs de façon à contourner Paris. Au retour, il recommencera la même manœuvre.

Un long cri de reconnaissance et d'enthousiasme monte vers le comte Eudes. Les Parisiens qui, à juste titre, désespèrent de rois qui ne viennent jamais à leur secours, sont enfin convaincus d'avoir trouvé, dans la famille de Robert le Fort, de véritables défenseurs.

Le château et son châtelain

Pour une fois, le seigneur n'est pas parti en guerre. Du haut de la tour de son château — le donjon — il considère la campagne environnante. Il l'aime, car elle est sienne. Pour la garder, il a plusieurs fois exposé sa vie et, pour la défendre, il est prêt, avec ses hommes d'armes, à recommencer quand il le faudra.

Au cinéma ou à la télévision, quand on veut évoquer les châteaux de ce temps-là, on nous montre souvent de redoutables forteresses avec d'énormes murs de pierre, des remparts, des tours crénelées, des fossés que l'on franchit à l'aide de pont-levis. Erreur grave. Ces châteaux existeront, mais deux ou trois siècles plus tard.

Aux IXe et Xe siècles, les demeures des seigneurs apparaissent beaucoup plus sommaires. On les construit parfois sur une colline mais plus précisément sur une *motte* artificielle : il en a fallu, des paniers pleins de terre apportés par les paysans, pour les constituer ! Leur

Éléments du drakkar retrouvé intact à Oseberg en 1904, la proue, relevée en pointe et le gouvernail, à tribord. Les « guerriers de la mer » — tel est le sens du mot viking — furent aussi de très bons organisateurs.

emplacement a été choisi avec un grand soin, car il s'agit de pouvoir surveiller les environs de manière, à tout instant, à faire face à une attaque. Beaucoup de lieux en France gardent, dans leur nom, le souvenir des mottes sur lesquelles on a élevé des châteaux : La Motte-Achard, La Motte-Beuvron.

Dès que la motte est construite, on l'entoure d'une haute palissade en bois, que l'on protège par des fossés, des remblais de terre, des haies vives : c'est la première enceinte. Une autre palissade, à l'intérieur de celle-ci, protège le château proprement dit : ce n'est qu'une grande maison carrée — en bois — avec trois ou quatre étages. En cas d'attaque, les assaillants s'essaieront de leur mieux à mettre le feu au château. Ils y parviendront souvent. On le reconstruira vite car, s'il est quelque chose qui ne manque pas en France, c'est le bois. Notre pays se présente alors comme une immense forêt. Les terres cultivées, défrichées autour des châteaux et des abbayes, ne forment qu'une infime partie conquise sur cette écrasante masse forestière.

Impossible d'imaginer un châtelain autrement que comme un guerrier. C'est parce qu'un chevalier s'est autrefois bien battu que son suzerain, un jour, lui a fait cadeau de cette terre. Sa raison d'être, c'est d'être toujours prêt à se battre de nouveau, et bien. Le château est donc avant tout une sorte de caserne. On y entretient des *sergents,* qui se battent à cheval, et des soldats qui, parce qu'ils combattent à pied, sont appelés *hommes de pied.* On y élève et entraîne des chevaux. Des forgerons y façonnent les armes.

Le château est aussi devenu un asile

Avant les invasions normandes, les cabanes des paysans se disséminaient à travers tout le domaine pour se trouver plus près des cultures. Depuis que l'on vit dans la peur, on les construit à l'intérieur du château, entre la première et la seconde palissade. Rien de plus misérable que ces masures : des murs en torchis ou en terre battue, un toit de chaume ou même constitué de simples branchages. Aucune fenêtre. La porte seule dispense un peu d'air et de lumière.

La vie des paysans a toujours été dure. Elle le reste. Ce qui l'adoucit désormais, c'est la protection accordée par le seigneur. Quand un ennemi s'annonce, les paysans s'enferment dans l'enceinte du château : hommes, femmes, enfants avec les bêtes.

L'ancêtre du château fort pourrait être cette demeure fortifiée de l'époque carolingienne. Déjà la résidence est entourée d'une enceinte de murs avec des créneaux. La construction elle-même est en bois.

Bâtie sur une hauteur à la façon des camps romains, ou sur une butte artificielle quand le pays est plat, elle est protégée par des retranchements et un ou deux fossés remplis d'eau. Bientôt des tours seront construites. Si le pays est riche en pierres, on élèvera des murailles tel un camp retranché. Mais on est encore loin des énormes donjons massifs.

Le Seigneur habite dans cette demeure. Si un danger menace, les paysans et les serfs viendront aussi dans cette enceinte protégée ; toujours ils y trouveront asile.

Sortant du ciel, la main de Dieu semble envoyer ses anges ailés, protecteurs du lieu.

Cette enluminure est tirée de l'Apocalypse de saint Jean, un manuscrit célèbre de l'époque.

Les seigneurs se font des guerres privées

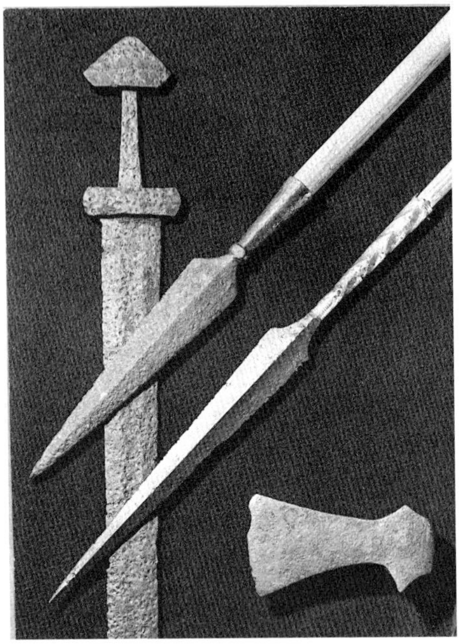

Dans des tombeaux norvégiens on a retrouvé ces armes vikings : une épée, une hache, deux pointes de lance. Elles sont exposées à Oslo. Les guerriers vikings se faisaient enterrer avec leurs armes. Les plus riches d'entre eux y ajoutaient leurs trésors.

Si vous voulez vous figurer la vie de ce temps-là, c'est aux châteaux qu'il vous faut penser. Un châtelain doit pouvoir gagner dans la journée les limites de son domaine. Par conséquent les châteaux ne sont jamais très éloignés les uns des autres : pas plus d'une dizaine de kilomètres. Ce qui fait qu'ils sont très nombreux en France : il en existe plus de dix mille ! Il n'en reste aujourd'hui aucune trace. Nous l'avons vu déjà pour les monuments gaulois : le bois ne se conserve pas.

Les villages dépendent entièrement des châteaux. Mais les châteaux ne peuvent se passer des villages : comment le seigneur, sa famille, ses hommes d'armes mangeraient-ils si les paysans ne les approvisionnaient pas ? Comment le seigneur se procurerait-il l'argent avec lequel il paye ses sergents et ses gens de pied, s'il ne pouvait vendre des bêtes et du grain ?

Encore faudrait-il que les récoltes aient le temps de lever. Aujourd'hui encore, à la campagne, nous nous en prenons volontiers à nos voisins pour des questions de murs mitoyens ou d'arbres dont l'ombre menace la croissance de nos salades. Songez comment pouvaient réagir ces seigneurs brutaux, élevés dès l'enfance au sein de la violence ! Le seigneur voisin oublie-t-il de saluer quand on le croise ? Aussitôt le seigneur lui déclare une « guerre privée » : c'est ainsi qu'on nomme ces affrontements sauvages qui se déchaînent dès la fin du IXe siècle. Pour ruiner l'autre, on saccage ses terres, on brûle ses vignes, on massacre ses bêtes. L'année suivante, les paysans mourront de faim. Dites-vous bien qu'ici le mot *mourir* n'est pas une image.

Que faire pour empêcher cette multiplication de conflits ? Le roi Charles le Chauve a pensé qu'il fallait éviter qu'il existe trop de châteaux. Il a interdit, en 864, que l'on construise un château nouveau sans autorisation. Mais qui écoute encore un roi qui n'a pas le pouvoir de se faire obéir ? Des châteaux, on en a édifié de plus belle. Certains ont fini par se trouver si près les uns des autres que les seigneurs ont pu, du haut de leurs donjons, s'envoyer des projectiles !

La loi dans le royaume, ce sont les Grands désormais qui la font. A la mort de chaque roi ils se réunissent et choisissent son successeur. En 888, plutôt qu'un prince carolingien, c'est Eudes, le comte de Paris, vainqueur glorieux des Normands, qu'ils choisissent : prime à l'efficacité sur les droits venus seulement de la naissance.

Les Grands élirent cependant encore des princes carolingiens, tels ce Charles le Simple qui, en 911, pour se débarrasser des Normands, fait don à leur chef Rollon d'une province. Vous avez déjà deviné que celle-ci deviendra la Normandie.

Le dernier Carolingien, Louis V, meurt le 22 mai 987. A qui les Grands vont-ils décerner le titre de roi ?

Capet et Capétiens

Ils sont là, les Grands, réunis à Senlis, dans une chapelle où il commence à faire bien chaud. Tous, en grand équipage, ils sont venus, à travers la campagne en fleurs, escortés des plus vigoureux de leurs chevaliers : les chemins se révèlent de moins en moins sûrs et les forêts sont infestées de brigands.

Senlis fait partie du domaine du duc de France, Hugues, que certains surnomment Capet parce qu'il possède plusieurs abbayes et que les moines portent traditionnellement ces sortes de vêtements que l'on appelle chapes.

Assis dans le chœur, c'est justement Hugues Capet qui préside : n'est-il pas ici chez lui ? Dans l'assistance, il peut reconnaître sa parenté : le duc de Bourgogne, son frère ; le duc d'Aquitaine et le duc de Normandie, ses beaux-frères ; et aussi ses grands vassaux de Chartres et d'Anjou. Beaucoup de puissance aux mains de quelques-uns. Beaucoup d'amitiés qui peuvent se révéler utiles.

Si le titre de duc de France que porte Hugues Capet doit légitimement en imposer, son propre fief, autour de la bonne ville de Paris, ne représente que la valeur d'un de nos départements. Il s'étend jusqu'à Beauvais et Compiègne au nord, vers Orléans au sud. Ce n'est guère et, comparé aux huit grands fiefs du royaume, Flandre, Normandie, Bourgogne, Guyenne, Gascogne, Toulouse, Gothie et Barcelone, ce n'est rien.

Dans ce cas, pourquoi traite-t-on Hugues avec tant de déférence ? Pour une raison que vous allez comprendre aisément : il appartient à l'illustre famille de Robert le Fort et du comte Eudes. Leur renommée demeure telle que voilà assurément la meilleure des références.

Ce beau titre de duc de France, c'est son père, Hugues le Grand, qui l'a porté le premier. Depuis, le fils l'a relevé avec une remarquable dignité.

Là, dans le chœur de la chapelle de Senlis, regardons-le, vêtu,

Rollon, le barbare converti, premier duc de Normandie, est enterré à Rouen, sa capitale. Son tombeau est surmonté de ce gisant sculpté 300 ans après sa mort. Il avait promis de ne plus ravager le royaume. Il a tenu parole et même plus, il a rebâti les villages ruinés et a fondé des abbayes.

comme tous les hommes de son temps, d'une longue robe qui tombe jusqu'à terre. Il a une quarantaine d'années. On le tient à juste titre pour un prince sage et modeste. Au milieu des traquenards et des embûches qui menacent alors tout grand seigneur, il a su manœuvrer avec une habileté remarquable.

Jamais, au grand jamais, Hugues Capet n'a déclaré qu'il songeait à devenir roi. Mais, dès qu'il est apparu à Senlis, il n'est pas un seul des Grands présents qui n'y ait songé pour lui. Personne ne veut du dernier héritier de Charlemagne qui n'a pas manqué de revendiquer hautement la couronne : Charles de Basse-Lorraine.

Gonflant dans la chapelle de Senlis sa voix de prédicateur, l'évêque Adalbéron va poser le problème en termes d'une franchise méritoire : Charles de Basse-Lorraine n'a pas d'honneur, il s'est toujours montré comme « engourdi », il s'est abaissé à servir un prince étranger. Quel contraste avec Hugues Capet !

Cette miniature conservée à la bibliothèque de Cambrai nous montre une assemblée de clercs, gens savants. Certains tiennent un manuscrit. Il font partie de la petite élite qui sait lire.

La coiffure est la même pour tous ; frange et cheveux courts.

Sous Hugues Capet, le vêtement des hommes ressemble encore au vêtement romain ; robe jusqu'aux pieds, qui sont nus, et toge retenue sur l'épaule gauche.

Une autre miniature tirée de la chronique de Froissart nous montre, avec des détails plaisants, un combat entre les gens d'armes de Messire Jacques de Bourbon et ceux d'un Seigneur voisin. En bas, une véritable armée de casques et d'épées dressées. Malgré leur armure et leurs boucliers incurvés, les hommes à pied sont renversés par les blocs de pierre que l'ennemi leur lance, bien campés au sommet de la butte.

0 100 200 300 400 500 600 700 800 900 1000 1100 1200 1300 1400 1500 1600 1700 1800 1900 2000

— Il se recommande par ses actions, sa noblesse, sa puissance militaire... Grâce à son dévouement, vous aurez en lui un père !

L'archevêque a fait son choix en pesant soigneusement ses propres intérêts. On procède au vote. Hugues Capet est élu roi à l'unanimité. Vous avez bien lu : à l'unanimité !

Le 3 juillet 987, Hugues reçoit le sacre à Noyon. L'évêque Adalbéron fait couler l'huile sainte sur son front : vous serez d'accord avec moi pour juger que cet ecclésiastique si éloquent avait bien mérité d'être à l'honneur ce jour-là.

Nous pouvons en être sûrs : les Grands n'ont pas cru, en choisissant Hugues, fonder une dynastie. Ils ne lui ont décerné le titre de roi — comme l'habitude s'en était prise depuis un siècle — que pour la durée de sa propre vie.

Ils ne peuvent prévoir que Hugues, avant la fin de l'année 987, va trouver un moyen singulièrement efficace de conserver la couronne dans sa famille.

A la fin de décembre, le roi convoque de nouveau les Grands, à Orléans cette fois. Le jour de Noël, dans la cathédrale de Sainte-Croix, il fait couronner son fils Robert « roi des peuples occidentaux depuis la Meuse jusqu'à l'Océan ».

L'idée n'était pas neuve. Pépin le Bref avait agi ainsi pour son fils Charles — et Charlemagne pour son propre fils. Avouez que ce duc de France n'en a pas moins joué superbement sa partie !

La chance insigne des Capétiens — vous penserez avec moi qu'elle est peu ordinaire — c'est d'avoir pu, pendant trois siècles et demi, se transmettre la couronne de père en fils sans la moindre interruption. Pendant trois siècles et demi, la France ne connaîtra aucun de ces problèmes de succession qui ont amené les Carolingiens à leur perte.

Vivre en dehors du temps

Dans l'abbaye, profond est le silence. Les moines dorment. L'un d'eux pourtant est éveillé. Assis sur un tabouret, il ne quitte pas des yeux un gros cierge qui brûle lentement. Un cierge creusé d'encoches qui, au visiteur mal informé, peuvent paraître mystérieuses.

Voici justement que la flamme lèche l'une d'elles. Aussitôt, le moine saute sur ses pieds, se saisit d'une clochette qu'il s'en va agiter, en faisant le plus de bruit possible, dans les couloirs de l'abbaye. Il est l'heure pour ses frères de se lever afin de prononcer les prières nocturnes prévues par la règle.

Interrogez-vous : combien de fois dans une journée regardez-vous votre montre ? Toute notre vie quotidienne est rythmée par le temps qui passe : il faut se lever à l'heure, sinon on arrivera en retard à l'école. Les repas se prennent à l'heure, les moyens de transport partent à l'heure, les émissions de télévision sont programmées à une heure qu'annoncent les journaux.

Comment pourrait-on vivre sans savoir l'heure ? C'est pourtant ce que faisaient, sans en souffrir particulièrement, les gens du Moyen Age, c'est-à-dire ceux qui ont vécu entre la chute de l'Empire romain, au Ve siècle, jusqu'au moment de la découverte de l'Amérique, au XVe siècle.

Ce n'est que dans la seconde moitié du XIe siècle qu'apparaîtra, chez les moines de l'abbaye de Cluny, cette nouveauté sensationnelle : une horloge. Elle fonctionne grâce à de l'eau qui, goutte à goutte, remplit un récipient. Mais il faut être riche — les grandes abbayes le sont — pour posséder une de ces *clepsydres*. Longtemps, ceux qui ont besoin de savoir l'heure la nuit, le roi Saint Louis entre autres, se contenteront de ces cierges dont la durée fixe une période déterminée.

D'autres, les sacristains des églises par exemple, disposent d'un cadran solaire qu'ils consultent avant de sonner la cloche qui annonce les offices. Encore faut-il que le soleil brille. Si le temps est couvert, le sacristain sonne au jugé. Ce qui semble d'ailleurs n'avoir contrarié personne.

L'année elle-même ne commence pas le même jour pour tous les Français : à la cour du roi de France, on célèbre le nouvel an au mois de mars. Selon les provinces, cela peut être le jour de Noël ou celui de Pâques. Presque personne ne sait en quelle année on se trouve. C'est pourquoi la venue de l'an 1000 n'a déclenché aucune de ces « terreurs » dont parlent certains livres. Les gens ne savaient pas qu'ils étaient en l'an 1000 !

En revanche, chacun vit à sa place et accepte son sort. Les hommes d'Eglise, des évêques jusqu'aux curés, expliquent que la loi de Dieu veut que les uns — les prêtres — prient, que les autres — les nobles — combattent, et que les autres enfin — les paysans — travaillent.

La lettrine d'une page manuscrite de la « chronique de tous les rois de France » nous montre Hugues Capet en majesté. Assis sur le trône, couronne fleurdelysée en tête et portant le sceptre royal, le roi est en tenue d'apparat, sans doute en tenue de sacre, symbolisée ici par les attributs royaux.

Nous sommes en 987, à Noyon. Mais la miniature date du XIVe siècle. Tous les rois qui vont régner sur la France, pendant 800 ans, descendent d'Hugues Capet.

Les outils du paysan se perfectionnent

Les instruments agricoles vont devenir plus efficaces. En même temps que la charrue à soc de fer remplace l'araire qui ne faisait qu'égratigner la terre, apparaît aussi une nouvelle technique d'attelage.

Les bêtes de trait, ici des chevaux, sont mieux utilisées grâce au collier d'épaule ; c'est un collier rigide qui ne gêne pas l'animal dans sa respiration et qui remplace les lanières de cuir. On peut atteler les chevaux en file.

Il existe donc trois sortes de Français. Peu à peu, les uns et les autres en prendront conscience. Ainsi naîtront ce que l'on appellera les trois ordres : le clergé, la noblesse et les paysans qui, plus tard unis aux habitants des villes, les bourgeois, deviendront le tiers état.

95 % de paysans

Pour détendre ses reins douloureux, Pierre se relève un instant de la terre grasse vers laquelle il était penché. Il considère son champ, tout en longueur. Beaucoup de champs se présentent ainsi, interminables, mais guère plus larges que l'une de nos grands-routes. C'est que, parvenu au terme du sillon, le laboureur a beaucoup de mal à faire tourner l'attelage composé parfois de huit bêtes, bœufs ou chevaux. La longueur et l'étroitesse du champ diminuent le nombre des manœuvres.

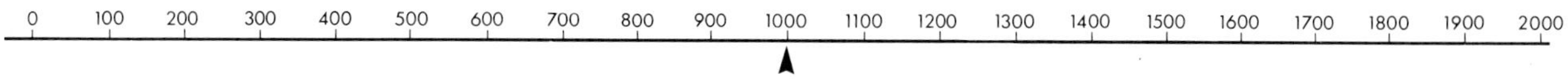

Il y a maintenant longtemps que les descendants de Hugues Capet règnent en France. Les seigneurs persistent en leur cruelle manie des guerres privées. Mais on a oublié jusqu'au souvenir de la terreur normande. Les villages, peu à peu, se sont mis de nouveau à croître hors de l'enceinte du château. Pierre préfère cela.

Pierre est un *serf,* ce qui signifie qu'il appartient à un seigneur. Il n'a pas le droit de quitter la terre de son maître et, quand il se marie ou hérite, il doit lui payer une somme d'argent. Son rêve : amasser un pécule qui lui permettrait de se libérer. Très peu y parviennent.

Comme la terre reste toujours la propriété du seigneur, les paysans libres eux-mêmes doivent payer à celui-ci des redevances en nature — une partie de la récolte — ou en argent, le *cens.*

Retenez bien ceci : c'est d'un mot latin, *laborare,* qui signifie travailler, que s'est formé le mot français *laboureur.* Pour les gens de ce temps-là, travailler, c'est donc cultiver la terre. Et il est bien vrai que 95 % des Français sont des paysans.

Les ancêtres de Pierre ne disposaient — sous les successeurs de Charlemagne encore — que de charrues en bois. Le fer était réservé aux guerriers. Peu à peu, on s'est mis à construire des charrues en fer. Elles pèsent un poids énorme et c'est pourquoi il faut plusieurs bêtes pour les tirer.

Le père de Pierre lui a souvent parlé d'une grande révolution dont a bénéficié toute la paysannerie : jusque-là on usait pour les chevaux, comme l'avaient fait les Romains, d'un attelage fixé au cou qui étranglait à moitié l'animal et l'essoufflait. L'invention capitale, c'est le *collier d'épaule* qui prend appui sur l'ossature de la bête — les côtes et le poitrail — et lui permet de tirer des charges quatre fois plus lourdes.

Pierre reprend sa bêche. Il se dit qu'il a bien de la chance car elle est en fer. Il songe que son grand-père retournait la terre avec une bêche en bois. En ce temps, les chevaux et les bœufs n'étaient pas ferrés. Tout a changé quand un forgeron s'est installé au village et s'est mis à fabriquer des outils en fer. Si vous connaissez autour de vous des personnes qui se nomment Fabre ou Lefèvre, soyez assuré qu'elles descendent d'un des nombreux forgerons — on les appelait alors fabre ou fèvre — qui, au Moyen Age, sont venus changer la vie des villageois français.

La grande préoccupation de Pierre et de sa femme, c'est la récolte : viendra-t-elle bien ? Les grains lèveront-ils comme il faut ?

On multiplie les soins et les précautions. On laisse régulièrement la terre se reposer : on dit alors qu'elle est en *jachère*. On alterne les cultures d'une année sur l'autre : c'est l'*assolement*.

Un hiver trop froid, des rivières qui sortent de leur lit et inondent la plaine peuvent tuer la récolte. Dans ce cas, ce sera la famine. Cette seule idée terrifie Pierre. Au XIe siècle, les intempéries sont cause de deux grandes famines dont l'une dure cinq ans. On voit des fils dévorer leurs mères et des mères tuer leurs enfants pour les manger. Les voyageurs égarés sont vite assommés, dépecés, digérés.

Croirez-vous — et pourtant il faut le croire — que l'on a vendu de la chair humaine sur le marché de Tournus ? Il est vrai que le « boucher » fut arrêté et brûlé vif. Brûlé aussi, cet ogre qui, dans une forêt près de Mâcon, fut convaincu d'avoir dévoré quarante-huit personnes, dont il conservait en souvenir les têtes dans sa cabane, ce qui le perdit.

Quand il évoque de tels épisodes, Pierre se rembrunit et adresse au ciel une prière fervente. Dieu fasse que de telles horreurs ne se reproduisent plus !

Vivre avec Dieu

La cloche de l'église du village sonne à toute volée. De toutes les maisons les paysans sortent pour se rendre à la messe du dimanche.

Quand les villages se tassaient dans l'enceinte du château, les paysans devaient se contenter de la chapelle du seigneur. Maintenant, partout à travers le royaume, on a édifié des églises.

La cloche, dans la semaine, vient avertir chacun, au milieu de ses travaux, qu'il est temps de prier. Chaque heure a sa prière et chacune fait penser à Dieu.

Le centre de la vie, c'est l'église. Le paysan, le seigneur, le roi — dont l'existence se ressemble si peu — sont baptisés à l'église de la même façon, ils se marient à l'église, et on les enterre à l'église.

Cette foi qui, ardente, est celle de tous les Français ne suffit pas à certains qui décident de consacrer leur vie tout entière à Dieu et deviennent prêtres. Les uns seront curés d'une paroisse. Les autres se font moines et s'enferment dans une abbaye. La plus célèbre est celle de Cluny, créée au Xe siècle par des disciples de saint Benoît : les bénédictins.

Le nombre de ces abbayes ne cesse d'augmenter. Elles s'étendent sur d'immenses territoires, font travailler d'innombrables paysans. Au début du XIIe siècle, 815 monastères dépendent en France de l'abbaye de Cluny. De grands seigneurs et de simples paysans y prient et y travaillent pareillement sous l'anonymat de la même robe de bure. C'est au monastère que l'étude trouve asile. Les moines recopient les manuscrits et s'enorgueillissent de la richesse de leurs bibliothèques.

A la même époque, la France s'est couverte d'églises. Longtemps, elles ont été en bois. On apprend à les construire en pierres. C'est ainsi que naît l'*art roman,* avec ses édifices dotés d'énormes murs et de très peu de fenêtres. Quand on s'enhardit à alléger les murailles des églises et à agrandir leurs ouvertures, cela devient le *style gothique.*

Pour prouver qu'ils aiment Dieu, les Français voudront construire, à partir du XIIe siècle, des cathédrales de plus en plus vastes, avec des tours de plus en plus hautes. A Notre-Dame de Paris, commencée en 1147, 9 000 personnes peuvent trouver place et même, certains jours, 13 000 ! La tour de Strasbourg est haute de 142 m !

Les cathédrales du Moyen Age, œuvres de plusieurs générations — il a fallu quatre-vingt-dix ans pour finir Notre-Dame — et auxquelles tout un peuple a travaillé, demeurent le témoignage éclatant de la foi qui rayonnait à cette époque.

La puissance de l'Eglise dépasse parfois celle des rois. N'est-elle pas parvenue à interdire aux seigneurs de prendre les armes certains jours de la semaine : du mercredi soir au lundi matin ? S'ils passent outre, ils sont excommuniés, ce qui veut dire qu'ils ne pourront plus ni communier, ni se confesser, ni se marier, ni être pardonnés au moment de mourir. La pire des perspectives pour un chrétien. Alors, les seigneurs, malgré le peu d'envie qu'ils en aient, obéissent à l'Eglise. Ils observent la *trêve de Dieu.*

Quel Français voudrait oublier que le pape est chef de cette Eglise rayonnante et que les rois eux-mêmes s'humilient devant le successeur de saint Pierre ?

Bientôt, c'est ce pape-là qui appellera les chrétiens à tout quitter pour aller délivrer le tombeau du Christ, occupé à Jérusalem par les Infidèles.

Et les chrétiens partiront en croisade.

Près de Saint-Benoît-sur-Loire se dresse la plus ancienne église romane de France ; Germigny-des-Prés. Elle fut consacrée au début du IXe siècle. Les murs sont épais, les ouvertures étroites. Les vitraux ne sont pas encore inventés. A leur place, des plaques d'albâtre translucide laissent passer une lumière douce. Le clocher carré qui coife la voûte en berceau est postérieur de quelques centaines d'années.

LES CHEMINS DE L'UNITÉ

Le roi tient ses pouvoirs de Dieu

Ce tableau, grouillant de vie, couvre une belle période : de Guillaume le Conquérant, duc de Normandie, dont nous voyons ici l'écusson au léopard avec ses couleurs rouge et jaune, jusqu'au roi Philippe-Auguste, en passant par les croisades.

Le petit personnage central n'est pas un des moindres, c'est le pape Urbain II (1088-1099) élevant haut la croix. Il prêche la croisade. Il s'agit d'arracher le tombeau du Christ aux mains des musulmans. Enthousiastes, les chevaliers et aussi des gens du peuple cousent une croix rouge sur leur vêtement et commencent la longue marche vers Jérusalem. Voyez, à l'horizon, les remparts de Saint-Jean-d'Acre en Syrie et, devant, une mosquée à toit rond où les musulmans viennent prier Allah.

Le roi couronné est Philippe-Auguste, un des grands Capétiens, un des « rassembleurs des terres françaises ». Avec sa longue épée, il triomphe des grands seigneurs turbulents dont il prend les terres. N'est-ce pas Ferrand, comte de Flandre, qui est là dans cette charrette à quatre roues, dernier modèle de ce XIIIe siècle ? Le roi fait de Paris sa capitale. Un témoin provincial écrit : « une île (l'île de Notre-Dame), en est la tête. Des navires innombrables l'entourent, remplis de marchandises ». Ici nous voyons l'un d'eux, une « gabare » à la voile gonflée.

Entre le bateau et le roi, une jolie scène tendre, en rose. Le page-poète, accompagné d'une viole, chante à sa dame son amour courtois. A côté des châteaux forts, les maisons des marchands et des artisans se construisent à l'intérieur des murailles. Ici, une boutique ouverte sur la rue et des maisons à colombage. Observez les vêtements.

Ce grand gaillard qui, avec un mélange d'orgueil et de colère, considère sa flotte immobilisée devant Saint-Valéry-sur Somme parce que le vent refuse de souffler, c'est Guillaume, duc de Normandie, celui que bientôt on appellera Guillaume le Conquérant.

Il y a maintenant plus de cent cinquante ans que les Vikings sont installés en Normandie et leurs ducs en ont fait l'un des plus puissants et des plus riches fiefs du royaume de France. A Caen, Bayeux et Rouen, Guillaume gouverne de façon beaucoup plus moderne que les autres titulaires de fiefs, y compris le roi de France : il a mis sur pied une administration, il fait établir chaque année un budget, il nomme lui-même les évêques, il perçoit des impôts, ce qui lui permet de constituer un trésor de guerre toujours disponible.

Depuis qu'il règne, Guillaume n'a cessé d'agrandir son domaine, ce qui veut dire qu'il n'a cessé de se battre. Il a même affronté le roi de France Henri Ier. Ce qui ne l'empêche pas de se reconnaître toujours pour son vassal. Dans tout le royaume, les Grands agissent de même.

La faiblesse du roi est si notoire que, dans son propre domaine, de petits seigneurs comme les comtes de Corbeil et de Melun peuvent impunément le narguer. Quand il se rend d'Orléans à Paris, le seigneur de Montlhéry l'inquiète du haut de sa tour plantée sur une colline. Guillaume de Normandie — et les Grands avec lui — en ont parfaitement conscience.

Mais le roi a reçu le sacre, on a versé sur sa tête et sur son corps cette huile appelée chrème, dont on affirme qu'une colombe l'a apportée à saint Rémi pour le baptême de Clovis. Le roi de France est devenu aux yeux de ses sujets — y compris les Grands — un être à part qui tient ses pouvoirs de Dieu. Il est le *suzerain* de tous, même s'il est plus pauvre et plus vulnérable que la plupart de ses propres vassaux.

Ce jour-là, 27 septembre 1066, ce n'est d'ailleurs pas au roi de France que pense Guillaume de Normandie, mais à celui d'Angleterre.

Le roi défunt de ce pays, Edouard, a verbalement promis à Guillaume de lui léguer son trône. En fait, l'un de ses parents, Harold, s'en est emparé. Guillaume a décidé de faire valoir ses « droits » les armes à la main. Les Grands de Normandie — les seigneurs d'Eu, d'Avranches, de Coutance, de Bayeux, d'Evreux, de Beaumont — ont promis de construire chacun de cent vingt à cent cinquante grandes barques, inspirées des drakkars. En même temps, Guillaume a fait préparer un grand nombre de bateaux plats où l'on chargera les chevaux.

Je suppose que vous aimez les bandes dessinées. Savez-vous que la première des B.D. existe toujours, qu'il n'en est pas de plus grande en France et qu'elle se trouve aujourd'hui toujours en Normandie ? Un conseil : obtenez de vos parents qu'ils vous conduisent à Bayeux. Une immense tapisserie y est exposée, tout en longueur, qui raconte en de merveilleux dessins la conquête de l'Angleterre par Guillaume. Vous y verrez tout : les bateaux, les chevaliers qui s'y entassent, les chevaux que l'on embarque, l'attente des vents favorables, le départ enfin, le 28 septembre 1066.

La tapisserie de Bayeux vous montrera cela aussi : les Normands qui écrasent l'armée de Harold et Guillaume, le jour de Noël, couronné roi d'Angleterre à Westminster au milieu de ses chevaliers.

Comme roi, Guillaume est devenu l'égal du roi de France. Mais, en tant que duc de Normandie, il demeure son vassal. Ce sont là les surprises de la féodalité. On peut déjà prévoir que de redoutables problèmes naîtront un jour de cette anomalie.

Ce penny d'argent (en français on dit « denier ») est une monnaie du XIe siècle. A cette époque, seul l'argent est frappé pour la fabrication des monnaies. Et le denier est une unité monétaire. Ici nous voyons le recto de la pièce ; il représente le visage de Guillaume de Normandie devenu roi d'Angleterre. Seuls en France, deux ateliers fabriquent les deniers : Rouen et Bayeux.

Le temps des croisades

Jamais Clermont d'Auvergne — futur Clermont-Ferrand — n'a vu réunis autant de grands seigneurs, autant de puissants évêques. Ce jour-là, 27 novembre 1095, agglutinés derrière les gens d'armes qui contiennent énergiquement le petit peuple, les pères et les mères élèvent le plus haut qu'ils peuvent leurs enfants afin que ceux-ci aperçoivent l'homme pour qui chacun est accouru : le pape Urbain II.

La cathédrale est trop petite pour contenir la foule des prélats et des barons. On a dû construire sur une esplanade des estrades en plein air. Voici, sur la plus haute, le pape, coiffé de la tiare. Lentement, majestueusement, le pontife se lève. Un silence profond s'étend sur l'esplanade.

Il parle. Il évoque la situation lamentable dans laquelle sont plongés les chrétiens en Orient. Les Arabes et les Turcs n'occupent-ils pas ceux lieux sacrés où a vécu Jésus ? Et qu'ont-ils fait ?

La première bande dessinée de tous les temps

Ce samedi 14 octobre 1066, près du petit bourg d'Hastings en Angleterre, la bataille fait rage. Les troupes de Guillaume, duc de Normandie, viennent de traverser la Manche et se battent contre Harold. Il s'agit pour Guillaume de faire valoir ses prétentions légitimes sur la couronne d'Angleterre. Le vieux roi Édouard est mort. Mais deux prétendants pour une succession, c'est trop. Alors Harold ou Guillaume ?

La tapisserie de Bayeux, ou plus exactement la broderie de 70 m de long et de 50 cm de haut, nous raconte la bataille. Extraordinaire de mouvement, de vérité et de fougue, véritable documentaire sur la vie du XIe siècle.

Sur fond de lin naturel, six couleurs de laines sont alternées. Pour un effet de perspective, les jambes des chevaux placées devant n'ont jamais la même couleur que celles placées derrière. Remarquez le terrible panache du cheval bleu à la verticale... Les piques volent, les cavaliers sont jetés à terre, hache et épée s'entrechoquent à gauche.

La frise du bas nous montre les morts de la bataille et même, à côté d'un cheval blessé, une tête tranchée au sabre.

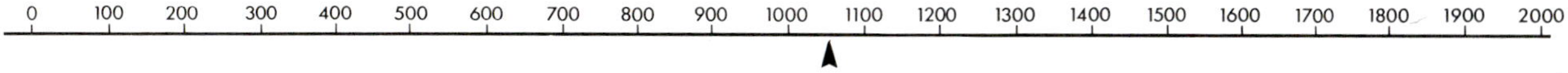
0 100 200 300 400 500 600 700 800 900 1000 1100 1200 1300 1400 1500 1600 1700 1800 1900 2000

ANGLI ET FRANCI: INP

Au combat, le chevalier croisé est bien protégé. Son corps est recouvert du haubert et sa tête coiffée du heaume, sorte de casque conique. Il est abrité par un écu armorié. Sur ses chaussures de fer sont fixés des éperons qu'il a reçus le jour où il a été fait chevalier et habillé comme tel par son suzerain.

— Ils ont détruit les basiliques et immolé les chrétiens comme des bêtes. Dans les églises où jadis le service divin était célébré par les fidèles, les païens ont fait des étables pour leurs animaux !

Quand le pape ajoute que les chrétiens, en Syrie et en Palestine, sont condamnés à travailler sous le fouet, comme des esclaves, un frisson d'épouvante parcourt cette foule. Va-t-on accepter une telle humiliation, un tel sacrilège ? Urbain II supplie « les pauvres comme les riches » de s'en aller chasser les Infidèles des lieux saints. Lui, successeur de saint Pierre, accordera le pardon de leurs péchés à tous ceux qui mourront en route ou en combattant les païens. Il admoneste les seigneurs dont il ne connaît que trop bien les goûts :

— Qu'ils aillent donc au combat contre les Infidèles, ceux qui, jusqu'ici, s'adonnaient aux guerres privées et abusives !... Qu'ils luttent maintenant à bon droit contre les barbares, ceux qui combattaient leurs frères et leurs parents !

Un immense cri lui répond :

— Dieu le veut !

Un évêque, celui du Puy, s'élance vers le Saint-Père. Il tombe à genoux et demande la permission de partir pour Jérusalem. Urbain le relève, le bénit et s'écrie que l'évêque est désigné comme son représentant pour « l'expédition de Dieu ». Sur-le-champ, l'évêque se fait coudre sur l'épaule droite une petite croix d'étoffe rouge.

Dès le lendemain, le comte de Toulouse annonce qu'il va partir, lui aussi, et que plusieurs milliers de ses sujets ont, comme l'évêque du Puy, cousu une croix sur leur épaule. Parce qu'ils arboreront cette croix d'étoffe, ceux qui vont se mettre en route pour l'Orient seront appelés les *croisés*. Un grand mouvement commence qui va mobiliser toute la chrétienté, non seulement française, mais occidentale : les Croisades.

Le frère du roi de France Philippe Ier, le comte de Vermandois et le comte de Normandie, le seigneur de Brabant, Godefroi de Bouillon et son frère Baudouin de Boulogne vont partir. On dénombre tant de volontaires qu'il faudra les constituer en quatre armées.

Ce ne sont pas seulement les seigneurs qui répondent à l'appel d'Urbain II. Les petites gens aussi veulent aller délivrer le tombeau du Christ. Un moine d'Amiens, Pierre l'Ermite, parcourt les provinces monté sur un âne, il harangue paysans et citadins. Son éloquence se révèle si farouche, si enthousiaste, si convaincante que d'immenses foules accourent pour l'entendre. Certains arrachent même les poils de son âne pour en faire des reliques ! Quand Pierre l'Ermite s'écrie : « Suivez-moi ! », des dizaines de milliers d'hommes, de femmes et même d'enfants abandonnent tout pour lui obéir.

La croisade des pauvres gens sera un échec tragique. Presque tous, après avoir traversé l'Europe à pied, seront massacrés par les Turcs. Quant aux chevaliers, il leur faudra plus de trois ans de combats acharnés pour s'emparer enfin de Jérusalem (1099).

Un royaume chrétien est créé en Palestine dont les rois, assistés de vassaux selon le système féodal, sont français. C'est ainsi que la civilisation et la langue françaises ont rayonné dans tout le Proche-Orient. Le royaume « franc » de Jérusalem, divisé en fiefs, s'est couvert de châteaux-forts dont certains ont affronté les siècles et — comme le « Krak des Chevaliers » — existent encore.

Pour défendre ces nouvelles possessions, des ordres de moines guerriers voient le jour, tels que les Templiers.

Dans son abbaye, le moine copiste est au travail ; sur le haut du pupitre, il a placé le passage de l'Écriture Sainte qu'il est en train de recopier. Ne l'oublions pas : l'imprimerie n'existe pas encore. Les manuscrits sont rares, ils coûtent cher. Mais le besoin de s'instruire devient si général que l'école du monastère ne peut plus accueillir d'élèves. Il est grand temps que la ville ouvre de nouvelles écoles qui deviendront les premières universités.

Les croisés voulaient se faire pardonner leurs péchés

Le royaume de Jérusalem durera un peu moins d'un siècle. En 1187, les Turcs reprennent Jérusalem, La chrétienté tout entière se désespère. Désormais, tous les papes appellent les fidèles à se croiser de nouveau. Pendant deux siècles encore, des Français, des Anglais, des Allemands repartiront pour l'Orient et tenteront d'y reprendre pied. Des combats mémorables les opposeront aux Musulmans. Comment oublier l'affrontement colossal et superbe — thème idéal pour une superproduction cinématographique — du sultan Saladin et des trois coalisés : Philippe-Auguste de France, Richard Cœur-de-Lion d'Angleterre, Frédéric Barberousse d'Allemagne ?

Est-ce seulement par esprit de sainteté que les seigneurs se « croisent » ? Assurément le goût d'aventure et l'espoir de conquérir des terres ne sont pas étrangers à l'engagement de certains d'entre eux. Malgré tout, ce que les plus rudes de ces chevaliers vont chercher en Terre sainte, c'est le pardon de leurs péchés. Beaucoup y périssent et la plupart s'y ruinent.

Les croisades ont donc comporté une conséquence inattendue : la noblesse française s'est trouvée affaiblie. Ceux qui bénéficieront de cet affaiblissement ne seront autres que les rois. Et les villes.

Louis VI le Gros entend être maître chez lui

C'est l'hiver. La neige recouvre la campagne. Le château fort s'est endormi, les troubadours ne circulent plus.

Endormi ? Non, voyez plutôt : le Seigneur a franchi la poterne à cheval, suivi de son écuyer. Les paysans lui ont signalé une bande de loups qui fait grand ravage dans le pays. Ils sont affamés et bientôt s'attaqueront aux hommes. Les pièges, ces fosses creusées en profondeur et recouvertes de branches mortes qui cèdent facilement sous le poids, ne suffisent plus.

On sort des chiens dressés à l'attaque. Ils suivent la terrible odeur. Au loup ! Au loup ! Un paysan accourt avec un bâton ferré, d'autres suivront. Le loup est courageux, il fait face, il mordra profondément quelques chiens avant d'être transpercé par l'épée du seigneur. Celui-ci, en échange des droits qu'il a sur les gens de son domaine, a le devoir de les protéger.

Un poème du Moyen Age dit : « J'aime le seigneur qui frappe avec l'épée et qui va chasser les loups... il a mérité l'amour de sa douce amie. »

Villes et bourgeois

L'abbé Suger regarde approcher à petits pas son maître le roi Louis VI qui régnera de 1108 à 1137. Il se dit que son ventre a encore grossi. Les sujets de Louis, qui n'ont pas la langue dans leur poche, l'ont tout simplement appelé : le Gros.

Ce jour-là, le roi a voulu s'entretenir avec son ministre, un homme fin et subtil qui le comprend mieux que personne. Suger ne cesse de conseiller au roi de se servir de tous ses pouvoirs de suzerain pour protéger les églises et les pauvres gens.

En vérité, Suger n'a pas eu besoin d'insister beaucoup. Entre deux repas plantureux — Louis VI est l'homme le plus gourmand de France — le roi ne tolère guère qu'on oublie son rang. D'abord, il a mis de l'ordre dans le domaine royal. Il n'y a pas été de main morte : il a fait raser les châteaux-forts qui commandaient les routes et pouvaient à l'occasion lui tenir tête. D'autant plus que les châteaux de

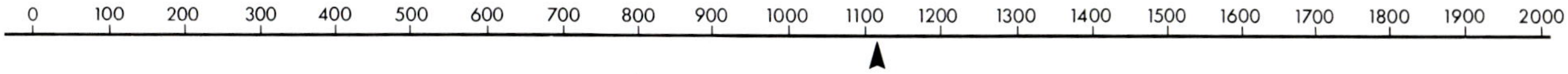
0 100 200 300 400 500 600 700 800 900 1000 1100 1200 1300 1400 1500 1600 1700 1800 1900 2000

bois ne sont plus qu'un souvenir. Partout ils ont laissé place à de redoutables forteresses de pierre dont les murailles hérissées de défenses protègent une tour centrale construite au centre de l'édifice : le donjon, retranchement formidable dont il est bien difficile de chasser le propriétaire.

Le roi vit des revenus de son domaine. Il entend donc être maître chez lui et il a mis au pas les seigneurs qui, dans l'Ile-de-France elle-même, pillaient les abbayes et dévalisaient les marchands.

— On sait, répète Suger à Louis VI le Gros, que les rois ont la main longue...

Il veut dire que le pouvoir du roi de France s'étend au loin, jusqu'aux extrémités du royaume et que nul n'a le droit de le discuter. Le roi a donc le devoir d'en user largement. Au temps d'Hugues Capet, personne n'aurait osé exprimer une telle idée.

Louis VI a écouté son ministre. En 1124, quand l'armée de l'empereur germanique marche sur Reims, le roi appelle tous les seigneurs de France à l'*ost royal,* c'est-à-dire au service armé. Miracle : tous viennent.

Dites-vous bien que cet épisode est important. On peut y découvrir la première preuve d'une unité nationale ressentie par les Français.

Pour renforcer cette unité, Louis VI va jouer serré. On dit souvent que, pour régner, il faut diviser. Louis VI le démontre excellemment. Il appuie le désir de certaines villes et de certains villages d'acquérir quelque autonomie.

Vous vous souvenez de ces grandes et belles villes qui couvraient notre pays au temps de la Gaule romaine. Elles n'ont pas survécu aux invasions barbares. Presque toutes, vidées de la plupart de leurs habitants, elles se sont repliées dans un seul quartier que l'on a entouré de murs pour parer aux périls qui menaçaient de toutes parts. Ces murailles, on les a édifiées en démolissant les maisons ou les palais abandonnés.

Le commerce avait fait la richesse des villes gallo-romaines. Or, dans la Gaule mérovingienne et carolingienne, le commerce était mort. Le souverain et les Grands résidaient — souvenez-vous de Charlemagne — à la campagne, dans ces grands domaines qui se suffisaient à eux-mêmes.

Dès le XIIe siècle, quelque chose d'extraordinaire se produit : la renaissance du commerce. L'Italie a donné l'exemple. Les navires de

Venise et Gênes sillonnent la Méditerranée et des marchands italiens apportent jusqu'en France leurs produits. Les croisades, en faisant tomber aux mains des « Francs » la Palestine et la Syrie, ont permis d'acheter leurs marchandises aux caravanes venues d'Asie. Des vaisseaux les transportent vers ces ports endormis qui retrouvent une nouvelle vie, comme celui de Marseille.

L'activité commerciale gagne tout le royaume. En Flandre, dans les villes alors françaises de Lille ou de Bruges, se développe l'industrie de la draperie : magnifique moyen d'échanges.

Comment les marchands n'auraient-ils pas, de préférence, pour y vendre leurs produits, choisi les villes dont les habitants sont groupés ? Des marchés s'y ouvrent. Des artisans transforment les matières premières en objets fabriqués que d'autres marchands remportent pour les vendre ailleurs. Ces artisans ne suffisent bientôt plus à satisfaire une demande toujours accrue. Ils cherchent des ouvriers et s'adressent aux paysans de la région, surtout à ceux qui ne possèdent que leurs bras. Ceux-ci, notamment les jeunes, quittent la terre pour la ville. On voit même des serfs s'échapper de leur domaine pour s'y réfugier.

En haut, voici le sceau (cachet) de la ville de Valenciennes, dans les Flandres. En bas, celui des bourgeois et du maire de la commune de Pontoise, près de Paris. Tous deux sont du XIIIe siècle. Depuis près de cent ans, le roi accorde à certaines villes le droit de se constituer en commune libre, un droit qu'il faudra payer. Mais le roi a besoin d'argent et vend en quelque sorte son capital. Il donne la vie aux communes, mais en cas de danger, il pourra demander leur aide.

Les villes appartenaient toutes à quelqu'un

Le plus gros des rois et son ministre Suger ont considéré ce grand mouvement avec lucidité et non sans duplicité. Ils ont peu à peu compris que, contre les plus dangereux de leurs vassaux, il serait peut-être possible de jouer la carte des villes.

A la vérité, ces villes anciennes qui renaissent et grandissent, ces villes nouvelles qui prennent la place d'un bourg — et dont les habitants s'appellent eux-mêmes *bourgeois* — appartiennent toutes à quelqu'un : à un seigneur ou à un évêque. Nous savons que telle est la loi de la féodalité.

Les seigneurs qui perçoivent depuis toujours des redevances auprès de leurs paysans en exigent d'identiques des habitants des villes. Au début ceux-ci payent sans protester. Mais un type nouveau de Français est en train de naître. Les artisans et les marchands s'enrichissent. Leur horizon s'est élargi, car beaucoup se déplacent au loin pour vendre, acheter, échanger leurs produits. Les chemins étant ce que nous savons, les marchands s'associent pour voyager en carava-

Le boucher dans sa boutique vient d'engager un employé car sa clientèle augmente et son commerce est florissant. Avec son long couteau pointu il ouvre le ventre du veau, pendu à deux crocs de la poutre. Sur le large plateau en bois de l'étal, son compagnon prépare le couperet pour débiter les morceaux. La corporation des bouchers devient très puissante dans les villes. Elle jouera souvent un rôle politique important, surtout à Paris.

nes armées. Cette alliance se prolonge au sein même des villes où se forment des groupements professionnels que l'on appellera corporations.

Le jour vient toujours où les bourgeois ne supportent plus l'autorité des seigneurs. Ils revendiquent un certain nombre d'avantages, des libertés, ou encore *franchises.*

Louis VI le Gros a encouragé ce souhait passionné. Il accorde lui-même à ces bourgeois des *chartes*, c'est-à-dire des textes qui précisent les nouveaux droits des citadins. Il incite ses vassaux à agir de même. Le plus souvent une négociation pacifique s'engage et les seigneurs apposent leur sceau sur la charte sans trop se faire prier. Quelquefois les bourgeois — comme à Laon — sont obligés de se révolter.

Il y faudra de longues années et le mouvement d'émancipation se

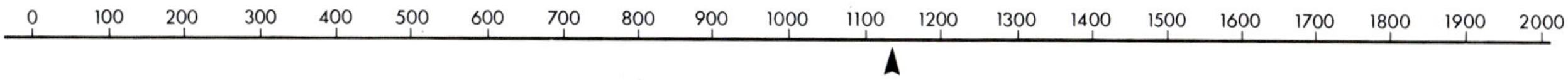

Le tailleur, lui aussi, est très affairé. La population de la ville s'est agrandie et il lui faudra prendre un second apprenti. Un rouleau de drap vient d'arriver de Bruges. Les grands ciseaux sont prêts pour le découper en quatre ou cinq morceaux.

Le tailleur fait partie, depuis peu, de la corporation des drapiers. Tout va bien : la monnaie est stable, les foires se multiplient, il fait bon être commerçant.

poursuivra pendant les règnes suivants, ceux de Louis VII et de Philippe Auguste.

Au bout du compte, dans ce grand combat, les villes gagnent. Les grandes cités commerçantes du Midi (Marseille, Montpellier, Toulouse) comme celles du Nord (Lille, Gand, Bruges, Amiens, Péronne, Beauvais) obtiennent une indépendance à peu près égale à celle des grands vassaux. Ces villes, on les nommera souvent des *communes*. Elles s'administrent elles-mêmes, se donnent des *maires* et des *échevins* (les conseillers municipaux d'aujourd'hui). On y voit s'élever partout des hôtels de ville, avec leurs beffrois du haut desquels on peut guetter l'horizon. Les villes possèdent leur armée : la milice.

D'une ville à l'autre, l'organisation peut être différente. A Rouen, le

Dans l'abbaye de Fontevrault, près de Saumur, reposent deux gisants dont nous voyons ici les têtes de profil ; Henri II Plantagenêt roi d'Angleterre et sa femme Aliénor d'Aquitaine qui avait d'abord été mariée au roi de France Louis VII. Ils sont représentés ici debout. Mais en réalité, un gisant est une statue couchée représentant une personne dans son dernier sommeil.

maire est nommé par le roi sur une liste de trois candidats choisis par les bourgeois. Les échevins sont élus par les habitants. Attention ! tous ne votent pas. Seuls sont électeurs les plus riches. Cela nous choque, mais c'est l'esprit du temps.

Comme elle est habile, la politique qu'a inaugurée Louis VI ! Aux yeux des Français, le roi est devenu l'arbitre suprême, celui à qui l'on peut toujours faire appel si l'on croit être victime d'une injustice.

Ce qui me frappe — et vous frappera aussi, j'en suis sûr — c'est que le roi de France est devenu le protecteur de la bourgeoisie.

Un divorce catastrophique

La reine Aliénor est belle. D'immenses yeux verts, limpides. « Bouche admirable, regard doux, mais affable, une beauté achevée », écrit un chroniqueur ébloui.

Quand son père, Guillaume Ier, comte de Poitou, a senti venir la mort, il a dicté un testament par lequel il chargeait le roi de France Louis VI de trouver un époux à sa fille Aliénor.

Imaginez le gros roi ouvrant ce testament. Imaginez sa stupeur, son ravissement. Lui qui ne rêve que d'agrandir son domaine, il sait parfaitement qu'Aliénor apportera en dot à son mari le Limousin, la Gascogne, le Poitou, tout le duché d'Aquitaine : le Sud-Ouest jusqu'aux Pyrénées ! Du coup, Louis VI a beau chercher autour de lui un prince digne d'Aliénor, il ne trouve personne de mieux que son propre fils et héritier, le prince Louis. Donc, on les marie, on les sacre.

Louis VI le Gros est mort, la conscience en paix : il a accompli son devoir de roi capétien. Il a donné l'Aquitaine à la France.

Le drame est que, après la riante Aquitaine et le vert Poitou, la trop belle Aliénor a jugé bien triste le palais de la Cité où elle doit vivre. Elle a beau faire venir de sa province ces troubadours qui chantent si bien, en s'accompagnant sur des sortes de guitares, elle s'ennuie.

Il faut dire que son mari, roi de 1137 à 1180, a gardé auprès de lui l'abbé Suger qui l'a élevé dans une piété si ardente qu'elle inspire à Aliénor cette réflexion :

— J'ai épousé un moine, non un roi !

Quand Louis VII, à son tour, part pour la croisade prêchée en 1146 par saint Bernard — l'un des grands inspirateurs de la chrétienté française — il emmène Aliénor. En Orient, la jeune femme découvre de nouveaux horizons, le soleil toujours présent, la mer et le ciel toujours bleus. Elle s'éloigne encore de cet époux si maussade. On la rencontre souvent en compagnie de l'oncle de Louis VII, un prince bien séduisant, et même avec des seigneurs arabes. Bref, le roi se fâche.

Au retour en France, Louis VII annonce qu'il va répudier Aliénor. Aujourd'hui on dirait qu'il veut divorcer. Suger se récrie : il n'en est pas question. Le vieux ministre proclame que le départ d'Aliénor représenterait une catastrophe pour le royaume. Il a raison.

Quatre ans plus tard, Suger meurt. Louis VII se conduit comme un écolier soudainement rendu à la liberté par le départ de son professeur. Sans tarder, il annonce qu'il répudie Aliénor.

Comme il a tort ! Aliénor, redevenue libre, tombe amoureuse d'un adolescent aux cheveux roux, Henri Plantegenêt, dont l'allure athlétique tranche évidemment sur celle de son ex-mari. On apprend bientôt qu'elle l'épouse. Du jour au lendemain elle lui apporte toutes les provinces reprises à Louis VII. Adieu le Sud-Ouest, le Limousin, la Gascogne, le Poitou ! Louis VII n'a plus qu'à se serrer frileusement dans son Ile-de-France réduite à elle-même.

Quant au colosse roux, il tient de sa mère le duché de Normandie et, de son père, le Maine et l'Anjou. Une fois marié avec Aliénor, il est en France bien plus puissant que le roi.

Pour comble, Henri Plantagenêt est couronné roi d'Angleterre sous le nom d'Henri II. Pauvre Louis VII !

On retrouve ici une situation que nous avons déjà rencontrée avec Guillaume le Conquérant. Comte d'Anjou, Henri se reconnaît le vassal du roi de France. Roi d'Angleterre il n'accepte plus l'autorité de Louis VII.

Aliénor donnera à Henri II deux fils, Richard Cœur de Lion et Jean sans Terre que connaissent bien tous ceux qu'a passionnés l'histoire de Robin des Bois. Eux aussi refuseront de se reconnaître vassaux du fils de Louis VII, Philippe, que ses sujets surnommeront Auguste, parce qu'il est né au mois d'août, mais aussi parce que *Auguste* signifie *qui augmente*. Vous allez voir que nul mieux que lui ne saura élargir les frontières de son royaume.

Quand ce jeune roi succède à son père, il a quinze ans. Avec ses cheveux toujours en broussaille, il ressemble à un paysan sain et robuste. Il est patient, rusé, ambitieux : une vraie tête politique. Au

Philippe Auguste reprend l'Ouest de la France au roi Jean

1180. Les cloches de la cathédrale de Reims sonnent en joie. Le roi Philippe-Auguste va être couronné. Guillaume de Champagne, archevêque et oncle du jeune roi, va le consacrer, sa main gauche déjà le bénit. D'autres évêques et abbés portent les insignes royaux et l'entourent. L'abbé de Saint-Denis élève la « main de justice », d'ivoire et d'or. Tous sont coiffés de la mitre. Le roi lui-même, encore tête nue, a revêtu le manteau du sacre bleu à fleur de lys d'or. Un dignitaire porte l'épée dite de Charlemagne qui sert au sacre des rois de France.

début de son règne, il paraît vouloir rester en bons termes avec Richard Cœur de Lion. Les deux rois partent ensemble pour la Croisade.

En Terre sainte, leurs caractères s'opposent et ils se brouillent. Il faut que vous sachiez que Richard n'est pas le roi idéal que nous montre *Robin des Bois,* mais un prince particulièrement féroce. De retour en France, Philippe se met avec allégresse à entreprendre la conquête des terres de Richard. A la mort prématurée de celui-ci — tué dans l'assaut d'un château près de Limoges — son frère Jean sans Terre lui succède : une sorte de demi-fou sanguinaire, à qui l'on reproche plusieurs meurtres.

Parmi les griefs que l'on peut opposer à Jean, Philippe-Auguste

La France à la mort de Philippe Auguste (1223)
1. Domaine royal en 1226
2. Fiefs mouvants de la couronne
3. Possessions anglaises
4. Seigneuries appartenant à l'Église

veut retenir surtout la plainte d'un de ses vassaux poitevins qu'a insulté le nouveau roi d'Angleterre. Philippe convoque Jean à sa cour, le sommant de se justifier. Le roi d'Angleterre refuse de se déranger.

Admirable occasion pour le roi de France ! Il proclame que Jean est déchu de ses droits sur ses domaines français. Dans son élan, Philippe entreprend la conquête de la Normandie — il s'empare du fameux château Gaillard — du Maine, de l'Anjou, de la Touraine et du Poitou. Il n'a presque pas besoin de combattre. Toutes ces provinces tombent comme des fruits mûrs dans l'escarcelle royale. Un grand écrivain, André Maurois, a écrit que *la facilité avec laquelle toutes ces provinces changèrent de mains prouve que l'unité française était dans les cœurs avant d'être dans les faits.*

Jean sans Terre voudra se venger. C'est logique. Véritablement enragé, il va susciter contre le roi de France l'alliance de l'empereur germanique Otton, du comte de Flandre Ferrand, du duc de Brabant, du comte de Boulogne, de seigneurs de Hollande et de Lorraine.

Philippe n'aime pas la guerre. En cela, il apparaît comme le contraire d'un prince féodal. Mais quand il apprend que les ennemis viennent d'entrer en Flandre, il faut bien qu'il en appelle à ses vassaux et qu'il marche à leur rencontre.

Seuls les chevaliers ont le droit de porter des heaumes. En voici trois modèles. Ils sont en fer mince, enveloppent bien la tête et ne laissent respirer et voir que par d'étroites ouvertures qu'on nomme « ventaille » ou « visière ». Après un tournoi, le heaume et l'épée du vaincu appartiennent au vainqueur. Les prix décernés par les juges sont souvent un heaume au « mieux défendant » et une épée au « mieux frappant ».

Victoire à Bouvines

Le 27 juillet 1214, une chaleur écrasante pèse sur la plaine flamande. Assis dans l'herbe à l'ombre d'un frêne, Philippe-Auguste boit à longs traits du vin chaud dans un saladier : on recommande, en pleine chaleur, d'éviter les boissons froides.

Lille n'est pas loin. Au milieu des prés et des champs coule une petite rivière. Un pont la traverse : celui de Bouvines. Sauf quelques paysans qui habitent aux alentours, personne, quelques heures plus tôt, ne connaissait ce nom.

Philippe-Auguste médite. Il a près de cinquante ans, ce qui, à l'époque, est un âge respectable. Malgré l'absence d'un seul cheveu sur sa tête, il suffit de le regarder pour le découvrir en pleine force.

Là, sous son frêne, il sait que, de la bataille qui va s'engager, dépend le sort — et peut-être l'existence — de son royaume.

Tout courant, un messager survient.

— Le comte de Champagne est déjà aux prises avec l'ennemi et a grand peine à arrêter ses assauts !

Philippe-Auguste se lève, déploie son grand corps, se fait apporter son armure, l'endosse. Avant de se jeter dans la mêlée, il tient à s'arrêter dans l'église voisine de Saint-Pierre, y prononce une ardente prière et en sort, selon un chroniqueur de l'époque, avec un « visage gai et joyeux ».

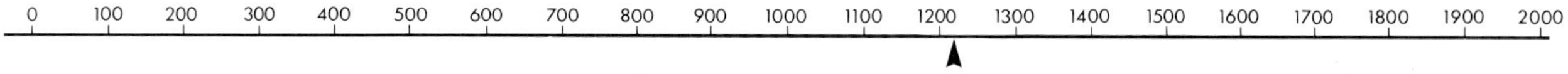

Autour de lui, on assemble ceux qui vont se battre :

— Aux armes, guerriers, aux armes !

Philippe, alourdi par le poids de son armure, se hisse avec peine sur son cheval, rejoint les chevaliers, tous en selle déjà, chacun s'abritant derrière un bouclier qui porte ses propres armoiries.

Le regard du roi ne s'attarde guère cependant à ces guerriers de profession, mais à ceux, plus proches de son cœur, qui vont combattre à pied : ce sont les hommes des milices que lui ont envoyés les communes. Evénement sans précédent, des bourgeois vont se battre aux côtés des seigneurs afin de repousser un envahisseur également haï. Pour la première fois sur un champ de bataille, la fleur de lys sert d'emblème en même temps aux nobles et aux hommes du peuple.

Terrible, le choc ! Dès les premiers instants, l'empereur Otton, dont le cheval a été tué sous lui, manque être capturé. Les Français chargent l'infanterie germanique. Les heures passent sans que l'on puisse deviner à qui appartiendra la victoire. On s'entretue avec frénésie. Les Anglais et les Brabançons cèdent les premiers et entraînent dans leur repli les troupes d'Otton qui n'en peuvent plus. Bientôt Philippe-Auguste triomphe sur toute la ligne de bataille. Parmi les prisonniers, voici Renaud de Boulogne, le comte Salisbury et surtout le comte Ferrand de Flandre.

Philippe ordonne que Ferrand soit enchaîné et transporté sur un chariot jusqu'à Paris. Une foule hilare verra passer ce grand seigneur, vassal du roi de France, qui avait osé prendre les armes contre son suzerain. On criera :

— Il est ferré, Ferrand !

Dans les rues de Paris, les cloches sonnent à toute volée. Le peuple danse. Les prêtres remercient Dieu par leurs cantiques. Les rues se couvrent d'herbes et de fleurs. Les étudiants vont danser et chanter pendant sept jours et sept nuits !

En plus des provinces arrachées aux Plantagenêts, Philippe-Auguste va pouvoir annexer l'Artois et la Picardie. A sa mort (1223), le domaine royal aura quadruplé.

Ne croyez-vous pas qu'il faut admirer les Capétiens qui, avec une ténacité sans exemple, s'acharnent à agrandir leur domaine et ainsi, province après province, pièce après pièce, ville après ville, sont en train de construire cette France qui est la nôtre ?

Vous allez voir que cela ne fait que commencer.

DEUX SAINTS POUR LA FRANCE

Blanche de Castille, une mère autoritaire

Deux saints, protecteurs de la France, sont représentés là en gros plan. Tous deux prient. L'un est à genoux ; Louis IX. C'est le seul roi de France dont l'Église ait fait un saint. Il est l'honneur de notre histoire nationale. Saint Louis est jaloux de son autorité mais n'a jamais fait de tort à son prochain. Et ce respect du droit est unique dans l'histoire violente du Moyen Age. Il est vêtu du manteau bleu brodé de lys d'or et de la couronne du sacre. Derrière lui, le château de Vincennes dont il a fait sa résidence. Le gros donjon du château existe encore à l'est de Paris.

A droite, Jeanne d'Arc, debout, prie pour le royaume de France en partie occupé par les Anglais. Elle tient bien haut son oriflamme avec les figures de « Messire Jésus et sa mère Marie ». Derrière elle, la façade ouest de la cathédrale de Reims où la première messe fut célébrée en 1241. Comme aujourd'hui, cette façade ne comptait pas moins de 550 statues. Elle va y conduire Charles VII pour qu'il soit sacré, car sans le sacre, le roi n'était pas vraiment le lieutenant de Dieu sur la terre.

A l'arrière, symbole de la guerre de Cent Ans, un chevalier écrasant sa monture de sa trop lourde armure face aux archers anglais plus légers et plus mobiles.

L'artillerie commence à jouer un grand rôle dans les batailles. Ainsi au siège d'Orléans (1429). 12 maîtres canonniers dirigent 70 pièces comme celle du premier plan. Chaque canon a son nom.

Hélas, la belle histoire de Jeanne d'Arc va se terminer là, sur le bûcher de Rouen. Seule, attachée à un poteau, la petite bergère de Domrémy, jugée par les Anglais qui ne lui pardonnent pas d'avoir redonné courage aux Français, va périr dans les flammes.

Le serviteur qui tient le fouet levé hésite avant de le laisser retomber sur l'enfant agenouillé devant lui. Durement, la reine Blanche ordonne :

— Frappe ! Mais frappe donc !

Alors seulement le fouet s'abat, zébrant le dos de l'enfant de longues et douloureuses traces rouges.

Or cet enfant-là est roi. Petit-fils de Philippe-Auguste, fils de Louis VIII qui n'a régné que trois ans, il est devenu à douze ans Louis IX (1226).

On donne le fouet à un roi ? Oui. Sa mère, Blanche de Castille, qui gouverne le royaume en attendant que Louis soit en âge d'en prendre la charge, se montre dotée d'une volonté, d'une ténacité, d'une force de caractère qui font trembler la cour entière. Elle aime son fils passionnément, mais elle estime qu'il ne faut pas faire de lui une poule mouillée. En tout, elle exige qu'il soit le premier : le meilleur cavalier — il était en selle dès l'âge de cinq ans — le meilleur escrimeur, le meilleur nageur, le meilleur chasseur. Ses professeurs ne lui ont laissé aucun répit et il a tiré de leurs leçons plus de profit que tout autre enfant de son âge. Jamais on ne dira de lui : « Roi illettré, âne couronné. »

Blanche, princesse espagnole à la foi exaspérée, a exigé que, dans ce programme, Dieu ait toujours la première place. L'enfant-roi assiste chaque jour à la messe et à une incroyable quantité d'offices, y compris les vêpres où les meilleurs chrétiens s'endorment doucement. Au son des cantiques, respirant l'encens à pleines narines, Louis se sent si proche de Dieu que souvent les larmes lui viennent au yeux.

Ce qu'il ne supporte pas, c'est que des gens puissent être si pauvres qu'ils ne mangent pas à leur faim. Dès qu'il en rencontre, il leur donne le peu d'argent que sa mère lui laisse.

Si, à la cour, quelqu'un se hasarde à entonner une chanson un peu trop vulgaire, le jeune roi l'aborde en souriant et lui conseille de chanter plutôt un cantique en l'honneur de la Vierge Marie. Il a horreur des gros mots ; il tient cela aussi de sa mère.

Alors, un enfant parfait, un apprenti saint déjà ? Presque. Parfois, sans que rien ne l'ait laissé prévoir, il laisse éclater une étrange violence. Blanche de Castille ne tolère pas ces rafales de colère, aussi inattendues d'ailleurs que brèves. Une sanction, une seule : le fouet.

Plus tard, un moine franciscain restera bouleversé par le regard de Louis IX : des yeux de colombe, dira-t-il. Ces yeux-là, pleins de lumière et de mélancolie, il les avait déjà adolescent.

La vie d'un saint

Quand vous entrez dans une église, vous y voyez des vitraux. Un vitrail, ce sont des morceaux de verre de plusieurs couleurs, soudés ensemble par du plomb, qui composent une scène ou nous montrent un portrait. Les vitraux évoquent souvent des épisodes de l'existence de Jésus, mais ils racontent aussi la vie des saints. Louis IX est le seul de nos rois qui deviendra saint. Les étapes de la vie de Saint Louis, pourquoi ne pas les imaginer comme autant de sujets de vitraux ?

Louis VIII est mort à 39 ans. Et son fils, le petit Louis IX, futur saint Louis, n'a que onze ans à cette époque. Sa mère, Blanche de Castille, gouvernera jusqu'à sa majorité. Mais déjà, le jeune Louis est sacré roi, entouré des évêques dont l'un lui remet la main de justice : ' le respect du droit d'autrui est le trait caractéristique de saint Louis. A l'époque, répétons-le, c'est le sacre qui faisait le roi.

Premier vitrail. A la tête de ses chevaliers en armes, le jeune Louis chevauche, revêtu du *haubert,* cette longue chemise formée de mailles de métal que portaient déjà les Carolingiens, descendant jusqu'à mi-jambes, avec des manches et une coiffe qui protège la tête et le cou, cependant que le *heaume,* casque percé seulement de fentes pour la vue, enferme toute la tête : celui de Louis est doré. Devant le roi, un sergent à cheval brandit une bannière semée de fleurs de lys, l'insigne royal. A côté de Louis, montant avec l'aisance d'une cavalière accomplie un cheval de belle taille, voici la reine Blanche.

C'est que les Grands dont Philippe-Auguste avait rogné les griffes ont pris déjà leur élan, prêts à bondir, en fauves qu'ils restent, sur un royaume confié à une femme et à un enfant. Ils ont été vite remis à leur place par l'intraitable Blanche qui a fait plier l'échine aussi bien à Thibaut de Champagne qu'à Pierre Mauclerc, comte de Bretagne, ou Henri III, roi d'Angleterre. Excellente occasion, pour Louis le presque saint, d'apprendre qu'un roi doit savoir se méfier autant que se garder, et être toujours prêt, au sortir d'une messe, à enfourcher sa monture pour conduire son armée au combat. Quand désormais retentira le cri des hommes du roi de France : « Montjoie Saint-Denis ! », les barons les plus indisciplinés seront saisis de crainte.

Deuxième vitrail. Au palais de la Cité à Paris, Louis, couronne en tête, est assis sur son trône, vêtu d'une longue robe bleue semée de fleurs de lys. Il tient un fin bâton qui se termine par une main en

Louis IX ne voit sa femme qu'en cachette

Le jeune saint Louis apprend ici son métier de roi. Son professeur a ouvert devant lui un gros livre écrit à la main comme tous les livres à l'époque. Mais c'est Blanche de Castille, sa mère, qui décide tout dans son emploi du temps ; la part de la prière, la part des études et la part des activités physiques.

ivoire, la *main de justice.* Celle-ci rappelle que le premier devoir d'un roi est de se montrer équitable avec tous ses sujets.

Assise à ses côtés, cette jolie jeune femme somptueusement habillée, c'est Marguerite, fille du comte de Provence : Louis IX l'a épousée en 1234 quand il avait vingt ans. Elle en avait quatorze.

Maintenant, Louis est vraiment roi. Mais sa mère conduit toujours avec autant de fermeté les affaires du royaume. C'est avec elle que le roi travaille chaque jour pendant de longues heures.

Blanche, il faut bien l'avouer, traite ce roi adulte comme un enfant. Elle se montre d'une telle exigence que Louis n'a même pas le droit, au cours de la journée, de la quitter pour rejoindre sa jeune femme qu'il aime pourtant de tout son cœur. La pauvre Marguerite, qui aime tout autant son mari, s'en plaint, essaye d'apitoyer la belle-mère abusive, rien n'y fait : Blanche répond que les affaires du royaume doivent passer avant tout. Quelquefois Louis parvient à s'évader et, pendant quelques instants, court embrasser Marguerite... dans l'escalier !

Troisième vitrail. Tout autour du château de Vincennes dont Louis IX a fait sa résidence favorite, s'élèvent de grands arbres.

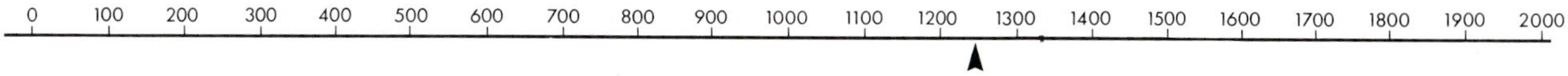

Regardez le roi assis sous un chêne. Autour de lui se pressent une foule d'hommes et de femmes que canalisent des huissiers. Les uns après les autres, ils s'approchent et présentent au roi leur supplique : ils ont comparu devant des juges dont ils ont à se plaindre ; ou bien encore tel fonctionnaire royal leur a fait tort. Le roi les écoute tous avec la même attention. Il les questionne, pèse leurs arguments, ordonne une enquête ou, si le cas lui paraît clair, prononce sur-le-champ sa décision.

Quatrième vitrail. Dans la chapelle du palais, des miséreux sont assis, pieds nus, sur de longs bancs. Le roi passe devant eux, s'agenouille devant chacun. Un serviteur lui présente un seau plein d'eau. Un autre lui tend une serviette. Louis IX, alors, lave les pieds de ces pauvres qu'il considère comme sacrés. Que ces pieds soient d'une saleté et d'une odeur épouvantables ne paraît en rien rebuter le roi. De même, il nourrit de sa main les infirmes les plus répugnants, les lépreux aux lèvres pourries, et il s'oblige à manger leurs restes.

Cinquième vitrail. Le roi pleure. Il élève entre ses mains la plus bouleversante à ses yeux des reliques : la couronne d'épines qu'il vient d'acquérir à grands frais. Le jour où Jésus avait été condamné à mort, à Jérusalem, les soldats, avant de le crucifier, avaient enfoncé

Ces cinq tours du château d'Angers font partie de l'ensemble de la muraille qui en comprend dix-sept en tout. Au pied de la muraille, un profond fossé est creusé. L'ensemble a un but défensif évident, le rôle militaire est lié ici à un rôle de surveillance. La garde et l'entretien de cette forteresse ducale ont constitué très tôt le ciment qui liait entre eux les nouveaux citoyens de la ville. Les murailles servent peu en temps de paix, beaucoup en temps de guerre, contre les brigandages et les attaques des seigneurs voisins.

Aigues-Mortes, fondé par saint Louis, était un port sur la Méditerranée. Comme au XIIIe siècle, elle se présente aujourd'hui tel un carré entouré de murailles, elles-mêmes surmontées de tours. Mais la mer ne baigne plus ces murailles, elle s'est retirée à plusieurs kilomètres de là, laissant place aux prés salés et aux marais que la ville grignote.

La flotte des croisés partit de là, à vingt-deux ans d'intervalle, une fois pour l'Égypte, une seconde fois pour Tunis.

sur sa tête une couronne composée d'épines : c'était une manière de se moquer de lui, puisque ses disciples voyaient en lui le «roi des Juifs».

Plus tard, cette couronne, miraculeusement conservée, est parvenue à Constantinople, puis a été remise à un riche Vénitien. C'est de lui que Louis IX l'a acquise.

Pour l'abriter, le roi va faire construire près de son palais de la Cité la Sainte-Chapelle, avec d'immenses vitraux, une merveille d'architecture gothique. Un conseil : dès que vous le pourrez, allez la visiter, vous serez confondu par tant de beauté. La couronne d'épines ne s'y trouve plus (elle est conservée à Notre-Dame de Paris), mais ce qui demeure à la Sainte-Chapelle, c'est la mémoire de Saint Louis, grand constructeur entre tous les rois de son temps. Partout sous son règne, se sont élevées de nouvelles églises, de nouvelles cathédrales. Des ponts de pierre ont enjambé les fleuves. A Paris, à Pontoise, à Vernon, on a édifié des hôtels-Dieu — autrement dit des hôpitaux — qui accueillent gratuitement les malades. Le roi a créé l'hôpital parisien des Quinze-Vingts pour trois cents — quinze fois vingt — aveugles. C'est encore Louis IX qui a fait construire Aigues-Mortes, premier port du royaume en Méditerranée.

Tout cela doit aussi nous faire souvenir que, sous Louis IX, la France est riche. Le roi lui a donné une monnaie solide, l'*écu* d'or. La paix favorise le commerce. Des marchandises de plus en plus considérables circulent du nord au sud, de l'est à l'ouest. Les villes devenues florissantes s'agrandissent, Paris atteint 200 000 habitants et le royaume compte 15 millions de Français. Ne craignons pas de le dire : des Français heureux.

Sixième vitrail. Louis IX, debout à la proue de son navire, découvre devant lui, le 4 juin 1249, les côtes de l'Egypte. Le visage irradié de bonheur, il se voit au moment de débarquer sur cette terre avec 35 000 croisés, dont 2 500 chevaliers. Son but : vaincre les Egyptiens et marcher sur Jérusalem pour délivrer le tombeau du Christ de nouveau aux mains des Infidèles. Saint Louis, le nouveau croisé : avouez que ce vitrail-là nous manquerait !

Hélas son armée va être décimée par le scorbut et la dysenterie, maladies contre lesquelles on ne pouvait pas lutter. Les Egyptiens capturent le roi et 12 000 hommes, tout ce qui subsiste des 35 000 croisés. Louis doit payer une énorme rançon : 400 000 écus. Quand

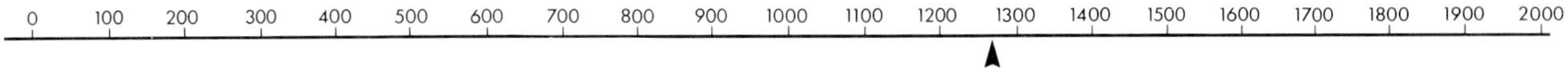

il est libéré, il conduit son armée en Terre sainte où il s'installe solidement tout en ne cessant de guerroyer. L'aventure ne dure pas moins de quatre ans. Quand Louis apprend la mort de Blanche de Castille, alors seulement il se décide à rentrer en France.

Septième vitrail. Allongé sur son lit, Louis IX, les mains jointes sur la poitrine, agonise.

Il ne s'est jamais remis de son échec égyptien. Dès son retour à Paris il n'a plus songé qu'à repartir. En l'an 1270, il cingle vers la Tunisie, dont il veut faire le port d'attache d'une nouvelle expédition vers la Terre sainte. Et voici que, tout comme en Egypte, la maladie fond sur son armée à peine débarquée : la peste, cette fois, si justement redoutée par tous les gens de ce temps.

Bientôt, les plus rudes de ces chevaliers, brûlants de fièvre, gisent sous leur tente, réclamant à grands cris l'eau qui manque cruellement. A son tour, Louis IX est frappé.

Le 23 août — un samedi — le roi de France reçoit l'extrême-onction. Toute la journée du dimanche, toute la matinée du lundi, il prie. Il invoque les saints du paradis où il espère aller bientôt. Il adjure Dieu de le recevoir. Il demande, en signe d'humilité, qu'on lui prépare un lit de cendres. Il s'y fait porter et répète :

— Tu es poussière et tu redeviendras poussière.

Le 25 août, on l'entend soupirer :

— Jérusalem !

Il expire.

Son corps sera bouilli dans du vin afin que les chairs soient séparées du squelette et que ses restes puissent être rapportés en France.

L'Eglise fera de lui saint Louis.

Le temps des chevaliers

Dans la chapelle déserte du château, seuls deux cierges percent la nuit. Agenouillé devant l'autel sur lequel repose son épée, Jehan s'est mis en prières. Il a seize ans.

Quelques heures plus tôt, il pataugeait encore dans l'énorme cuve où toute la famille a l'habitude de se laver en commun. Le corps doit être aussi propre que l'âme quand on doit vivre le moment capital d'une jeune existence : le lendemain Jehan sera armé chevalier.

La chaleur, le manque d'eau, la peste, la dysenterie se sont abattus, près de Tunis, sur l'armée des croisés à peine débarqués. Le gentil roi Louis va mourir, loin de la France. Son fils Philippe est atteint à son tour. Le roi Louis demande à quitter son lit pour être allongé sur un matelas de cendres. Il prie jusqu'à la fin. Sa mort, comme sa vie, est celle d'un saint.

La veillée du futur chevalier

Il est entré dans la chapelle lorsque la nuit tombait. Il n'en sortira que le lendemain matin. Le chapelain le lui a rappelé : interdit de s'asseoir pendant les dix heures que durera la veillée !

Toutes ces armées que nous avons vues et verrons s'affronter sur les champs de bataille du Moyen Age sont composées de chevaliers. On ne naît pas chevalier, on le devient. Cet honneur, tous les jeunes seigneurs de France rêvent de l'obtenir depuis l'âge de raison. Et voici que Jehan touche au but !

Il n'oublie rien. Il s'attendrit quand il songe à ses premières années passées, au château de son père, dans les chambres réservées aux dames. Comme il était alors choyé, dorloté ! Le jour de ses sept ans, tout a changé. On l'a confié à un précepteur, dur, exigeant, et à des maîtres qui lui ont appris les exercices du corps et avant tout l'équitation : vous aurez déjà remarqué que le mot chevalier vient de cheval.

Tout ceci n'était en quelque sorte qu'un hors-d'œuvre. Le jour est venu où, beaucoup plus ému qu'il ne voulait le montrer, Jehan a dû

Demain, Jehan deviendra chevalier. A genoux, dans la chapelle devant le crucifix, Jehan essaie de ne pas s'endormir. Il pense à son suzerain qu'il sert déjà depuis tant d'années. Le suzerain, c'est un grand seigneur, presque un petit roi ; il a le droit de guerre, le droit de juger, le droit de faire les lois. Mais il rend personnellement hommage au roi de France. On dit qu'il est « vassal » du roi.

Jehan, lui-même, prêtera demain serment de fidélité à son seigneur en lui disant : « Je deviens votre homme et vous jure foi et loyauté. » Ce faisant, il sera tête nue, genou en terre, et placera ses mains dans les mains de son suzerain.

dire adieu à ses parents. La règle est implacable : si l'on veut un jour devenir chevalier, il faut quitter sa famille. C'est au roi que les Grands confient leurs fils. Les seigneurs de moindre rang les envoient chez leur suzerain.

Pauvre Jehan ! Comme tous ses pareils, il est arrivé auprès de son nouveau maître, sûr que l'attendaient respect et honneurs. Il a vite déchanté. En fait, il s'est vu réserver les pires des corvées. A peine le coq chante-t-il qu'on le tire brutalement de sa couche. Il doit courir à l'écurie pour étriller les chevaux. Pas question de souffler : dès qu'il a fini, il grimpe l'escalier quatre à quatre pour se trouver près de son maître au moment où celui-ci se lève. Il l'aide à s'habiller et va le servir tout au long de la journée. Quand par hasard le maître le laisse en paix, son épouse l'appelle. Au moment des repas, c'est encore Jehan qui sert à table, la faim au ventre, car il ne mange qu'après son suzerain. Il doit porter au galop des invitations aux châteaux voisins. Il faut qu'il soit rentré pour servir le souper, déshabiller son maître. Un nouveau stage aux écuries l'attend. Quand il tombe sur son lit, il s'endort d'un sommeil de plomb. Et tout cela dure des années.

Agenouillé sur les dalles de la chapelle, Jehan se demande s'il est possible que demain il soit — enfin ! — chevalier.

Quelle longue nuit en vérité ! Dix heures pendant lesquelles les genoux s'endolorissent de plus en plus, tandis que les paupières deviennent de plus en plus lourdes.

La porte s'ouvre. Jehan sursaute. Ne s'est-il pas quelque peu assoupi ? Le chapelain paraît suivi du suzerain, de son épouse, de ses enfants. La messe commence, célébrée en l'honneur de cet adolescent qui, la veille encore, n'était rien. Pieusement, il va communier.

Dans la cour du château, grouillante d'invités, des trompettes sonnent triomphalement. Bouleversé, Jehan va s'agenouiller au centre, sur un tapis. Son père et ses frères, accourus pour la circonstance et aussi émus que lui, lui remettent le haubert, le bouclier, les éperons.

Mais voici venu le moment que Jehan n'oubliera jamais. Le suzerain s'approche. Après lui avoir attaché son épée au baudrier, il frappe de la paume droite le jeune homme sur l'épaule. Ce coup, l'habitude est de l'asséner avec force. Il faut que cela fasse mal pour que le nouveau chevalier s'en souvienne toute sa vie.

Grande joie : Jehan est chevalier ! Commencent alors les réjouissances qui dureront toute la journée pour s'achever par un repas

Regardez bien ce groupe de guerriers qui figure sur un portail de la cathédrale de Reims. Du XIe au XIVe siècle, les chevaliers portent la cotte de mailles ou haubert qui les enveloppe de la tête aux pieds et les protège de l'épée, mais non de la lance. Celui de droite tient par la garde une épée dont il ne reste que la poignée.

plantureux. Bientôt certains seigneurs ne pourront s'empêcher de rouler sous la table. Des jongleurs exécutent des tours que l'on regarde de moins en moins, des musiciens tentent sans toujours y réussir de couvrir le vacarme qui s'accroît sans cesse.

Quand le chevalier Jehan, titubant à la fois d'ivresse et d'orgueil, retrouve un lit bien mérité, ce n'est plus un enfant qui s'endort mais un homme neuf. Il s'est engagé à respecter tout ce qu'enseigne et ordonne l'Eglise, à vouer une fidélité absolue à ses chefs de guerre, à respecter scrupuleusement ses devoirs de vassal et, s'il devient lui-même suzerain, à se comporter à l'égard de ses vassaux avec autant de justice que de charité.

Des devoirs bien difficiles ? Assurément. Mais sans eux la chevalerie française n'aurait pas laissé dans notre histoire cette trace qu'elle y a écrite : éblouissante.

Le roi de fer

Quand Philippe IV, fils de Philippe III le Hardi, petit-fils de saint Louis, monte sur le trône de France en 1285, il est âgé de dix-huit ans. Il est grand, il est blond, il est beau : cette beauté le fera surnommer Philippe le Bel. Il va devenir l'un de nos grands rois.

Peut-être lirez-vous un jour *Les Rois maudits,* une série de passionnants romans. Peut-être avez-vous regardé à la télévision les émissions qui en ont été tirées. Vous y avez vu — ou vous verrez — vivre Philippe le Bel, le « roi de fer ».

Il aime le silence, il aime le secret. Son refuge de prédilection : l'abbaye de Maubuisson, près de Pontoise, fondée par Blanche de Castille. Volontiers il s'y retire.

Presque toutes les décisions graves du règne ont été prises à Maubuisson. Là s'est élaborée une œuvre colossale. Avec une obstination, un entêtement, un orgueil également remarquables, le roi poursuit son grand dessein : renforcer le pouvoir royal.

Ses conseillers, choisis rudes et durs, tels que le terrifiant Guillaume de Nogaret, le rejoignent à Maubuisson. Le roi les attend, dans cette salle du chapitre aux colonnes légères qui, aujourd'hui encore, subsiste, presque intacte.

Tout plie devant la volonté de Philippe. Par mariages, héritages, traités, le domaine royal finit par couvrir 59 de nos départements actuels, sur lesquels 39 baillis et sénéchaux exercent au nom du roi un pouvoir que nul n'ose plus discuter.

Désormais, tout Français qui croit avoir à se plaindre d'un jugement prononcé par les seigneurs peut faire appel aux représentants du roi et, s'il n'est pas satisfait encore, au Parlement royal qui siège au palais de la Cité : une centaine de juges qui ne dépendent que du roi. La chambre des comptes est chargée d'examiner les recettes et les dépenses du royaume. Cinq cents personnes entourent le roi pour former l'administration de la France : les « fonctionnaires », appelés *officiers royaux.*

Sachez aussi que les Français ne cessent de croître et de multiplier. Depuis l'élection d'Huges Capet, trois siècles se sont écoulés, mais, pour notre pays, quel bond en avant ! Quand Philippe le Bel parcourt les campagnes, il constate que la forêt tentaculaire a régressé, que de riches et harmonieuses cultures ont partout pris sa place. Si, de Maubuisson, il revient à Paris, il trouve une capitale remodelée, littéralement éclatée hors de la Cité, entourée d'une enceinte commencée par Philippe-Auguste. Il admire la tour du Louvre, édifiée sur la rive droite de la Seine. Vous aussi pouvez désormais la découvrir : des fouilles récentes ont permis de la dégager du sous-sol du Louvre actuel, avec ses pierres qui paraissent presque neuves et ses remparts intacts, extraordinaire témoignage de l'architecture de ce temps. A voir impérativement !

A Paris, le roi peut compter plus de cent professions remarquablement organisées : on dit les *métiers* et aussi les *corporations.* Des milliers de jeunes gens étudient sur la rive gauche, à l'Université, dans l'une des quatre « facultés » (droit, médecine, théologie, arts libéraux) : c'est le quartier Latin, ainsi appelé parce que l'enseignement y est donné en latin.

Si le roi traverse la Champagne, il y découvre des foires gigantesques qui attirent des foules immenses. Et, au passage, il salue ces grandes villes qui tirent leur opulence de la richesse des campagnes.

Le problème est que, pour administrer ce royaume dont nous dirions aujourd'hui qu'il est en pleine expansion, il faut de l'argent, toujours plus d'argent. Philippe doit sans cesse décréter de nouveaux impôts ; vous verrez plus tard que personne n'aime cela. Il s'empare sans vergogne des biens des Juifs et des Lombards (banquiers venus d'Italie). Pour diminuer la valeur de la monnaie, il fait rogner les

En 1304, le roi Philippe IV le Bel porta ce casque au cours d'une bataille. C'est un heaume avec visière se rabattant sur le visage. Deux fentes étroites pour les yeux et quelques trous pour le passage de l'air.

Nous sommes ici dans l'Ariège sur un mont abrupt. La forêt s'arrête bien avant le sommet. Il n'y a plus que le rocher, presque à la verticale, où le vent a balayé le peu de terre végétale. Et pourtant, pour couronner ce nid d'aigle, comme un défi dans le ciel s'élève la plus puissante forteresse des montagnes ariégeoises, le château de Montségur. Si vous allez dans la région, vous le verrez de très loin.

écus ; nous appellerions aujourd'hui cette opération une dévaluation, mais les gens de l'époque crient que le roi fabrique de la fausse monnaie.

Philippe osera-t-il taxer le clergé ? Les abbayes sont riches, beaucoup d'évêques le sont aussi. Le pape Boniface VIII qui redoute cette éventualité prend les devants. Il interdit de soumettre tout prêtre à l'impôt. Celui qui s'y hasarderait serait chassé de l'Eglise.

La colère du roi monte. Il a conscience de sa puissance et ne tolère plus aucune opposition, aucun obstacle. Il expédie, à la tête d'une force armée imposante, son âme damnée Nogaret à Agnani, en Italie, où réside le Saint-Père. Une bande de soldats furieux envahit le palais de Boniface, on brutalise ce vieillard, on le jette en prison. L'infortuné pape en mourra peu après. Mais Philippe parviendra à faire élire un pontife prêt à lui obéir. Désormais les papes seront français et résideront en Avignon. Décidément, Philippe le Bel gagne sur tous les terrains.

Il lui reste une dernière force à abattre : les Templiers. Ces moines-soldats ont quitté la Terre sainte depuis que celle-ci est perdue. Ils ont installé dans l'Europe entière leurs commanderies : des forteresses quasi inexpugnables où les nobles et les bourgeois ont pris l'habitude de déposer leur fortune, mise ainsi à l'abri des brigands et des pillages. Les Templiers se sont peu à peu changés en banquiers. Le nombre et la dispersion de leurs commanderies — n'en compte-t-on pas 9 000 ? — facilitent les transferts d'argent. Désormais, quand on dépose une somme chez les Templiers de Paris par exemple, on emporte un reçu. Si on présente ce reçu aux Templiers de Marseille, on récupère la somme sans avoir à la transporter avec soi : les Templiers ont inventé le chèque bancaire.

Ces Templiers représentent une telle force que Philippe le Bel renonce longtemps à s'attaquer à elle. Comme toujours, le roi s'enferme à Maubuisson pour réfléchir. Il réunit ses conseillers, écoute leurs avis qui sont différents. Il hésite pendant plusieurs semaines, se décide enfin. Soudain, l'ordre part, terrible, implacable, sans appel : les forces royales doivent attaquer le même jour, 13 octobre 1307, toutes les commanderies du royaume, arrêter les Templiers, les jeter en prison.

Accusés de crimes parfaitement imaginaires, les moines-soldats subissent d'affreuses tortures et finissent par « avouer ». Un grand nombre sont brûlés vifs. L'or des Templiers ? Philippe le Bel s'en approprie la plus grande part.

Etrange « roi de fer ». Le petit-fils de Saint Louis nous apparaît très exactement comme le contraire de son grand-père. Il mourra entouré — nous le comprenons — de haines vigilantes. Nous ne pouvons nier que, pour parvenir à ses fins, il n'ait usé de moyens souvent injustes. Mais, désormais, l'autorité royale l'emporte partout sur les intérêts particuliers.

Sans doute Philippe le Bel aurait-il dit que ceci valait bien cela.

Cent ans de guerres

Ce jour-là, 26 août 1346, au bas des pentes avoisinant Crécy, petite localité de notre département de la Somme, une armée attend, rangée en bon ordre et solidement retranchée : celle du roi anglais Edouard III.

Visiblement, c'est un piège qu'elle tend. A qui ? A l'armée française du roi Philippe VI. Celle-ci s'est, tôt le matin et malgré la chaleur, élancée à la poursuite de l'armée anglaise le long de la vallée de la

A l'intérieur de la forteresse de Montségur qui suit la ligne des crêtes, des hérétiques méridionaux qu'on appelait les « cathares » sont assiégés par les troupes catholiques. Ils sont en lutte contre l'autorité du pape. Celui-ci a lancé contre eux une croisade. Nous sommes en 1244. Ils sont mille à l'intérieur des puissantes murailles. Parmi eux, plusieurs enfants. Des paysans les ravitaillent la nuit à l'aide de cordes. Les assiégés finiront par se rendre mais tous seront brûlés vifs au pied du château dans le « champ des crémates ».

Crécy (1346). Dans la plaine de la Somme qui domine un moulin à vent, les Anglais attaquent et battent les Français. On reconnaît grâce à leur couronne, face à face, le roi de France Philippe VI (à droite) et le roi d'Angleterre Édouard III. C'est le combat au corps à corps ; un cavalier contre un cavalier, un homme à pied contre un autre homme à pied, une épée contre une autre épée. Mais il y a une arme nouvelle qui apparaît ici pour la première fois dans une grande bataille, c'est la bombarde. C'est l'ancêtre du canon. Elle lançait des boulets de pierre.

Seine. Elle est forte de 50 000 hommes et logiquement devrait écraser les Anglais, eux-mêmes en bien plus petit nombre.

Philippe VI de France contre Edouard III d'Angleterre : vous vous demandez ce que veut dire cet affrontement.

L'explication vous étonnera, mais elle n'avait rien de surprenant pour les gens de l'époque, bien plus familiers que nous des règles de succession et d'héritage. Pour la première fois depuis Hugues Capet, le fils aîné de Philippe le Bel, Louis X le Hutin, est mort sans laisser de fils. Successivement, ses deux frères (Philippe V et Charles IV) ont régné. Ils sont également morts sans héritiers mâles.

A la mort du dernier, Charles IV, les barons français se sont trouvés face à deux candidatures : celle de Philippe de Valois, neveu de Philippe le Bel, et celle d'Edouard d'Angleterre, petit-fils du même souverain.

Les droits d'Edouard, descendant direct du « roi de fer », semblent primer ceux d'un simple neveu. Mais c'est par l'intermédiaire de sa mère, Isabelle, qu'il est petit-fils de Philippe le Bel. En France, de par la *loi salique,* les femmes ne sont pas aptes à régner. Les barons ont donc choisi de proclamer roi Philippe VI de Valois.

Edouard III, furieux, refuse de s'incliner. Il adresse un défi à « Philippe de Valois qui se dit roi de France ».

La guerre qui va alors s'engager, avec des alternances de combats et de trêves, va durer 138 ans. On l'appelle la *guerre de Cent Ans.*

C'est à Crécy qu'elle commence vraiment. Philippe VI a donné pour instruction à ses chevaliers d'attendre ses ordres pour attaquer. Mais dès que les seigneurs qui chevauchent à l'avant-garde aperçoivent les Anglais, c'est pour eux comme un coup de sang. Philippe VI lui-même, en les voyant, perd la tête ; sa haine prend le dessus. Les chevaliers, enfermés dans les armures qui ont remplacé le haubert et qui les alourdissent, chargent. Hélas, toutes leurs attaques vont se briser contre de véritables murailles de flèches meurtrières. Les arbalétriers du camp français — des Gênois pour la plupart — sont littéralement dominés par les archers anglais. Et voici que retentit un fracas inconnu, semblable au tonnerre mais qui n'est pas le tonnerre : les Anglais viennent de mettre en batterie les premiers canons que l'on ait utilisés en Occident.

Parmi les Français, l'épouvante est telle qu'elle entraîne le chaos. Nos arbalétriers prennent la fuite... et se heurtent aux cavaliers fran-

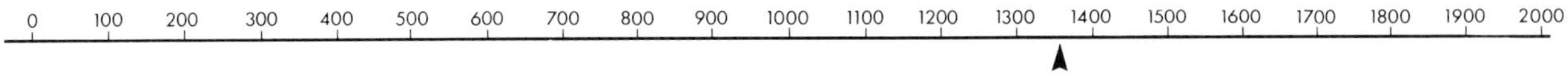

çais qui, fous de colère, les taillent en pièces. Mais eux-mêmes vont, pour la plupart, périr : 1 500 chevaliers, plusieurs milliers de gens de pied.

Telle fut la première grande bataille de la guerre de Cent Ans. Une bataille perdue, comme le seront celles de Poitiers et d'Azincourt. Le royaume de France ira désormais de catastrophe en catastrophe.

Le fléau du Moyen Age : la peste

Pour comble, une effroyable épidémie fond sur l'Europe : la peste noire. Elle est propagée par des rats. Quand une puce pique un rat pesteux et s'en prend ensuite à un être humain, celui-ci meurt dans les trois jours. A la Toussaint de 1347, la peste touche Marseille. Au début de 1348, elle ravage le Languedoc, remonte la vallée du Rhône, atteint la Bourgogne, puis Paris, l'Ile-de-France, la Normandie, la Bretagne, les provinces du Nord et de l'Est.

La peste noire a tué en Europe entre le quart et la moitié des habitants : 25 millions. En France, certaines régions voient disparaître jusqu'aux *deux tiers* de la population. Les campagnes naguère si riches se dépeuplent, les villes sont réduites à l'état de déserts, le commerce — si prospère — s'interrompt. L'horreur !

Pourtant la guerre avec les Anglais reprend. A la bataille de Poitiers (1356) le roi Jean II le Bon est fait prisonnier par les Anglais. Son fils, Charles, qui gouverne en son absence et lève de nouveaux impôts pour payer la rançon de son père, doit faire face à une furieuse révolte des Parisiens conduits par le prévôt des marchands, Etienne Marcel. Par le traité de Brétigny, Jean le Bon doit livrer le tiers du royaume aux Anglais. Pauvre France !

Vous découvrirez que notre pays a connu d'autres désastres et que certains se sont révélés tout aussi cruels. Mais l'Histoire nous montre qu'il existe chez les Français d'extraordinaires ressources. La France touche terre, nos ennemis croient qu'elle va périr — et soudain, sans que rien l'ait laissé prévoir, nous nous redressons.

Le fils de Jean II le Bon, le roi Charles V, qui règne de 1364 à 1380, en administre une preuve éclatante. Il refuse d'accepter le traité de Brétigny. Il confie la réorganisation de l'armée à un noble breton qu'il nomme connétable : Du Guesclin. Celui-ci reconquiert presque tous les territoires perdus : Limousin, Poitou, Aunis et Saintonge. Le

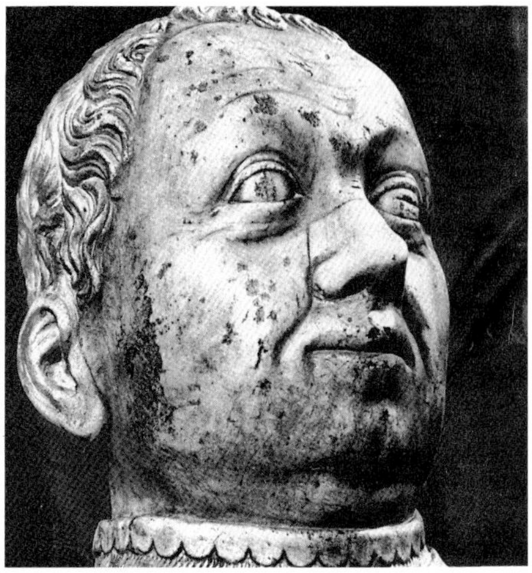

Dans la basilique de Saint-Denis est enterré, à côté des rois, le Breton Bertrand Du Guesclin, connétable de France. Charles V voulait montrer, par cet honneur, la reconnaissance royale pour les services rendus par ce grand capitaine, modèle du chef de guerre du Moyen Age.

— Acceptez la charge avec joie, je vous en prie, lui avait dit le roi.

— Je suis un pauvre homme, de basse origine... comment oserais-je commander sur les grands ?

Il combattit de 1350 à 1380.

pays respire, retrouve peu à peu sa prospérité. Paris redevient la plus belle ville d'Europe et il y fait bon vivre.

Allons-nous triompher définitivement de l'Angleterre ? Non. Par malheur, le roi Charles VI, fils de Charles V, devient fou. Ses oncles se disputent le pouvoir. Deux partis se déchirent : les *Armagnacs,* qui soutiennent le duc d'Orléans, frère du roi, les *Bourguignons* qui combattent pour le duc de Bourgogne, lui-même allié du roi d'Angleterre Henry V. L'épouse de Charles VI, Isabeau de Bavière, déshérite son fils, le dauphin Charles, au profit du roi d'Angleterre.

Le fils d'Henry V — un bébé — a été proclamé à Saint-Denis, par le héraut de France, roi de France et d'Angleterre. Paris a reconnu et acclamé cet Anglais de dix mois.

Le fils du roi fou, devenu Charles VII, erre entre Seine et Loire. Il doit se contenter de Bourges pour capitale. Il est sans pouvoirs, quasi sans ressources. Presque sans espoir.

La belle et grande aventure des Capétiens va-t-elle s'achever ?

La sainte de Lorraine

De nos jours, il ne reste du château de Chinon, qui fut la résidence de Charles VII, que quelques pans de murs, une tour, une cheminée. C'était, au XVe siècle, une noble demeure.

Ce soir de février 1428, à Chinon, quatre cents personnes font leur cour au roi Charles, sous la lumière tremblante de cinquante torches. Le petit « roi de Bourges », comme ses ennemis le surnomment, attend, fort perplexe. Il sait que, depuis deux jours, est arrivée de Lorraine une jeune fille originaire du village de Domrémy. Elle a dix-sept ans tout au plus, on la nomme Jeanne d'Arc, elle est fille d'un paysan « pas bien riche », dira-t-elle. Elle ne sait ni lire ni écrire. Comme tous les enfants de son village, elle a gardé les bêtes aux champs. Une bonne petite, à qui ses amies ne reprochent qu'une chose : d'être trop pieuse. Elle a grandi au milieu de ces désastres qui accablent les Français. Elle en a souffert comme les autres. Peut-être plus que les autres.

Charles VII, qu'on appelle encore le dauphin parce qu'il n'a pas été sacré, se trouve au château de Chinon. Une jeune fille, venue de Lorraine, demande audience. Elle est un peu brune de teint, vêtue en homme, de grande force mais de doux maintien et de voix féminine. Son nom est Jeanne, elle a dix-sept ans. Elle reconnaît le dauphin se cachant parmi les seigneurs et lui rend confiance en disant bien haut : « Tu es vrai héritier du royaume de France. »

Robert de Baudricourt, capitaine de la cité fortifiée de Vaucouleurs, a vu paraître devant lui cette Jeanne d'Arc un jour de mai de la même année. Elle lui a confié quelque chose de bien imprévu : il devait, lui, Baudricourt, faire tenir un message au *Dauphin* : comme beaucoup de Français, Jeanne persistait à appeler Charles VII, qui n'avait pu encore être sacré, du titre que portait en France l'héritier du royaume. Il fallait que le Dauphin garde confiance, car Dieu voulait qu'il soit fait roi. Fièrement, la petite paysanne avait ajouté :

— Moi-même je le conduirai pour le faire sacrer !

Pour Charles, à cette époque, tout va de plus en plus mal. Les Anglais menacent Orléans. Le petit roi songe même à se réfugier à Grenoble. En Lorraine, Baudricourt a reçu deux fois encore la visite de la jeune fille de Domrémy. Rayonnante, vive et tranquille tout à la fois, elle a raconté que « quand elle gardait les animaux, une voix s'était manifestée à elle » qui lui avait dit que « Dieu avait grande pitié du royaume de France » et qu'il fallait qu'elle rejoigne le roi pour l'aider à reconquérir son trône.

L'incrédule Baudricourt a fini par donner libre cours à son émotion d'abord, à se laisser convaincre ensuite. Il a écrit à Chinon et l'on a fini par lui répondre qu'il pouvait envoyer la fille. Les braves gens de Vaucouleurs se sont cotisés. On a offert à Jeanne un cheval et un habit d'homme, afin qu'elle puisse voyager plus commodément. Baudricourt a désigné une escorte pour l'accompagner jusqu'à Chinon.

Jeanne d'Arc délivre Orléans

Jeanne est maintenant prisonnière. A Compiègne, elle est tombée entre les mains des Bourguignons qui l'ont livrée aux Anglais, en mai 1430.

Cette statuette de bois peinte nous la représente, mains liées par une corde, entourée de deux geoliers. Ils semblent s'excuser de devoir la garder en prison. En fait, ses gardiens étaient très brutaux.

Maintenant, dans la salle du château que l'on appelle chambre du roi, Charles VII attend l'inconnue. Vient-elle réellement de la part de Dieu ? Ou bien s'agit-il seulement de quelque aventurière, avide d'argent ou d'honneurs ? Il ne sait. Il a, depuis sa petite enfance, subi tant d'épreuves qu'il doute de tout — et d'abord de lui-même.

Alors, penchant son trop grand front en avant, perdu dans ses angoisses, il se dit qu'il faut mettre la paysanne à l'épreuve. Un familier prendra la place du roi qui, lui, se perdra dans la foule des courtisans. Pauvre fille ! La cour en rit déjà.

La voilà, portant un justaucorps noir et des chausses (pantalon collant), les cheveux courts taillés en rond à hauteur des tempes. Chez elle, nul embarras. Une aisance admirable. Un large regard sur la foule qu'elle fend de son pas assuré de paysanne. « Quand j'entrai dans la chambre du roi, dira-t-elle, je le reconnus entre tous par les conseils de ma voix qui me le révéla. »

Elle va tout droit vers Charles, lui fait la révérence. De sa voix claire, avec son accent lorrain, elle lance :

— Dieu vous donne longue vie, gentil Dauphin !

Ce roi, qui voulait tendre un piège, y est pris lui-même. Tout penaud, il demande à Jeanne pourquoi elle est venue à Chinon. Sans la moindre hésitation, elle répond :

— Je te dis, de la part de Messire (c'est-à-dire : de la part de Dieu), que tu es le vrai héritier de France et fils de roi ; et il m'a envoyée à toi pour te conduire à Reims et que tu reçoives ton couronnement et ta consécration, si tu le veux.

Le roi maussade tressaille. *Le vrai héritier !* C'est là son cauchemar : sa mère, Isabeau de Bavière, n'a cessé de répéter qu'il n'était pas le fils de Charles VI. Elle l'a publiquement dénoncé comme *bâtard*. Un bâtard n'a pas le droit d'accéder au trône de France. Et voilà que cette Jeanne vient effacer ce doute affreux.

Charles prend la jeune fille par le bras et cause un long moment à l'écart avec elle. Après quoi le roi, nous dit un témoin, « paraissait radieux ». Charles VII confiera que Jeanne lui avait parlé d'« un certain secret » connu de lui seul et qui donc ne pouvait lui venir que de Dieu.

— C'est pourquoi j'ai grande confiance en elle.

La merveilleuse histoire de Jeanne a commencé. Bientôt, le roi lui confie les soldats qu'elle réclame. Des chefs de guerre reconnus tels

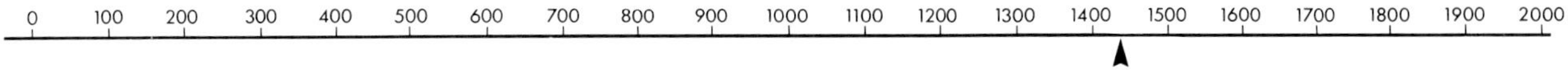

que le maréchal de Boussac, l'amiral de Culant, le fameux La Hire, Gilles de Rais se mettent à ses ordres. A la tête de sept à huit mille hommes d'armes, elle marche sur Orléans toujours assiégé par les Anglais.

Elle donne elle-même l'attaque, est blessée par une grosse flèche qui lui traverse l'épaule. On la soigne, elle repart. Il ne lui faut que huit jours. Huit jours — et les Anglais lèveront le siège ! Voici réalisée la prophétie de Jeanne : Orléans est délivrée le 8 mai 1429. Dans la plaine, l'armée s'agenouille autour de celle que l'on nomme la Pucelle pour entendre, avec elle, une messe d'action de grâces.

Elle nettoie le pays de Loire, bat les Anglais à Patay, ouvre à Charles VII la route de Reims.

Jeanne d'Arc est brûlée vive à Rouen

Comme elle l'a encore prédit, elle est à ses côtés dans la cathédrale quand l'archevêque peut oindre enfin le souverain prosterné et poser sur sa tête la couronne.

Charles, devenu le seul vrai roi de France, reprend de l'assurance. Il se sent sûr de l'emporter par la négociation. A condition d'être patient. Jeanne ne l'entend pas ainsi : c'est tout de suite qu'elle veut *bouter* les Anglais hors de France.

Avec de nouvelles troupes, peu nombreuses, elle tente de prendre Paris, est blessée, échoue. Elle décide de délivrer Compiègne, se lance contre les Bourguignons de Jean de Luxembourg. Tout à coup, elle se voit cernée, tirée à terre par un archer. La Pucelle est prisonnière !

Elle ne sortira plus de prison, sera livrée aux Anglais, conduite à Rouen, jugée, condamnée à être brûlée vive.

Sur la place du Vieux-Marché, le 30 mai 1431, on a entouré un poteau d'une montagne de fagots. On y attache Jeanne, le bourreau met le feu. Elle crie à un prêtre venu de l'église voisine de lever bien haut sa croix. Les flammes la lèchent, brûlent ses chairs, ses muscles, ses nerfs, bientôt font craquer ses os. La fumée l'étouffe. On l'entend crier :

— Jésus !

Un secrétaire du roi Henry VI d'Angleterre l'a vue mourir. Il gémit :

— Nous sommes perdus, nous avons brûlé une sainte !

Une enluminure du XVe siècle nous présente Jeanne d'Arc en tenue de guerre, portant son étendard où sont brodés les mots « Jhésus Maria ». En cinq mois, elle a rendu à la France son roi légitime. Elle disait aux Anglais : « Je suis chef de guerre, je suis envoyée de par Dieu pour vous bouter (chasser) hors de toute la France. »

LA FRANCE RESSUSCITÉE

Un roi qui ressemble à un valet

Regardez ces deux rois de France. Comme ils sont différents ! A gauche, c'est Louis XI, avec son curieux chapeau. Il est vêtu très simplement, mais son règne (1461-1483), est l'un des plus importants de notre histoire. Rusé et obstiné, il agrandit la France et renforce l'autorité royale.

François Ier (1515-1547), que vous voyez sur un cheval superbement harnaché, aime la recherche dans son habillement. Moins fin politiquement que Louis XI, il devra abandonner des territoires. Mais la France se développe sur le plan économique et, surtout, François Ier est le grand artisan de la Renaissance culturelle. Derrière lui, on devine Chambord, le plus beau des châteaux qu'il a fait construire.

Derrière Louis XI, vous remarquez une invention capitale dans l'histoire de l'humanité : l'imprimerie, née en 1440. Les manuscrits (livres écrits à la main) sont maintenant reproduits mécaniquement. Et puis, regardez ce beau navire. C'est une « caravelle ». Elle symbolise les grandes expéditions outre-mer. Jacques Cartier cherche à l'ouest un passage vers l'Asie. En 1534, il aborde au Canada et en prend possession au nom de François Ier.

Sous Louis XI, comme sous François Ier et les autres rois, il y a encore eu beaucoup de guerres. Les armes ont progressé. A côté de la « hallebarde », voyez cette nouvelle arme à feu portative : c'est une arquebuse, proche du mousquet, qui apparaît vers 1550, précédant le fusil. Quant à ce lourd canon en bronze, il n'est pas encore très meurtrier et il faut au moins sept chevaux pour le déplacer. Mais comparez-le avec son ancêtre qui figure au début du précédent chapitre. Tout se modernise.

Sur la plaine couverte de neige un long hurlement s'élève. Qui, au temps du roi Charles VII, pourrait s'y méprendre ? Ce cri, chacun le connaît : c'est celui du loup.

Aujourd'hui encore tous les enfants ont peur des loups. Ils interrogent leurs parents :

— Est-ce qu'il y a des loups en France ?

Nous leur répondons que, depuis longtemps, les loups ont été chassés de notre pays. Hélas, les parents du début du XVe siècle ne pouvaient en dire autant.

Les derniers combats de la guerre de Cent Ans avaient à ce point ruiné la France que les paysans, désertant les campagnes infestées de brigands, s'étaient réfugiés dans les villes. Les loups, sortis des forêts, s'étaient multipliés sans que nul ne s'y oppose. Leur audace n'avait plus connu de limite : à plusieurs reprises des bandes de fauves affamés avaient envahi Paris, courant et hurlant dans les rues, enlevant les enfants attardés.

Elle est finie, la guerre de Cent Ans. Il a fallu à Charles VII, après la mort de Jeanne d'Arc, vingt années pour achever de « bouter » les Anglais hors de France. C'est fait. Charles VII est rentré triomphalement à Paris. Les victoires de Formigny (1450) et de Castillon (1452) ont redonné à la France la Normandie et la Guyenne. Il ne reste aux Anglais que Calais. Dans le grand match France-Angleterre, les Anglais ont perdu aux points.

Il faut qu'elle revive, cette France à bout de force. Vous trouverez sans doute révélatrice l'une des premières mesures prises par Charles VII : il a fait organiser de grandes chasses pour libérer les campagnes des loups qui les avaient envahies !

Peu à peu, les paysans, souvent exemptés d'impôts pour plusieurs années, sont rentrés chez eux. La campagne est redevenue belle et prospère. Le roi crée une armée permanente qui le libère de la dépendance des chevaliers toujours prêts, dès qu'on les appelle, à regagner leurs châteaux. Il favorise les entreprises de grands marchands qui enrichissent notre pays : Jacques Cœur exploite des mines, creuse des ports, crée une flotte, commerce avec toute la Méditerranée... et prête de l'argent au roi.

Quand Charles VII meurt en 1461, il laisse un royaume florissant. Une aubaine pour un prince qui attend ce moment-là depuis dix ans en trépignant d'impatience : son propre fils Louis, mortellement

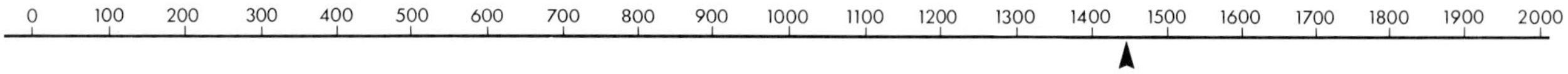

brouillé avec lui et réfugié à Dijon ou à Gand à la cour somptueuse et raffinée du plus acharné des ennemis de Charles, Philippe le Bon, duc de Bourgogne.

« L'universelle aragne »

C'est lui, justement, le nouveau roi Louis XI que, ce 13 août 1461, attendent dans la fièvre les bourgeois de Reims. Un sacre est un spectacle que l'on ne s'offre pas tous les jours et dont ces braves gens ne veulent pas perdre une miette. Dès que l'on a annoncé le cortège royal, tous, jeunes ou vieux, ont littéralement jailli de leurs maisons pour se jeter dans les rues.

Le voilà, ce cortège ! On s'agite, on joue des coudes, on se hausse du col. A vrai dire on ne s'attendait pas à de telles merveilles : quatre mille cavaliers superbement équipés, quarante chariots remplis d'or, de vaisselle précieuse, de tapisseries, de vin ! Et quand on voit les magistrats apporter les clefs de la ville à un seigneur orgueilleusement campé sur le plus beau cheval du monde et dont les vêtements rutilent d'or et d'argent, il n'est pas un Rémois pour douter d'avoir affaire au nouveau roi de France.

Hélas, il ne s'agit pas de Louis XI, mais du duc de Bourgogne venu en avant-garde préparer le sacre. C'est le lendemain seulement que le roi fera son entrée. Quand les gens de Reims voient paraître, au milieu de quelques serviteurs de mauvaise mine, un avorton au teint jaune, au long nez, au gros ventre et aux jambes grêles, habillé comme un miséreux, la tête enfermée dans une sorte de casquette noire qui ne ressemble à rien, ils ressentent une immense déception : quoi ! c'est là le roi de France, le plus grand roi du monde !

Certains marmonnent qu'il ressemble davantage à un valet qu'à un chevalier. D'autres s'écrient que le tout, cheval et habillement, ne vaut pas plus de vingt francs.

Ils ont raison. Louis XI, même au comble de sa gloire, gardera un sens de l'économie qui va un peu trop loin. Il porte chacun de ses vêtements jusqu'à ce qu'il soit prêt d'être troué. Il fait reteindre ses gants et redorer ses boutons. Quand ses vieilles robes sont quasi hors d'usage, il veut qu'elles servent encore et les donne à ses serviteurs.

Au fond, ce roi a les mêmes réflexes que les bourgeois, eux-mêmes acharnés à épargner. Tout au long de sa vie, il ne se plaira vraiment

Au château de Plessis-lez-Tours, on peut voir ce portrait du roi Louis XI. Peu gâté par la nature, il porte ici un chapeau sur le bonnet qu'il ne quitte jamais car il a été chauve de bonne heure.

Charles le Téméraire, duc de Bourgogne. Il a les cheveux bruns coupés au bol.

que parmi ceux-ci. Comme il a bien des raisons de craindre la jalousie des Grands, il choisit ses conseillers parmi les petites gens : son barbier Olivier le Daim et son terrible prévôt Tristan l'Ermite. A la moindre occasion, il s'invite chez son panetier — aujourd'hui nous dirions boulanger — Denis Hesselin. Il boit sec, car il aime un peu trop le vin, et plaisante avec les jolies hôtesses.

Au Louvre où Charles V avait installé la monarchie, et qu'il trouve trop grandiose, il préfère l'hôtel des Tournelles, plus simple et surtout, en Touraine, les châteaux d'Amboise et de Plessis-lez-Tours.

D'ailleurs, il voyage sans cesse. Il répète qu'un roi doit visiter son peuple aussi souvent qu'un bon jardinier visite son jardin. Dès l'aube, avec quelques compagnons vêtus comme lui de gros drap gris, il est en route, monté sur une mule plutôt que sur un cheval. Quand il entre dans une ville, il refuse toute réception solennelle — de l'argent inutilement dépensé ! — et interdit les discours qui l'ennuient prodigieusement.

De son royaume, il veut tout savoir, tout connaître. Son conseiller Commynes se dit sûr que « nul homme ne prêta tant l'oreille aux gens ni ne s'enquit de tant de choses ». Ce n'est pas par vaine curiosité, mais pour mieux tenir ses sujets à sa merci. Il flatte les bourgeois, se proclame leur ami, mais en même temps les écrase d'impôts. Il répète qu'il est le protecteur des villes, mais il leur impose des maires de son choix.

Tout cela n'est pas pour faire de lui un roi aimé. Peu lui importe. Il préfère être un roi bien servi. Il recrute ses conseillers dans toute l'Europe et engage même des Grecs, comme Georges Paléologue. Philippe de Commynes, avant de devenir son conseiller intime, était filleul de Philippe le Bon et chambellan de Charles le Téméraire, le duc de Bourgogne, alors en guerre ouverte contre le roi de France. Quand Louis XI réussit une opération de ce genre, il se frotte les mains, enchanté du bon tour qu'il a joué à un rival. Il agit comme ces présidents de clubs de football qui arrachent à prix d'or leurs meilleurs joueurs aux clubs rivaux.

Il a un gros défaut : il parle trop. Comme il se connaît bien lui-même, il soupire :

— Je sais bien que ma langue m'a porté grand dommage.

La grandeur de la France l'obsède, mais s'il ne néglige rien pour y atteindre, il déteste la guerre. Il dit qu'elle est toujours une calamité

Louis XI est ici entouré des quinze premiers chevaliers de l'ordre de Saint-Michel. Lui-même est le grand maître de l'ordre qui comptera jusqu'à trente-six membres. Tous por-

tent la chasuble doublée d'hermine. Le collier se compose de coquilles où pend une médaille de Saint-Michel terrassant le démon. Cet ordre a été créé par le roi, à Amboise.

pour les paysans. Il préfère user de son arme favorite : la diplomatie. Rien ne le rend plus heureux que de nouer des intrigues ou de préparer des complots. Il estime que tromper ses ennemis est permis quand cela favorise la bonne cause ; et, à ses yeux, la sienne est toujours bonne.

Commynes l'a comparé à une araignée qui tisse sa toile et l'a appelé *l'universelle aragne.* Belle image !

Ses mensonges comme ses ruses ne l'empêchent pas d'être très pieux, mais avec Dieu aussi il négocie et même il marchande. Quand il veut absolument réussir dans une entreprise, il s'agenouille humblement, ôte son bonnet sur le devant duquel pendent des images de saints en plomb, le place sur un tabouret et prie ardemment saint Michel ou saint Martin d'intervenir en sa faveur. Il promet, s'il est exaucé, de se montrer généreux, très généreux ! Il tient parole, enrichit les églises et les abbayes. A la prise de Perpignan, ville qu'il a tant convoitée, il donne 1 200 écus à Saint-Martin de Tours. Quand lui naît un Dauphin, la Vierge du Puy reçoit 20 000 écus d'or. Ses conseillers tremblent qu'il ne se ruine pour tous les saints du Paradis.

Vous entendrez certainement parler de la cruauté de Louis XI. Certes il se montre souvent sans pitié. Sa police fait peser sur les Français un joug implacable. Il fait décapiter ceux de ses vassaux qui ne plient pas devant lui. Il garde en prison pendant onze ans le cardinal La Balue. Parfois, il enferme ses ennemis dans des cages de fer ou de bois, assez grandes d'ailleurs pour que l'on y puisse vivre : 2,60 m sur 2,60 m ; bien des chambres, dans nos immeubles modernes ne sont guère plus vastes.

Cruel, pourtant, le roi Louis XI, l'a été beaucoup moins que son ennemi Charles le Téméraire qui a succédé à son père Philippe le Bon comme duc de Bourgogne.

Le grand-duc d'Occident

Ennemis, ces deux princes qui ont vécu ensemble de si longues années à la cour de Philippe le Bon ? A cette époque, ils ne se quittaient pas et se traitaient comme des frères. Avec une différence néanmoins : Charles grandissait dans un luxe écrasant et Louis — qui ne l'a jamais oublié — n'avait d'argent que celui dont le duc de Bourgogne voulait bien lui faire l'aumône.

Louis XI annexe la Bourgogne

Le duché de Bourgogne est, en 1467, au sommet de sa puissance. Il comprend non seulement la Bourgogne, mais tout ce qui forme aujourd'hui la Belgique, la Hollande, le Luxembourg et la Franche-Comté. Après la mort de Charles le Téméraire (1477), la plus grande partie de cet immense territoire reviendra à l'empereur germanique.

Le duché de Bourgogne avait été remis en *apanage* par Jean le Bon à son fils Philippe le Hardi. Celui-ci et ses successeurs, Jean sans Peur et Philippe le Bon, ont réussi, par des mariages habiles, à agrandir démesurément leur domaine : non seulement la Bourgogne et la Franche-Comté leur appartiennent, mais aussi la Belgique actuelle, le Luxembourg, une partie de la Hollande (voir la carte). Quoique les ducs, cousins du roi de France, se reconnaissent toujours pour ses vassaux, ils sont pratiquement indépendants. En outre, la richesse d'une région comme la Flandre se révèle sans égale en Occident. Le port de Bruges est, avec Venise, le plus actif de l'Europe. Les plus grands artistes — peintres, sculpteurs, architectes, musiciens, auteurs de tapisserie — travaillent pour les ducs de Bourgogne.

Comment ceux-ci méconnaîtraient-ils leur puissance ? Philippe le Bon s'est écrié un jour :

— Si je l'avais voulu, j'aurais été roi !

Charles, lui, ne se cache pas de vouloir reconstituer à son profit l'ancien royaume créé pour Lothaire lors du partage de l'empire de Charlemagne. Déjà il se fait appeler *grand-duc d'Occident.*

Louis XI ne peut tolérer que la France soit ridiculisée par ce vassal et qu'une telle menace pèse sur elle. Avec une ténacité et une intelligence également admirables, il noue contre Charles le Téméraire — on le surnomme ainsi parce qu'il se lance trop souvent dans des aventures dont il n'a pas suffisamment mesuré les risques — un réseau d'inimitiés et d'alliances qui finiront par le mettre en échec.

Battu par les Suisses et les Lorrains, le Téméraire, pris dans une embuscade, meurt misérablement. Quelques jours plus tard, on découvre au milieu des étangs gelés son cadavre à moitié dévoré par les loups (1477).

Louis XI — grand roi entre les grands — va pouvoir annexer la Bourgogne et les villes bourguignonnes de Picardie. La toile tissée par « l'universelle aragne » porte de merveilleux fruits : le Maine, l'Anjou, la Provence, le Roussillon deviennent français.

Pour comprendre ce que notre pays doit à Louis XI, lisez bien ceci : la France a alors presque acquis son étendue d'aujourd'hui.

C'est au nom du roi que la justice est rendue dans tout le royaume. La perception régulière des impôts royaux est devenue un fait que nul ne discute plus. L'armée permanente ne sert que le roi.

Louis XI, conscient qu'un pays n'est puissant que s'il est riche, a favorisé le commerce et l'industrie, introduit en France la fabrication de la soie, développé les foires de Lyon pour lutter contre celles de Genève, aidé les négociants de Rouen à concurrencer les Anglais et les Flamands, soutenu les marins français qui ont porté haut notre pavillon en mer du Nord, en mer Baltique, dans l'Atlantique et en Méditerranée.

Tel est le résultat d'un règne de fer. Pour y parvenir, Louis XI a réduit le parlement à la soumission, le clergé à l'humilité, les Français à l'obéissance. Il se sait détesté. Cette haine de tous a peu à peu fait naître en lui une peur dont, en vieillissant, il n'est plus maître. C'est une aventure que de pénétrer au château de Plessis-lez-Tours. Un Italien en conservera un souvenir amer : « Sa dite Majesté a fait fabriquer un grand nombre de chausse-trapes très pointues, qu'elle a fait semer tout le long des chemins qui aboutissent à sa retraite, sauf une route très étroite et fort incommode où se tiennent ses gardes, afin que personne ne puisse approcher. »

Oui, la peur. La peur de l'assassin. La peur de la mort.

Il n'empêche que lorsqu'elle viendra, cette mort (1483), c'en sera fait en France de la féodalité. La monarchie absolue est pour demain.

Ces joyeux étudiants parisiens qui jouent aux cartes dans une taverne aux tonneaux rebondis semblent plus se soucier de distractions que de travail. François Villon pourrait être l'un d'entre eux. Depuis qu'il a tué un prêtre au cours d'une querelle, il s'est enfui. Pardonné, il reprend sa vie folle et agitée tout en écrivant des ballades, puis le Petit *et le* Grand Testament. *Il vole, il est emprisonné, condamné à mort, gracié... puis on perd ses traces.*

« La Ballade des pendus »

Ce jeune garçon qui, nez au vent, curieux de tout, court les rues du quartier Latin, un gros livre sous le bras, s'appelle François Villon. Depuis l'âge de sept ans, il a étudié d'abord chez un prêtre, puis maintenant à l'Université.

La Sorbonne ! Villon sait-il que le nom de ce « collège », l'une des plus célèbres universités du monde, lui vient de son fondateur, Robert de Sorbon, chapelain du roi Saint Louis ? Au temps de Charles VII et de Louis XI — le temps de François Villon — le nombre des étudiants qui s'y pressent chaque jour dépasse toute imagination. En foule colorée, joyeuse, tapageuse, ils accourent de l'Europe entière pour devenir bachelier d'abord, maître ès arts ensuite, docteur enfin. Comme leurs professeurs, ils se montrent farouchement jaloux de leurs *privilèges,* c'est-à-dire de leurs droits.

Villon, reçu maître ès arts, va malheureusement « mal tourner ». Plutôt que d'enseigner, il a préféré la vie d'un mauvais garçon. Il a commencé à fréquenter trop souvent les « étuves », ces bains publics où se lavaient les gens du Moyen Age mais qui sont devenus des lieux peu recommandables. Cela s'est continué par des stations prolongées dans les cabarets — on en compte quatre mille dans Paris ! — où Villon a fait la connaissance de malfaiteurs dont il va subir l'influence dangereuse. Un jour, dans une rixe, il frappe un adversaire de sa dague et, d'une pierre adroitement lancée, l'étend sur le pavé. L'homme rend l'âme quelques jours plus tard. Villon doit s'enfuir précipitamment hors de Paris, car il risque la corde des pendus !

Pour un forfait inconnu, nous le retrouvons condamné à mort à Orléans. Il tremble, sûr que cette fois on lui passera bientôt la corde au cou. Miracle ! le nouveau roi Louis XI, de passage par la ville, grâcie quelques prisonniers. Villon est du nombre.

Pendant l'hiver 1461-1462, il compose un poème. Car Villon est poète, l'un des plus grands qui soient nés en France. Dans *le Testament,* il raconte toute sa vie, pleure sa jeunesse perdue, redoute la mort qui l'a déjà deux fois menacé. Vous lirez un jour ses vers. Ils sont d'une beauté bouleversante. Tout s'y mêle : ses faiblesses reconnues, sa folle gaieté, sa piété réelle, ses remords et ses angoisses.

Il ne peut résister, se glisse de nouveau dans Paris et s'affilie très probablement à ces bandes de voleurs que l'on appelle *coquillards*.

On l'arrête une fois de plus, pour tentative d'assassinat, on le conduit au Grand Châtelet, cette prison qui élève ses deux énormes tours à la sortie du Grand-Pont, sur la rive droite, à l'emplacement de l'actuelle place du Châtelet, entre le théâtre du même nom et le théâtre de la Ville. Le lieutenant criminel, formidable en son autorité absolue, l'interroge. Sur-le-champ il est envoyé à la *question* (la torture).

Toujours il se souviendra du visage impassible du « tourmenteur-juré » du roi, autrement dit le bourreau en chef. On l'allonge sur un lit de bois dont le pied et la tête sont garnis de roues dentées. Des cordes s'y enroulent auxquelles sont attachés les pieds et les bras du supplicié. Chaque tour de roue distend davantage le corps du malheureux.

On le porte dans une cuisine où brûle un grand feu. On le réconforte. Il lui reste à entendre la sentence : les juges le condamnent à être pendu au gibet de Paris.

On peut penser que c'est à ce moment-là, au fond de son cachot, qu'il a composé sa fameuse *Ballade des pendus,* son chef-d'œuvre.

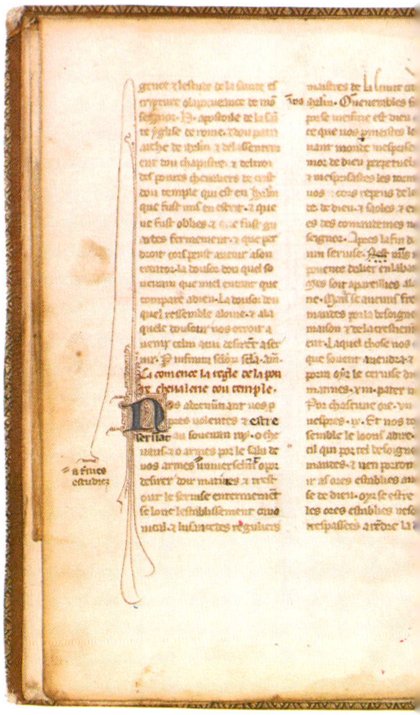

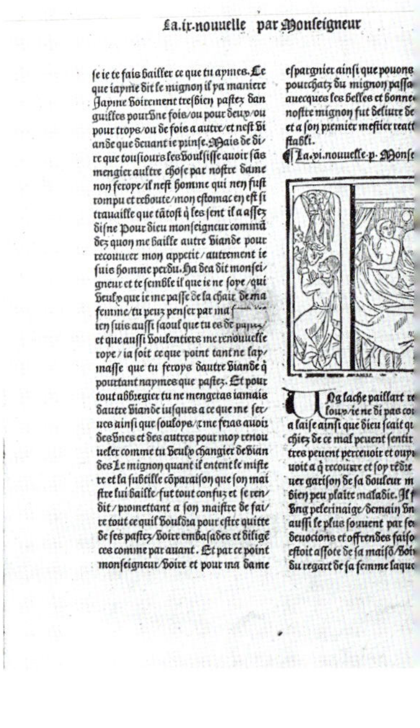

La.ix.nouuelle par Monseigneur

Avant Gutenberg tous les livres sont écrits à la main comme celui que nous montre la photo du haut. A partir de

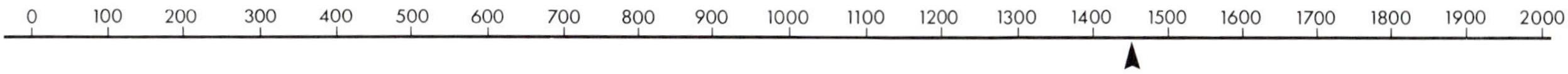

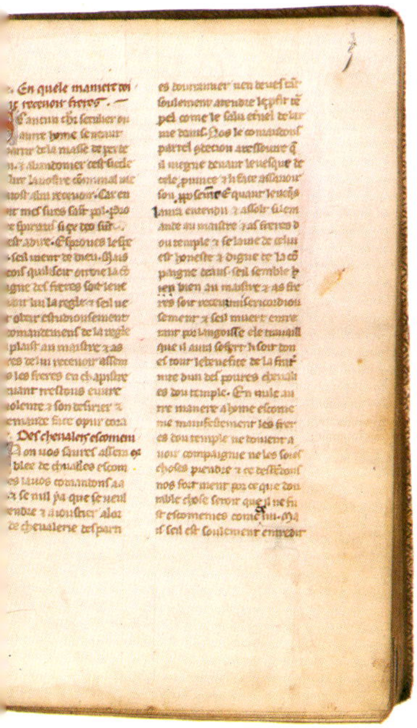

Et puis, un jour, on lui annonce qu'il a la vie sauve. Il est banni pour dix ans.

Il retrouve son cher Paris, entend de nouveau les cris des marchands, des porteurs d'eau et des montreurs de singes, avant de franchir pour la dernière fois les portes de la capitale. Personne n'entendra plus parler du pauvre Villon.

Un certain Gutenberg

Dans la rue étroite où Pierre Schöffer a installé son dépôt de livres, les archers du roi font grand tapage. Malgré les protestations du « libraire », ils ont forcé sa porte et ils empilent dans des paniers cette marchandise étrange, alors unique en France : des livres imprimés.

Pierre Schöffer est allemand. Or les règles du commerce en France interdisent à un étranger de se faire marchand. Les officiers royaux sont donc venus confisquer ses biens et fermer son dépôt.

Schöffer crie, tempête, rien n'y fait. Quand les archers s'en vont, la boutique — image de la désolation — est vide.

Qui est ce Pierre Schöffer ? Tout simplement l'envoyé à Paris d'un certain Gutenberg. Il faut que vous reteniez ce nom : il est plus important que celui d'un roi.

Jusque-là tous les livres que lisent les Français sont recopiés *à la main* : pour cette raison on dit qu'il s'agit de *manuscrits.* Tant que la vie de l'esprit s'est trouvée enfermée dans quelques monastères, on a pu se contenter de ces textes reproduits avec tant de patience par les moines. Maintenant que les étudiants se sont multipliés, que la plupart des nobles et des bourgeois apprennent à lire, on a besoin de plus en plus de livres.

Décidément les copistes ne suffisent plus à la tâche. En outre, obligés d'aller vite, ils commettent de nombreuses erreurs.

De tous côtés, on en est venu à se poser la question : par quelle méthode pourrait-on reproduire en grand nombre un même livre ?

Depuis longtemps — dès le XIe siècle — les Chinois, les Mongols, les Coréens avaient inventé des caractères mobiles, d'abord en argile ou en bois, ensuite en étain. En les plaçant côte à côte, on obtenait des lignes et en superposant celles-ci, on composait des pages entières qu'il suffisait d'encrer avant de les appliquer sur des feuilles.

La.xii.nouvelle par Monseigneur de la roche

1455, les livres sont imprimés en grand nombre et coûtent beaucoup moins cher (photo du bas).

En 1440, en Allemagne, Jean Gutenberg — qui ignore les décou-

Cette imprimerie, du temps de François Ier, est en pleine activité. Les cinq hommes ici présents ont chacun un travail bien défini. A droite, au second plan, un ouvrier compose des lignes qui sont encrées grâce à l'ouvrier de gauche qui tient des « balles ». Puis ces lignes sont placées dans la presse. L'ouvrier debout au premier plan met en marche l'énorme vis ; c'est le « pressier ». A droite, enfin, un correcteur assis et un autre debout lisent les textes fraîchement sortis.

vertes de ces Asiatiques mais connaît les travaux parallèles du Hollandais Coster — parvient exactement aux mêmes conclusions. Il confectionne des caractères métalliques et les assemble pour composer une bible : la fameuse Bible de Gutenberg (1455). *L'imprimerie* est née.

Un premier envoyé de Gutenberg à Paris va être chassé par les copistes de manuscrits qui redoutent que l'invention nouvelle leur ôte leur gagne-pain. Mais quand Pierre Schöffer voit ses livres confisqués, il se plaint hautement au roi Louis XI. Celui-ci, prouvant une fois de plus qu'il est un souverain moderne, réagit très vite : il accorde à l'Allemand une indemnité de 2 425 écus.

Peu de temps plus tard, la première presse à imprimer parisienne est installée à la Sorbonne et publie des livres en latin. En 1477, l'imprimeur Pasquier Bonhomme édite le premier livre en français : il s'agit d'une chronique de l'histoire de la France.

Grâce à l'imprimerie, on publiera un jour des journaux. Les livres coûteront de moins en moins cher. S'instruire ne sera plus réservé à quelques-uns.

L'apparition de l'imprimerie marque la venue des *temps modernes*.

Le mirage italien

A Florence, en cette journée de novembre 1494, tous les habitants se penchent hors de leurs fenêtres tendues de tapisseries pour mieux voir défiler l'armée du roi de France Charles VIII. Une chevauchée superbe ! Voici les timbaliers, les fifres, les arbalétriers, les archers, les hallebardiers, les Suisses, tous vêtus aux couleurs du roi, rouge et jaune. Voici les étendards qui annoncent la Maison du Roi et le roi Charles en personne qui, solidement campé sur son cheval noir, tient bien haut sa lance. Son armure d'or rutile sous le soleil d'automne et son manteau bleu s'étale majestueusement sur la croupe de sa monture. En fait, la nature n'a pas favorisé Charles qui est de petite taille, maigre et laid, presque contrefait, mais les Florentins, ébahis par l'éblouissante mise en scène, n'ont voulu admirer que sa splendeur.

Bien avant la mort de son père Louis XI, Charles rêvait déjà de l'Italie. Lui et Anne, sa femme qui en l'épousant avait apporté la Bretagne à la France, aimaient les belles choses. Ils étaient fiers de leur collection d'objets d'art, de tapisseries, de tapis d'Orient. A leur cour paraissaient des Italiens chassés de leur pays par les révolutions et les guerres qui s'y succédaient. Ils parlaient avec éloquence des merveilles des villes italiennes, de leurs poètes et de leurs artistes.

Grâce à Charles VII et Louis XI, la France vit en paix, elle se sait riche et se sent forte. Le roi possède des droits sur le royaume de Naples, que se disputent depuis des siècles la maison d'Aragon (espagnole) et la maison d'Anjou (française). Pour le moment Ferdinand d'Aragon est roi de Naples. Ne serait-ce pas servir une noble et belle ambition que de s'en aller au-delà des Alpes conquérir les armes à la main ce royaume usurpé par d'autres ?

Quand ils apprennent que Charles VIII, après avoir obtenu l'appui des princes italiens ennemis des Aragon, avait pris la décision de partir, les Français ont applaudi : il faut dire qu'en ce temps-là ils lisent beaucoup de romans de chevalerie. L'aventure italienne leur semble plus chevaleresque encore que les exploits des héros imaginaires qui les enchantent.

L'une après l'autre, les villes italiennes s'ouvrent au roi de France et à ses chevaliers qui s'extasient. Ils n'avaient pas même imaginé que des villes comme Milan, Florence, Rome, Naples, puissent receler tant de palais, d'églises, de monuments, de statues. Ces ruines antiques qui subsistent partout, avec leurs temples, leurs marbres, leurs inscriptions les laissent stupéfaits mais aussi exaltés : ils découvrent, palpable, la grandeur de Rome, seulement entrevue à travers les pages des livres.

Hélas, toute l'expédition ne réagit pas de même façon. Entre deux défilés conquérants, les soldats du roi de France pillent joyeusement le pays. Bientôt, les Italiens ne voient plus en eux qu'« un incendie et une peste ».

Charles VIII traverse Rome — où le pape Alexandre VI, épouvanté, s'est réfugié derrière les énormes murailles du château Saint-Ange — et entre dans Naples d'où les Aragon ont fui. Le triomphateur jouit intensément de sa conquête, s'imprègne, entre le bleu du ciel et celui de la mer et d'un palais à l'autre, d'un art de vivre qu'il n'oubliera jamais.

Malheureusement, les gens de sac et de corde de l'armée française vont tout gâcher. Leurs exactions soulèvent une telle haine dans la population que Charles doit évacuer Naples et rebrousser chemin à travers cette Italie qui l'avait appelé et qui lui est devenue presque unanimement hostile. La garnison laissée à Naples sera faite prisonnière dès après son départ !

Il ne reste rien de l'expédition d'Italie que de la gloire — vous saurez que les Français l'ont toujours aimée — et d'inoubliables souvenirs. Les collections du roi s'augmentent de pièces rares, il a ramené des architectes, des artistes, des artisans et des jardiniers à qui il va confier le soin d'embellir ses châteaux. Le butin rapporté par les chevaliers et les soldats devient, à travers tout le royaume, comme l'annonce de ce que l'on va appeler *la Renaissance*.

Des Français nouveaux

Renaissance : le mot est joli. Il vous semble certainement que la France s'éveille d'un long sommeil, qu'elle *renaît*. N'en croyez rien. La France n'a nullement eu à « renaître » au XVIe siècle. Vos grands-parents apprenaient qu'au sortir des ténèbres du Moyen Age, notre pays avait retrouvé la lumière. Soyez bien persuadés qu'il n'y a jamais eu de ténèbres.

La vérité est que, grâce au coup de foudre des Français pour l'Italie — il va se continuer sous trois règnes — notre pays redécouvre des formes d'art oubliées. Mais aussi une soif d'apprendre, de connaître, un amour de la beauté, une passion de vivre, un besoin d'entreprises hardies — parfois folles — qui peu à peu forgent des Français nouveaux. Ils s'élanceront à la découverte du monde : les Bretons de Saint-Malo et les Normands de Dieppe vogueront jusqu'en Guinée et jusqu'à Terre-Neuve, jusqu'au Canada. Ils aimeront les artistes, les poètes, les châteaux, les palais, les jardins, se ruineront pour acquérir des bijoux, des étoffes, des objets d'art et seront toujours prêts à donner leur vie pour l'amour d'une femme.

Pauvre Charles VIII ! Il n'a pas eu le loisir de raconter longtemps à la douce Anne de Bretagne sa campagne d'Italie. A peine âgé de vingt-huit ans, il se heurte le front, au château d'Amboise, au linteau d'une porte basse. Quelques heures plus tard, il est mort (1498).

Son cousin, le duc d'Orléans, lui succède et devient Louis XII. En ceignant la couronne, il annonce qu'il ne changera rien de ce qu'a instauré son prédécesseur et qu'il laissera en place même ses ennemis personnels. Il s'écrie :

— Le roi de France ne vengera pas les injures du duc d'Orléans !

Les Gênois se rebellent contre Louis XII roi de 1498 à 1515. Le roi rassemble 14 000 fantassins, engage 4 000 suisses, et l'armée s'élance à l'assaut ;

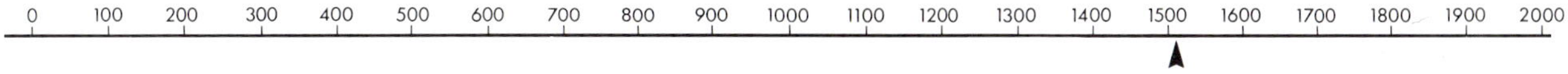

la ville se rend au printemps 1506. Regardez bien la tenue des soldats, les armes, la façon de monter à l'assaut : ils sont typiques de l'époque.

Grave problème pour ce Capétien pâle et maigre : la reine Anne, devenue veuve, va-t-elle rentrer chez elle en reprenant sa Bretagne ? La solution serait que Louis XII l'épouse à son tour. Malheureusement le nouveau roi est déjà marié : avec la fille bossue de Louis XI, Jeanne de France. Comment se tirer d'un tel mauvais pas ? Louis XII fait connaître à Rome qu'il a été contraint par Louis XI d'épouser Jeanne. Le pape Alexandre VI accepte la valeur de l'argumentation et annule le mariage. Louis XII, depuis longtemps amoureux en secret d'Anne, l'épouse. Anne reste reine et la Bretagne demeure française.

Le chevalier sans peur et sans reproche

Au soir du 14 septembre 1515, quel est ce géant de vingt ans qui tout à coup, dans la position traditionnelle de ceux qui vont recevoir la chevalerie, s'agenouille dans la poussière du champ de bataille de Marignan — en Italie toujours ? C'est le roi François Ier qui règne sur la France depuis la mort de son cousin et beau-père Louis XII, le 1er janvier de la même année. Un athlète, dont le collier de barbe fait heureusement oublier un nez démesuré. Là, genou en terre, portant sur sa cuirasse une cotte d'armes bleu d'azur semée de fleurs de lis d'or, coiffé d'un casque surmonté d'une couronne d'or et de pierreries, il présente à ses soldats accourus de puissantes épaules, un large torse, des jambes fines et musclées : une merveille d'équilibre qui semble le prédestiner à l'art de la guerre.

Debout près de lui, un chevalier s'appuie sur son épée plantée en terre. Il frise la quarantaine, presque la vieillesse en ce temps. Il n'est pas grand, mais de toute sa personne émane une extraordinaire autorité. Quand il s'est approché, un nom a aussitôt couru les rangs de l'armée, sans cesse répété avec autant de respect que d'admiration :

— Le chevalier Bayard !

Placé à dix ans comme page chez le duc de Savoie, Bayard a dès l'adolescence émerveillé les connaisseurs par son adresse dans les tournois. Depuis lors il n'a connu qu'un seul métier, la guerre, et y a accompli de tels prodiges qu'il est devenu le héros vivant des Français. A dix-huit ans, il a accompagné Charles VIII à Naples et, en quelques combats, a conquis la célébrité. Le roi lui-même — grand honneur ! — l'a fait chevalier sur le champ de bataille.

Bayard est fait chevalier sur le champ de bataille

Au musée de l'Armée, dans l'hôtel des Invalides, vous pouvez admirer cette belle armure offerte à François Ier par l'empereur Ferdinand de Habsbourg. Le corps entier est enfermé dans des plaques de fer articulées et cloutées. Le cheval aussi est protégé, naseaux et poitrail. L'armure défensive est parvenue à son point de perfection, mais la voie du déclin est proche. François Ier ne porta jamais cette armure.

Quand Louis XII, poursuivant le rêve italien de son prédécesseur, s'en est allé réclamer, les armes à la main, le duché de Milan qu'il déclarait tenir de sa grand-mère Valentine Visconti, Bayard l'accompagnait. A cette époque, quand on fait prisonnier un adversaire, l'habitude est de lui réclamer une rançon. Les villes ennemies, dès qu'elles sont conquises, versent de fortes sommes à leurs vainqueurs. Bayard, dont les prisonniers et les victoires ne se comptent plus, a reçu tant d'argent qu'il aurait pu devenir l'homme le plus riche du royaume. Il ne l'a pas entendu ainsi. L'or encaissé, il l'a toujours divisé en autant de parts qu'il avait de soldats sous ses ordres. Pour lui-même il ne gardait rien.

Jamais on n'a pu lui imputer une mauvaise action, une trahison, un mensonge. Il y a gagné ce surnom magnifique : « le chevalier sans peur et sans reproche ». Louis XII a conquis le duché de Milan — et l'a perdu. Maintenant, Bayard combat en Italie aux côtés de François Ier : le troisième roi qui n'ait pas résisté au mirage.

En vérité, le règne commence bien ! L'armée française, dans la plaine de Marignan, vient d'écraser l'une des plus redoutables armées d'Europe, celle des Suisses, alliés du duc de Milan. Avec une témérité inouïe, Bayard, éperonnant sa monture, s'est enfoncé à travers une véritable forêt de piques. Le médecin du duc de Lorraine l'a vu frapper à droite, à gauche, devant, derrière, faire le vide autour de lui, à ce point qu'il paraissait « voler en l'air ». Ne parvenant pas à l'atteindre les Suisses ont tué son cheval. A peine en a-t-il enfourché un second qu'on le lui blesse. Jeté à terre, il lui faut ramper à travers les ennemis pour rejoindre son camp. Le duc de Lorraine lui fait donner un troisième cheval — et il repart !

La bataille dure deux jours. Au matin du second, Bayard décide en partie de la victoire en interpellant le grand-maître de l'artillerie Genouilhac :

— Monseigneur, faites, je vous prie, tirer tout ensemble sept ou huit pièces sur cette grosse flotte de Suisses que vous voyez là-bas, à main droite.

Le conseil est jugé bon. La colonne suisse subit de telles pertes qu'on ne la revoit plus.

Face à la plaine jonchée de cadavres — quinze mille Suisses et six mille Français — François Ier, qui a personnellement couru de grands périls, fait appeler Bayard :

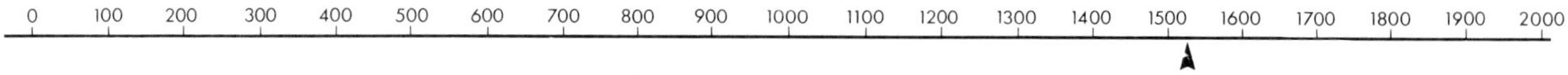

— Bayard, mon ami, je veux aujourd'hui être fait chevalier de votre main, parce que vous, qui avez combattu en tant de batailles, êtes tenu et réputé le plus digne de tous les chevaliers.

Bayard hésite : a-t-il le droit de faire chevalier un roi qui, le jour où on l'a sacré à Reims, est devenu lui-même bien plus que tous les chevaliers ? Il pose la question au roi qui, impatient, l'interrompt :

— Bayard, dépêchez-vous !

Alors, Bayard lève son épée, en frappe trois fois l'épaule du roi. S'adressant à son arme, il dit qu'il la conservera désormais comme une relique et ne la portera plus jamais, « si ce n'est contre Turcs, Sarrazins ou Mores ».

Et il rend la lame au fourreau.

François Ier, roi de 1515 à 1547, porte ici le chapeau plat garni d'une vaste plume. Il a laissé pousser moustache et barbe. Ses courtisans vont s'empresser d'imiter cette mode. Ce dessin est inspiré de l'œuvre d'un grand artiste de l'époque qui s'appelait Clouet.

Le camp du drap d'or

De François Ier, le grand écrivain Paul Valéry a dit : « C'est un Louis XI de luxe. » Il est vrai que, comme le vainqueur du Téméraire, François travaille à la grandeur de la France. On lui doit l'état civil, grâce auquel nous sont conservées les dates les plus importantes de la vie de tous les Français : la naissance, le mariage, la mort. Il ordonne que les textes officiels soient dorénavant rédigés en français, il développe l'imprimerie, fonde le Collège de France, agrandit le royaume, bâtit le port du Havre, encourage Jacques Cartier, un marin de Saint-Malo, à explorer et coloniser le Canada. Cartier abordera pour la première fois la terre canadienne en 1534, mais c'est seulement soixante-dix ans plus tard que seront fondés les premiers établissements français. Avec le roi d'Angleterre Henri VIII, il fait assaut de faste et de luxe, en conduisant au bord de la Manche les plus grands seigneurs de sa cour. Ce qu'il cherche, c'est obtenir l'alliance d'Henri VIII contre l'empereur Charles Quint dont l'immensité des possessions menace la France d'encerclement. Pour éblouir les Anglais, il fait ériger « les plus belles tentes qui furent jamais vues, et le plus grand nombre. Et les principales étaient de drap d'or ».

On appellera cela le « Camp du drap d'or » (1520). Mais ce fut un échec et François Ier devra lutter tout le long de son règne contre les « Impériaux » de Charles Quint. En 1525, il est battu à Pavie — l'Italie toujours — mais s'il reste plus d'un an prisonnier de Charles Quint, il parvient à tromper ce dernier de telle manière qu'en définitive c'est

Ce dessin de l'époque nous montre le visage calme, fin et souriant de Bayard, le « Chevalier sans peur et sans reproche ». Les traits montrent bien la droiture et le sang-froid du personnage.

lui qui gagne. Toutefois, vers la fin de son règne, il devra renoncer à la Savoie et à sa suzeraineté sur l'Artois et la Flandre.

Mais si François garde dans notre histoire une place à part, c'est parce que, hardiment, il s'est placé à l'avant-garde de la Renaissance. Nous lui devons l'admirable château de Fontainebleau et le château de Chambord, ce chef-d'œuvre

Comme Charles VIII et Louis XII, François a tant aimé l'Italie qu'il a invité Léonard de Vinci, le plus grand peintre italien — et aussi inventeur génial — à se rendre en France. Séduit par le roi — un charmeur, ce François Ier — Léonard est venu s'installer dans le doux pays de Loire, au petit château du Clos-Lucé.

Quand il réside à Amboise, le roi s'occupe le matin du gouvernement et chasse l'après-midi. A son retour, il aime à visiter Léonard qu'il appelle « mon père » :

— Mon père, je viens vous voir.

Léonard se sait au soir de sa vie. Sa longue et large barbe est devenue toute blanche. François Ier ne se lasse pas d'admirer chez lui trois de ses plus grands chefs-d'œuvre, *Saint Jean-Baptiste, Sainte Anne* et cette extraordinaire toile, *la Joconde,* que des millions de gens accourus du monde entier se battent aujourd'hui encore pour voir au Musée du Louvre.

Quand le roi apprendra, à Saint-Germain-en-Laye, que Léonard de Vinci est mort loin de lui, il ne pourra retenir ses larmes. Il achètera *la Joconde* qu'il regardera souvent. Parce qu'il aimera toujours s'enivrer de beauté. Mais aussi parce qu'il n'oubliera jamais son « père ».

Le dernier tournoi d'Henri II

Comme il fait chaud déjà, à 9 heures du matin, le jeudi 30 juin 1559 ! Pourtant, les estrades dressées rue Saint-Antoine, tout près de l'hôtel royal des Tournelles, ploient sous le poids des invités — gentilshommes et jolies femmes — accourus pour assister au tournoi qui doit marquer l'apothéose des fêtes offertes par le roi Henri II pour le mariage de sa sœur, Marguerite de France. Le roi ne doit-il pas combattre en personne ?

Henri II a succédé à son père, François Ier, en 1547. Comme lui, il a dû lutter contre la puissance de Charles Quint qui, à la fois souverain des Pays-Bas, roi d'Espagne, empereur germanique, maître

Le tournoi est le « sport » noble de ce temps. Toujours dangereux, souvent mortel. Les juges sont assis à une tribune centrale. Le seigneur « appelant » et le seigneur « défendant » sont l'un en face de l'autre. Entre eux, des cordes. Quand le juge donne l'ordre du combat, deux hommes tranchent les cordes et la mêlée commence. A la fin, des trompettes sonnent la retraite.

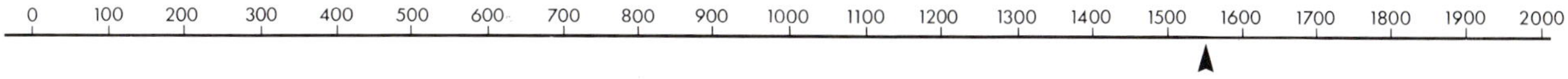

d'une grande partie de l'Italie, constitue une menace permanente pour la France. Il réussit à occuper « les trois évêchés » (Metz, Toul et Verdun) et à reprendre Calais aux Anglais, mais la France perdra une partie de ses conquêtes du Nord et de l'Est. De son épouse, Catherine de Médicis, Henri a eu dix enfants dont trois seront rois de France : François II, Charles IX et Henri III. Il règne depuis dix-sept ans quand, en ce jour de juin 1559, il s'apprête pour le grand tournoi.

Grâce au cinéma, grâce à la télévision, vous êtes, j'en suis sûr, familiers des règles des tournois. Vingt fois vous avez pu contempler la même image : devant une tribune où se trouve la dame de ses pensées, le chevalier bardé de fer, la tête protégée par le heaume, pointant sa longue lance (5 mètres de long) galope sur la lice au-devant de son adversaire, souvent le long d'une barrière de bois qui le sépare de celui-ci. Terrible, le choc. L'un des deux compétiteurs est la plupart du temps déséquilibré, ou même désarçonné. Il glisse sur le sol. Naturellement, le vainqueur est le héros du film.

Des tournois, on en a livré pendant tout le Moyen Age. Aux XIIe, XIIIe et XIVe siècles, de vraies batailles toujours brutales, souvent sanglantes, opposaient plusieurs chevaliers en même temps. A partir du XVe siècle, les tournois deviennent des spectacles : un seul cavalier contre un autre. Il faut être noble pour concourir.

Ce jour-là, Catherine de Médicis s'est installée dans sa loge. A côté d'elle, voici la très belle et plus très jeune Diane de Poitiers dont Henri II écoute les conseils depuis l'adolescence : en signe de fidélité, le roi a fait placer sur son casque un grand plumet noir et blanc, les couleurs de Diane. La petite reine d'Écosse Marie Stuart — quatorze ans — a pris place elle aussi aux côtés de Catherine, en compagnie du dauphin François, son tout jeune mari, quinze ans.

Les trompettes sonnent. Catherine se raidit, elle tremble car un astrologue a averti le roi : il doit prendre garde d'éviter tout « combat singulier en champ clos », surtout aux alentours de la quarante et unième année. Or le fils de François Ier, qui règne depuis douze ans, a précisément quarante ans.

Pour son premier assaut, le roi doit affronter le duc de Savoie. Les chevaux caparaçonnés s'enlèvent au galop. Chacun des cavaliers pointe sa lance. Le duc de Savoie est touché ! Pour ne pas tomber à terre, il doit se cramponner à sa selle. Vainqueur : le roi de France.

Les trompettes sonnent, avec une telle puissance cette fois, que les

On ne sait qui a peint ce portrait somptueux du roi Henri II. Il est âgé de 37 ans. En grand costume blanc d'apparat, il regarde fixement le peintre. Sévère et pieux, il lutta contre les protestants et redonna Calais à la France.

dames se bouchent les oreilles. Henri II fonce contre le duc de Guise. Impossible de le désarçonner ! Pas de vainqueur.

Il est midi. La reine fait dire à son mari qu'il est tard et que, la chaleur étant devenue accablante, il devrait s'en tenir là. Henri II répond qu'il ne manquera pas à l'usage et qu'il lui faut rencontrer trois adversaires. Le dernier est déjà en selle : c'est le commandant de la garde écossaise, le comte de Montgomery.

Les deux hommes foncent. Un choc si violent qu'il fait se dresser les spectateurs : les deux adversaires se sont touchés en même temps et ont chacun brisé leur lance ! Ils n'en sont pas moins restés en selle. Logiquement, le combat pourrait s'arrêter là, mais le roi insiste pour affronter de nouveau Montgomery. Un gentilhomme de la suite royale, Vieilleville, l'adjure de n'en rien faire : depuis trois nuits il rêve que, ce dernier jour de juin, il arrivera quelque malheur à son maître. Le roi ne fait qu'en rire. Montgomery insiste également pour que l'on arrête le combat. Henri II n'écoute rien : à tout prix, il veut combattre de nouveau.

Voilà les chevaux au galop. Dans un fracas de fer froissé, les deux lances, en frappant les cuirasses, se brisent une fois encore !

Le roi, mortifié, exige un dernier assaut. Chacun reprend sa place. On remet une nouvelle lance à Henri II. Quant à Montgomery, étourdi par ces rencontres successives, il omet d'échanger sa lance brisée contre une autre, intacte. L'angoisse plane sur l'assistance qui s'est aperçu de l'erreur. Les trompettes en oublient de sonner. Dans un silence absolu les cavaliers s'élancent. Une fois encore chacun frappe son adversaire. Saisis d'horreur, les spectateurs voient le morceau de lance de Montgomery glisser sur la cuirasse du roi, soulever la visière du casque et s'enfoncer dans la tête du roi. Un hurlement d'épouvante jaillit de la foule. Henri II s'est effondré sur l'encolure de son cheval qu'il semble embrasser. Ses écuyers le recueillent au bout de la lice, le transportent aux Tournelles.

On constate alors que la lance est entrée par l'œil droit et sortie par l'oreille. Atroce !

Malgré les soins du chirurgien Ambroise Paré — le plus grand médecin de son temps et, dit-on, le « père de la chirurgie moderne » — le roi de France expirera dix jours plus tard, après d'horribles souffrances.

François II, un garçon maladif, souffreteux, terrorisé parce qu'il règne à quinze ans, va monter sur le trône. Chacun sait déjà que la véritable maîtresse du royaume sera sa mère, Catherine de Médicis.

Cette médaille du sculpteur Germain Pilon nous montre la reine Catherine de Médicis avec un visage déjà bien empâté. Non, elle n'est pas séduisante avec sa bouche trop grande, son nez trop long, « ses yeux gros et blancs », nous dit un ambassadeur. Comment lutter avec la si belle Diane de Poitiers, favorite du roi ? Pourtant Catherine de Médicis mettra au monde dix enfants en douze ans !

La guerre entre Français

Le 23 août 1572, dans la soirée, cette grosse femme vieillissante vêtue de noir qui vient de pénétrer en tempête dans le cabinet du roi Charles IX au Louvre, c'est Catherine de Médicis, justement. Au-delà des hautes fenêtres, il fait nuit noire.

François II n'a régné que dix-huit mois. Une maladie d'oreille l'a emporté en 1560. Son frère est devenu roi sous le nom de Charles IX. Il avait dix ans, il en a maintenant vingt-deux. Sa pâleur et son extrême minceur annoncent une santé compromise. Charles est un roi qui parle peu, un roi triste, hésitant toujours devant les décisions à prendre et préférant s'en remettre à sa mère.

L'entrée tumultueuse de Catherine laisse le roi étonné, inquiet : qu'est-ce que cela signifie ? Déjà, la reine mère l'interpelle, véhémentement, entame un discours que martèle l'accent italien de cette Florentine. Un mot revient à chaque phrase : les protestants. Ces protestants qui, selon elle, menacent l'existence du royaume.

Vous devez comprendre que la France, comme en tant d'autres moments de son histoire, traverse en effet une crise dramatique.

Pour la première fois depuis la conversion de Clovis, les Français se divisent sur la façon de prier Dieu. Pourquoi ? Sans doute parce que la religion catholique, après tant de siècles, a perdu de sa pureté. Nos rois, pour récompenser leurs courtisans, leur font cadeau d'une abbaye ou les nomment curés d'une riche paroisse. L'un de nos plus grands écrivains, Rabelais, a été curé d'une paroisse où il n'a jamais mis les pieds. Les papes vendent des *Indulgences* grâce auxquelles les croyants obtiennent, contre de l'argent, le pardon des péchés. Le luxe des évêques peut légitimement être pris comme une insulte à la misère des pauvres gens.

Certains catholiques ont poussé des cris d'alarme, demandé que l'on mette fin à une situation qui, si l'on n'y prenait garde, mettrait en péril la religion. On ne les a pas écoutés. Alors, d'Allemagne, un appel solennel est venu : Martin Luther (1483-1546) en a appelé à une *réforme* profonde de l'Église.

Pour Luther, le salut éternel ne peut pas dépendre des Indulgen-

L'amiral de Coligny, chef des protestants, habite l'hôtel de Ponthieu, pas très loin de la tour de Nesle. Poussé par deux hommes du duc de Guise, son corps a été basculé dans le vide. On le voit ici décapité ; un soldat brandit sa tête tandis qu'un autre fend son vêtement. Il s'agit d'un détail de l'image de la page de droite.

ces, mais seulement d'une foi sincère. Le seul chef de l'Église sur la terre doit rester Jésus-Christ et on n'a pas besoin d'un pape.

En France, Jean Calvin (1509-1564) a lui aussi conseillé aux Français de pratiquer une religion purifiée. Comme ceux qui l'écoutent protestent contre les abus de l'Église, on les a appelés *protestants*.

Les rois de France, depuis toujours, se veulent les protecteurs de la religion catholique. Ces protestants, ils vont donc les traiter comme des révoltés et les persécuter cruellement. Sous le règne de François Ier, déjà, plusieurs d'entre eux sont brûlés vifs. Dans les premières années du règne d'Henri II s'allument partout des bûchers sur lesquels meurent de véritables martyrs de leur foi.

Cependant, tous les protestants ne se résignent pas à subir un tel trépas. De plus en plus nombreux ils s'arment et livrent contre les catholiques des batailles ouvertes. Bientôt deux clans s'affrontent sauvagement : les *guerres de religion* ont commencé. Elles vont durer jusqu'à la fin du siècle. Les grandes familles du royaume sont elles-mêmes divisées. Les Guise — qui affirment descendre de Charlemagne — dirigent les catholiques. Les Bourbons — descendants de saint Louis — et les Montmorency se mettent à la tête des protestants. Les Français meurent parce que certains veulent prier en français et d'autres en latin.

La Saint-Barthélemy

Catherine de Médicis a assisté aux débuts de la Réforme en France. Elle a connu les premiers bûchers, les premiers combats. Depuis qu'elle exerce le pouvoir — avec une remarquable intelligence politique — elle a tenté à plusieurs reprises de réconcilier catholiques et protestants. Épouvantée par les excès de certains catholiques, elle a même voulu s'allier avec le chef des protestants, le prince de Condé. Après quoi, elle doit se jeter de nouveau dans les bras des catholiques. Elle s'inquiète de l'influence prise par un protestant, l'amiral de Coligny, sur l'esprit de Charles IX. Elle arme un assassin afin qu'il tue Coligny. L'attentat échoue : Coligny n'est que blessé. La fureur de Charles IX se déchaîne. Il ordonne une enquête.

Catherine tremble : sûrement on va découvrir l'assassin et son fils apprendra son rôle dans l'affaire. Comment Charles IX réagira-t-il ? N'appelle-t-il pas son cher Coligny : « mon père » ? Alors Catherine

conçoit le plan dont l'exécution pèsera éternellement sur sa mémoire.

C'est pour le mener à bonne fin que, ce soir-là, elle vient de faire irruption dans le cabinet de son fils Charles.

Ce fils faible, sans volonté, aux nerfs fragiles, écoute sa mère crier qu'un complot protestant se lève contre sa personne et qu'il faut y faire face sur-le-champ. Pendant deux heures, Catherine exhorte, insulte, supplie son fils. Elle jure que le péril, à chaque minute, devient plus grand. Le roi doit se hâter de donner l'ordre de massacrer les chefs. Après quoi les protestants terrorisés se soumettront.

Tant qu'il le peut Charles refuse l'ordre fatal. Avec une habileté diabolique, la reine amène son fils — qui ne sait plus où il en est — à se contredire. Accablé, il se convainc qu'il est incapable d'être un vrai roi. Ce n'est pas contre les protestants que monte sa rage, mais contre lui-même.

— Avez-vous peur ? lui demande tout à coup Catherine.

Il se dresse, furieux. En un instant il a perdu toute sa raison. Il hurle :

— Tuez-les tous, qu'il n'en reste pas un pour me le reprocher !

Le massacre de la Saint-Barthélemy (1572). La scène se déroule à Paris près de l'église de Saint-Germain-l'Auxerrois, paroisse des rois de France (à gauche). Un moulin de Montmartre domine la scène du massacre des protestants par les catholiques. Au centre, on voit des protestants. La Seine est pleine de cadavres. Il y eut plus de 3 000 morts à Paris.

Les yeux injectés de sang, il sort brusquement de la pièce, comme un homme ivre.

La nuit du 24 août 1572, fête de la Saint-Barthélemy, quand le tocsin sonne, Coligny meurt le premier. On jette son corps par la fenêtre. Ensuite, c'est la tuerie. Toute la nuit, on massacre. On tue jusque dans le palais du Louvre. Après les chefs huguenots, ce sont des inconnus qui tombent. On tue des commerçants chez qui l'on a des dettes, on tue des concurrents, on tue les femmes enceintes, les enfants. On tue même quelques catholiques pour assouvir des vengeances personnelles. Quand on est fatigué de jouer de l'épée ou du poignard, on s'amuse à faire sauter les protestants dans la Seine où, malheureuses cibles vivantes, on tire sur eux avec l'ancêtre du fusil, *l'arquebuse.*

Deux ans plus tard, Charles IX mourra d'une affreuse maladie : des accès de délire furieux, pendant lesquels le sang lui jaillit par les pores de la peau, par le nez, par les oreilles. Quand sa nourrice, une protestante qu'il a sauvée du massacre, s'approche du lit, le roi éclate en sanglots :

— Ah ! ma nourrice, ma mie, gémit-il, que de sang et de meurtres ! Ah ! j'ai suivi un méchant conseil. Mon Dieu ! Pardonnez-le moi, je suis perdu, je le sens bien !

— Sire, répond la nourrice, les meurtres et le sang soient sur ceux qui vous les ont fait commettre.

Le lendemain, le roi repentant expire. Persécuteur des protestants, il n'a trouvé auprès de lui, pour adoucir ses dernières heures, qu'une protestante.

Henri III devient roi de France en 1574 à 23 ans. Ce portrait d'apparat le représente à peu près à cette époque. Son pourpoint, très élégant, est rehaussé de centaines de perles, sa fraise en dentelle, sa toque ornée de pierreries le rendent un peu efféminé. Il sera assassiné en 1589.

Le dernier fils de Catherine

Le frère cadet de Charles, Henri, avait accepté le trône que lui avaient offert les Polonais. Il faut d'urgence le rappeler en France où il devient roi sous le nom d'Henri III (1574).

Sa mère l'accueille avec des transports de joie et lui donne ce conseil :

— Aimez les Français et faites-leur du bien.

Ainsi cette reine qui avait ordonné le massacre de la Saint-Barthélemy est-elle revenue à cette volonté d'union qui avait été la sienne pendant de si longues années.

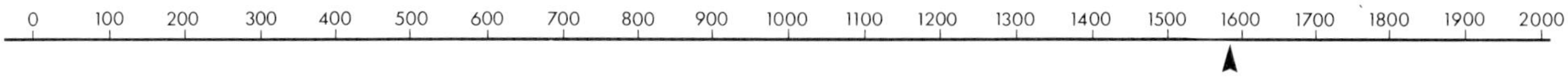

En se rendant au conseil d'Henri III, le duc de Guise, chef de la ligue, qui ne cesse de défier l'autorité royale, est assailli par un groupe d'hommes qui étaient cachés dans une antichambre du château de Blois. Il s'écroule au pied du lit du roi : « Ah, quelle trahison, quelle trahison ! » dit-il. Il vient de recevoir le coup de grâce. Il meurt en murmurant « Miserere mei Deus » (ayez pitié de moi, mon Dieu). Henri III que l'ont voit sur le tableau à l'extrême gauche a tout entendu. Mais c'est lui qui a donné l'ordre de supprimer le duc : il ne bougera pas.

Henri III suit le conseil de Catherine de Médicis. Vis-à-vis des protestants il se montre compréhensif. Il veut qu'ils soient libres de pratiquer leur religion et qu'ils aient les mêmes droits que les catholiques. Contre cette politique de *tolérance* — mot qui signifie que nous comprenons et *tolérons* des idées parfois fort éloignées des nôtres — les catholiques se rebellent. Ils mettent à leur tête le duc Henri de Guise, appelé le Balafré à cause d'une blessure que cet homme brutal avait reçue au visage.

Nouveau drame : Henri III n'a pas d'enfants. Et son héritier, un cousin, Henri de Navarre, est protestant ! Les catholiques refusent catégoriquement de voir un protestant devenir roi de France. Ils forment entre eux une *Ligue.* Une nouvelle guerre civile éclate que l'on appelle la « guerre des trois Henri » (Henri III, Henri de Navarre, Henri de Guise).

Guise est acclamé par les Parisiens et le roi doit fuir à Blois. Il a convoqué Guise, « pour un conseil », a-t-il dit. Le Balafré, se croyant plus fort qu'Henri III, l'y rejoint. Ses amis l'avertissent qu'il court un grand danger. Guise hausse les épaules. Du roi il dit avec mépris :

— Il n'oserait !

Il a tort. Sur l'ordre d'Henri III, le duc de Guise est assassiné à coups de hallebarde.

Catherine de Médicis accourt, épouvantée :

— Qu'avez-vous fait ? crie-t-elle à son fils.

— Maintenant, je suis seul roi ! répond le roi.

La Ligue, au comble de la fureur, jure que « Henri de Valois » ne mérite plus de régner. On veut lui substituer un autre roi. Henri III tient bon, appelle auprès de lui son cousin Henri de Navarre. Ensemble ils assiègent Paris aux mains des *ligueurs.* Ceux-ci se sentent perdus. Pour eux, un seul espoir : la mort d'Henri III.

Le 1er août 1589, un moine dominicain, Jacques Clément, parvient à s'introduire chez le roi, alors à Saint-Cloud — et le poignarde.

Avant de mourir, Henri III a encore la force de confier à Henri de Navarre, accouru dès qu'il a connu l'attentat :

— Je meurs content en vous voyant près de moi. La couronne est vôtre.

Il lui conseille de changer de religion et meurt à 3 heures du matin.

Un grand règne va commencer. Celui de la réconciliation — enfin ! — des Français.

LA GLOIRE DES BOURBONS

« Paris vaut bien une messe »

Trois rois, deux ministres, une grande dame, des petits personnages au second plan, le château de Versailles étendant ses ailes sur le tout, oui, de Henri IV à Louis XIV, plus de cent ans d'histoire de France sont symbolisés ici.

A gauche, c'est le bon roi Henri au regard malicieux, souriant, jovial, habillé d'une fraise, d'un pourpoint, d'un haut-de-chausses. Il va régner de 1589 à 1610. Derrière son bras droit, un soldat hallebardier, encore en casque et en cuirasse.

Après Henri IV, son fils Louis XIII lui succède. Il est là, debout, avec un col rabattu en toile fine bordée de dentelle, un grand chapeau à plumes et un collier de l'ordre du Saint-Esprit autour du cou (comme son père). De dos, à côté de lui, son ministre, le cardinal de Richelieu. Le roi lui a donné une autorité absolue. Malgré une mauvaise santé, sa volonté fut toujours forte.

Enfin, majestueusement assis, le "Roi Soleil", Louis XIV. « Il a en lui l'étoffe de quatre rois » disait un de ses ministres. Pendant 54 ans, jusqu'en 1715, il a gardé un pouvoir absolu.

Juste derrière lui : Colbert, son plus grand ministre. Compétent, sévère, froid, c'est un travailleur acharné. Il a beaucoup développé l'industrie ; voyez près de lui ce métier à tisser.

Madame de Maintenon, très influente auprès de Louis XIV dans la dernière partie du règne, car intelligente et désintéressée ; elle nous regarde de face. Et un courtisan salue Sa Majesté jusqu'à terre.

Prêts à guerroyer, un mousquetaire gris près de Louis XIII et un dragon armé du mousquet et de l'épée près de Louis XIV. Plus calme, le laboureur essaie de nouvelles cultures : maïs, haricots, melons.

Un petit homme à la barbe poivre et sel, avec un nez long et busqué, des yeux vifs et pétillants d'intelligence, se présente, le 25 juillet 1593, devant les portes de la basilique de Saint-Denis. Cet homme-là n'est autre que le roi Henri IV.

Tout autour de l'église, se bousculant dans les rues jonchées de fleurs, une foule immense contemple le spectacle le plus extraordinaire et le plus imprévu du monde : le chef des protestants va se faire catholique !

Sa mère, Jeanne d'Albret, reine de Navarre, épouse de cet Antoine de Bourbon qui descendait en droite ligne de Saint Louis, l'a élevé dans la religion protestante. Il a dû un moment se faire catholique. Puis il est redevenu protestant. La foi d'Henri IV est vive, mais il estime que l'on peut être bon chrétien dans l'une ou l'autre religion. Surtout il songe à la France, trop longtemps accablée, déchirée et dont il faut, si l'on veut qu'elle survive, réconcilier les habitants.

Homme de guerre, il y a des années qu'il se bat, chargeant lui-même à la tête de ses bandes huguenotes auxquelles, depuis qu'il est roi, se sont mêlés des catholiques soucieux comme lui du bien de l'État. Au cœur d'une bataille, il aime à crier à ses fidèles : « Ralliez-vous à mon panache blanc ! » C'est précisément parce qu'il a beaucoup fait la guerre qu'il l'a prise en haine. Il a vu les campagnes dévastées, les chemins infestés de brigands. Il est entré dans des villes affamées. Il s'est affligé de constater que ses ennemis n'avaient pas hésité à appeler à leur aide des armées étrangères : les Espagnols en Languedoc, le duc de Savoie en Provence et en Dauphiné.

Puisque les catholiques se révèlent les plus nombreux et que beaucoup d'entre eux refusent de le reconnaître parce qu'il est protestant — Paris reste toujours aux mains de la Ligue — Henri IV s'est résolu à se convertir.

— Paris vaut bien une messe ! s'est-il écrié.

Aux protestants, il a secrètement fait savoir qu'il ne les oublierait pas et qu'il leur accorderait le droit d'exercer librement leur religion.

Maintenant, là, devant les portes closes de Saint-Denis, l'archevêque de Bourges l'accueille. Aussitôt le prélat lui pose une question :

— Que demandez-vous ?

D'une voix ferme, Henri répond :

— Je demande à être reçu dans l'Église catholique, apostolique et romaine.

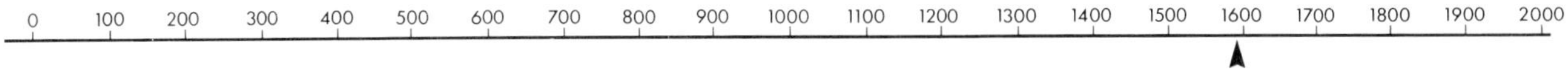

Henri s'agenouille, il jure, « devant la face de Dieu tout-puissant, de vivre et mourir en la religion catholique ». Alors, les portes s'ouvrent. Au son des grandes orgues, cependant que les cloches sonnent à toute volée, l'archevêque invite le Béarnais à pénétrer dans la nef. Le royaume a de nouveau un roi « Très Chrétien ».

En 1604 à Paris, le Pont-Neuf est achevé. Dix ans plus tard, on y place la statue équestre d'Henri IV. C'est le premier monument installé sur une place publique.

En armure, son bâton fleurdelysé de commandement à la main, et couronné de feuilles de laurier, le roi Henri continue à veiller sur sa bonne ville.

La poule au pot

Les Parisiens détestaient les ligueurs depuis que ceux-ci avaient introduit les Espagnols de Philippe II dans Paris. Le 22 mars 1594, ils vont ouvrir au roi les portes de sa capitale.

Quelle journée ! Le roi, revêtu de son armure, son casque orné du fameux panache blanc, s'avance au pas lent de son cheval au milieu de la foule qui l'acclame. Comment aurait-il pu imaginer, de la part de ces gens qui le reniaient encore quelques mois plus tôt, un tel délire ?

L'après-midi, Henri IV va se poster à une fenêtre de la porte Saint-Denis. Il veut considérer, de ses propres yeux, le départ des troupes étrangères. Quand défilent, tête basse, les Espagnols, le roi se penche à la fenêtre et, plaisamment, leur lance :

— Allez-vous-en, à la bonne heure, mais n'y revenez plus !

Les catholiques vont se rallier à lui. Henri IV les accueillera à bras ouverts. Il lui faudra encore trois ans pour chasser les ennemis du royaume. Après la paix de Vervins (1598), Henri IV sera seul maître en France. Il a mis fin aux guerres de religion, humilié l'Espagne jusque-là considérée comme la plus grande puissance de l'Europe. Il a replacé la France au premier des États du continent.

Désormais, pour le peuple, il est devenu le « bon roi Henri ». Chacun se souvient qu'il a dit un jour :

— Si Dieu me prête vie, je ferai qu'il n'y aura point de laboureur en mon royaume qui n'ait le moyen d'avoir une poule dans son pot.

Peut-être la *poule au pot* a-t-elle fait plus pour sa gloire que toutes ses victoires !

Le Béarnais

L'ambassadeur d'Espagne, son vaste chapeau à plumes à la main, est introduit dans la chambre d'Henri IV. Appelé par le roi, il s'est com-

Il s'appelle Maximilien de Béthune. Lorsqu'il achète la seigneurie de Sully-sur-Loire, il devient duc de Sully. On peut encore voir sa statue près de Paris, au château de Rosny. Henri IV en fit son ministre. Mais avec Sully on est loin de la bonhomie de son maître. Le ministre est sévère, souvent bourru. A la mort du roi, il tombe en disgrâce.

posé un maintien plein de gravité. Sûrement il va être question d'affaires importantes concernant les deux États. Stupéfait, il s'arrête sur le seuil : il voit le roi à quatre pattes, le petit dauphin — le futur Louis XIII, né en 1601 — grimpé sur son dos.

Pas un instant Henri IV n'est déconcerté. Tournant vers le diplomate son visage où pétille toujours un regard malicieux, il lui demande :

— Avez-vous des enfants, monsieur l'Ambassadeur ?

— Oui, Sire.

— En ce cas, je peux continuer le tour de ma chambre !

Ce qui frappe tous ceux qui le rencontrent, c'est son attachement à sa province d'origine. Il est fier de son surnom de *Béarnais*. Il donne raison à la prédiction de son grand-père qui, à Pau où est né Henri, lui avait dans son berceau frotté les lèvres avec une gousse d'ail tout en les humectant de vin et en disant avec l'accent : « Tu seras un vrai Béarnais. » Cet accent, il l'a toujours gardé. Il roule les *r*, il ne dit pas Monsieur, mais Monssou. Il s'entoure de Béarnais et de Gascons dont le parler sonore effarouche les courtisans parisiens. Il reste en réalité un homme de la terre, qui n'aime pas vivre à la ville, et tend à administrer le royaume comme il le ferait d'une grande ferme.

Il aime séduire, mais si la séduction n'opère pas, alors la volonté royale s'exprime, dure et sans appel :

— Je suis roi maintenant et parle en roi et je veux être obéi !

N'en doutez pas : Henri IV, premier roi Bourbon, a été un roi absolu. Mais cet *absolutisme* s'est exercé le plus souvent dans la bonne humeur. Henri IV, s'il rencontre dans l'un de ses palais un gentilhomme, s'exclame :

— Serviteur, untel ! Serviteur !

Sa conversation est vive et riante, il passe avec allégresse d'un sujet à l'autre. Il adore les calembours. Après la prise de Dreux, alors qu'il est encore gris de poussière, il dit à la duchesse de Guise : « Vous me voyez tout cendreux, mais non sans Dreux. »

Il jouit d'une santé excellente et peut monter à cheval pendant quinze heures de suite, épuisant monture et escorte. Il se livre avec fougue aux sports les plus fatigants, manie aussi bien l'épée que l'arquebuse, le pistolet que la pique et la hallebarde ; il excelle au saut en hauteur, à la course à pied, à la nage et se jette avec bonheur dans toutes les danses. Il raffole littéralement de chasse.

La France au moment du traité de Westphalie (1648)
1. Territoires français
2. Territoires des villes libres

L'ennui, c'est que tout cela le fait transpirer et qu'il a horreur de se laver. Quand il se réveille le matin, il se borne à tremper le bout de ses doigts dans un peu d'eau. Le résultat est abominable. L'odeur de ses pieds et de ses aisselles le précède en tout lieu. L'une de ses amies les plus chères, Henriette d'Entragues, lui reproche de « puer comme charogne ». Cela ne l'encourage pas à se laver davantage, mais au moins il s'inonde de parfum.

Il s'habille sans recherche : des vêtements taillés dans des tissus communs, de couleur neutre, parfois rapiécés, un chapeau aux bords relevés. En revanche, il se vêt avec le plus grand soin lorsqu'il s'agit de cérémonies officielles.

Il mange beaucoup, rarement des mets raffinés. Un Vénitien qui le voit à table soupire : « Les nourritures délicates ne sont pas pour l'estomac du roi. »

Il s'est marié deux fois : avec Marguerite — la reine Margot — fille d'Henri II et de Catherine de Médicis, dont il s'est séparé, puis avec l'Italienne Marie de Médicis qui lui a donné six enfants. Il les adore. Il veut que les petits princes l'appellent Papa et non Monsieur, comme l'exige l'étiquette. Il leur accorde beaucoup de temps, se promène et joue longuement avec eux. A Fontainebleau, le roi se réjouit de conduire son petit garçon donner du pain aux carpes qui nagent dans les canaux.

Ce qui ne l'empêche pas de le faire punir s'il désobéit ou se laisse aller à des caprices. Alors, l'enfant est *fouetté*, c'est-à-dire qu'on lui donne le fouet par-dessus sa robe, ou *châtié* : le fouet est administré sur les fesses nues.

Qui aime bien châtie bien !

Nous assistons à un repas en famille au XVIe siècle. Une prière, le benedicite, se récite, mains jointes, tête nue, avant de prendre la nourriture. Le bourgeois est bon vivant et solide mangeur. Le pichet doit être rempli de vin. Ne cherchez pas les fourchettes, il n'y en a pas encore. Et un seul couteau pour tous. Les écuelles sont en fer ou en terre. Cette salle commune sert aussi de chambre à coucher ; le lit à baldaquin et rideaux occupe une grande place.

Labourage et pâturage

« Me voici renfermé dans mon cabinet où j'épluche avec la dernière attention tous les abus qui restent à extirper. »

L'homme qui écrit cela est l'un des plus chers compagnons d'armes d'Henri IV, Maximilien de Béthune, fait par le roi duc de Sully.

Rude tâche qu'Henri a confiée en 1597 à Sully ! Il s'agit de restaurer les finances alors que le Trésor est vide et que l'on doit faire face à des dettes énormes, accumulées depuis quarante ans.

« Partout des ruines », écrit un ambassadeur vénitien. « Le bétail est en grande partie détruit, de sorte qu'on ne peut plus labourer. » La population, dans les villes, a parfois diminué des deux tiers. Les fabriques ont fermé leurs portes.

Ce qu'a voulu Henri IV, en nommant Sully surintendant des Finances, c'est remettre en ordre les affaires de la France. Il connaît bien les qualités essentielles de son ami : le bon sens et l'acharnement au travail.

Sully punit impitoyablement les fonctionnaires qui volent. Il va réduire la dette de 30 %, augmenter les recettes de 50 %, le tout sans accabler les Français d'impôts. Non seulement il parvient à rétablir un équilibre, mais, à la mort d'Henri IV, il aura déposé à la Bastille un trésor de 13 millions en or.

Sully avance armé d'une certitude : seule la terre est source de richesses. « Labourage et pastourage, a-t-il dit, sont les deux mamelles de la France. » Donc, avant toute chose, il va remettre en honneur l'agriculture, soutenir la paysannerie, encourager la petite noblesse, jusque-là accaparée par la guerre, à rentrer chez elle pour faire valoir ses terres. Il fait venir de Hollande des spécialistes de l'assèchement des marais, obtient d'excellents résultats en Poitou, dans le Bordelais, la basse Seine. Il refait à neuf les routes de France, les borde d'ormes, répare les ponts, ceci afin de faciliter la circulation du blé et d'éviter les famines, toujours menaçantes. Il rétablit la sécurité dans les campagnes, plante des forêts et fait creuser des canaux, comme celui de Briare.

Le paysage français que nous connaissons aujourd'hui est en grande partie celui d'Henri IV et de son ministre.

Sully, qui ne veut pas que l'or français sorte du royaume pour l'achat de produits étrangers, soutient aussi l'industrie. A la mort d'Henri IV, 48 manufactures travailleront en France : 40 auront été créées par Sully. L'industrie de la soie, l'imprimerie, le textile, les fabriques de tapisserie, les chantiers navals sont si bien encouragés qu'ils connaissent bientôt une remarquable prospérité. Marseille retrouve son activité d'autrefois ainsi que les ports de l'Océan.

De nouveau la France, si longtemps repliée sur elle-même pour cause de guerre civile, peut regarder loin devant elle : l'année de la paix de Vervins, Henri IV nomme un premier lieutenant général au Canada. En 1603, Samuel Champlain, au nom du roi de France, fonde la ville de Québec.

Henri IV a tenu les promesses faites aux protestants : en 1598, il a promulgué l'*Édit de Nantes,* par lequel chaque Français s'est vu reconnaître la *liberté de conscience* et le droit de pratiquer la religion de son choix. Protestants et catholiques jouissent de la même égalité devant les lois civiles. Les protestants, pour se protéger des catholiques, peuvent entretenir une armée permanente de 25 000 hommes. Ils reçoivent, pour une durée de huit ans, cent places fortes avec

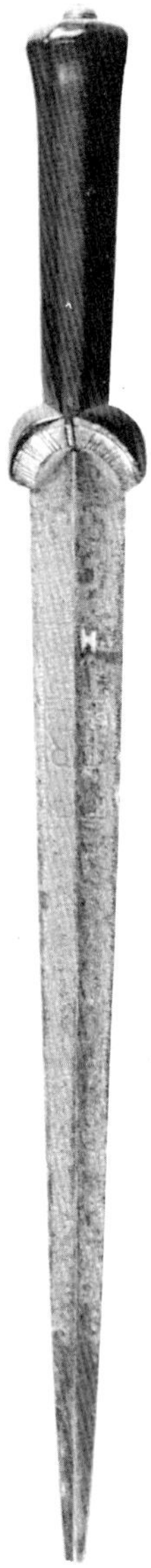

« Las, bonnes gens, notre gentil Sire n'est plus. Le roi Henri IV vient d'être assassiné ! »

Ce long poignard à fine lame acérée, orné de motifs stylisés, s'est enfoncé dans sa poitrine un triste jour de mai 1610. L'assassin, Ravaillac, est un petit instituteur des environs d'Angoulême. Il finira écartelé.

le droit d'en recruter les garnisons et d'en nommer les gouverneurs.

Le royaume s'est agrandi. Henri IV a repris au duc de Savoie ses conquêtes. De Lyon à Genève, le Rhône est devenu notre nouvelle limite : ce qu'on appellera les frontières naturelles.

Bref, la France a retrouvé la paix. Elle vit heureuse et prospère.

Certes, en 1610, la guerre menace de nouveau. Henri IV s'est allié aux princes protestants d'Allemagne. Les Habsbourg, souverains catholiques d'Espagne et d'Autriche, l'ont fort mal pris. Mais aussi de nombreux Français dont certains ont juré la perte du roi. De part et d'autre on s'arme. Henri IV rassemble trois armées, l'une destinée à attaquer l'Italie, la seconde qui doit envahir l'Espagne, la troisième — le roi veut la commander lui-même — qui se portera vers les Pays-Bas.

Le « bon roi » va-t-il mettre le feu aux poudres ? Il n'en aura pas le temps.

Le 14 mai 1610, le carrosse royal s'engage dans une voie étroite de Paris, la rue de la Ferronnerie. Un géant roux vêtu de vert, un certain Ravaillac, prenant appui sur une borne, saute sur le marchepied, brandit un couteau. Il frappe le roi en pleine poitrine. Arrêté sur-le-champ, Ravaillac sera écartelé, c'est-à-dire que quatre chevaux attachés à ses jambes et à ses bras lui arracheront les quatre membres.

Henri IV n'est plus.

Catholiques et protestants l'avaient également et alternativement critiqué. Tous, ils vont se retrouver pour pleurer sa mort. Il leur semble qu'avec la disparition d'Henri IV la France a perdu son bonheur.

De tous nos souverains, Henri IV restera le plus populaire, *le seul roi,* dira-t-on, *dont le peuple ait gardé la mémoire.*

Bal à la cour d'Henri IV. Les femmes portent sous leur robe ce que l'on appelle un « vertugadin ». C'est un bourrelet qui élargit la jupe et fait paraître la taille plus fine. Hommes et femmes ont souvent autour du cou une « fraise », c'est-à-dire une collerette de tuyaux de dentelle ou de mousseline.

« Je suis roi »

Dans sa chambre du palais du Louvre, un roi de seize ans rêve. Il y a sept années que Louis XIII règne, mais en vérité peut-on parler de règne ?

Après l'assassinat d'Henri IV, sa veuve, Marie de Médicis, a été nommée régente. Mais, à travers elle, des Italiens avides, Concino Concini et sa femme, Léonora Galigaï, se sont emparés du pouvoir. Quand l'un et l'autre sont arrivés d'Italie dans les bagages de Marie de Médicis, ils n'étaient rien. De par la faiblesse de la reine, ils sont tout.

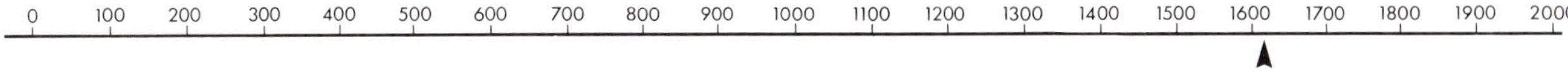

Comment, dans sa chambre du Louvre, l'adolescent Louis XIII oublierait-il que toute son enfance s'est déroulée sous la protection dédaigneuse des Concini ? Comment oublierait-il que l'année précédente encore, s'étant présenté au Conseil, sa mère lui a montré la porte :

— Mon fils, allez vous ébattre ailleurs !

Il avait quinze ans et, selon les lois du royaume, était majeur.

Il a baissé la tête et il est sorti. Mais il n'a jamais oublié le regard plein d'ironie que Concini, assis à côté de la reine, lui avait jeté.

La fortune de Concini, devenu maréchal de France et marquis d'Ancre, dépasse huit millions de livres. C'est la France tout entière qu'il pille. Au Conseil, il ne craint plus de s'asseoir dans le propre fauteuil du roi. Que va devenir le royaume ?

Louis XIII est un prince triste. Il a un ami, un seul, Charles de Luynes, plus âgé que lui de vingt-trois ans. Ce qui les a liés c'est leur passion commune pour la chasse au faucon. Louis a fait de Luynes le confident de ses doutes, de ses angoisses.

Un jour, la coupe déborde. Avec Luynes, Louis va droit au but : il faut se débarrasser de Concini. Luynes acquiesce et va très vite recruter des hommes sûrs. Cinq. Le plan, c'est d'arrêter Concini quand il viendra au Louvre. Après quoi, on le jugera.

Mais ne serait-il pas plus prudent de le tuer ?

Le baron de Vitry, capitaine des gardes du corps, se déclare prêt à passer à l'action à condition que le roi lui en donne lui-même l'ordre. On le conduit chez Louis XIII.

— Sire, demande-t-il, si le maréchal se défend, que veut Sa Majesté que je fasse ?

Louis reste immobile, il ne dit rien, mais l'un des conjurés répond pour lui :

— Le roi entend qu'on le tue.

Les yeux de Louis XIII se ferment. Puis se rouvrent. Rien d'autre. Vitry s'incline.

— Sire, j'exécuterai vos commandements.

Le dimanche 23 avril 1617, Concini se présente devant la grande porte du Louvre. On lui ouvre. Il franchit le Pont-Dormant. Il tient à la main une lettre qu'il lit en marchant.

Vitry s'avance vers lui, le prend par un bras.

— Monsieur, le roi m'a commandé de me saisir de vous.

Ces deux portraits, Louis XIII à gauche, Richelieu à droite, sont au Musée du Louvre. Tous les deux ont été peints par Philippe de Champaigne, un Flamand vivant en France. Le roi a 23 ans ; il sera surnommé le Juste.

Derrière Vitry, les conjurés font bloc. D'instinct, Concini a mis la main sur la garde de son épée : les conjurés feignent de prendre cela pour un geste offensif. Tous les cinq, ils ouvrent le feu sur lui. Le maréchal, atteint entre les deux yeux, à la joue, à la gorge, s'écroule. Les conjurés percent ce corps déjà sans vie de coups d'épée. Vitry hurle :

— Vive le roi !

Quelques instants plus tard, Louis XIII apparaît à sa fenêtre. Il crie à Vitry :

— Grand merci, grand merci à vous ! A cette heure, je suis roi !

Le Cardinal

Connaissez-vous *les Trois Mousquetaires* ? Je l'espère pour vous. Sinon, je vous invite à lire d'urgence le chef-d'œuvre d'Alexandre Dumas. Sur mon honneur, je vous garantis des heures merveilleuses.

Au milieu des prodigieuses aventures de d'Artagnan, Athos, Porthos et Aramis, vous verrez surgir un sombre et terrifiant personnage que tous appellent seulement *le Cardinal* — cela suffit — et qui, pour mieux exercer son influence sur le roi Louis XIII, gouverne les Français à l'aide de tout un réseau d'espions, de policiers, d'agents secrets qui sèment autour d'eux l'épouvante. Les Français tremblent mais le résultat est là : ils obéissent.

S'il est vrai que le gouvernement de Richelieu fut souvent impitoyable, vous ne devrez jamais oublier que *le Cardinal* fut l'un des plus grands hommes d'État que notre pays ait eu la chance de trouver à sa tête. Peut-être le plus grand.

Savez-vous qui a le premier distingué des qualités politiques peu communes chez ce jeune noble, devenu en 1607 à vingt et un ans évêque de Luçon ? C'est Concini ! Pour avoir appelé au Conseil royal ce jeune homme dévoré d'ambition, je vous invite à adresser à l'Italien une pensée reconnaissante, la seule qu'il mérite.

Quand ce dernier est mort assassiné, quand son épouse Léonora a été décapitée sur l'échafaud, Richelieu, craignant la colère du roi, a couru se réfugier dans son évêché. La protection de Marie de Médicis n'en a pas moins fait de lui un cardinal. Et puis le jour est venu où Louis XIII, sur le conseil de sa mère, l'a rappelé comme ministre (1624).

Sait-il, Louis XIII, qu'il va peu à peu, au cours des années, remettre toute l'étendue du pouvoir à ce Richelieu pour lequel il est loin, au début, de ressentir une amitié débordante ? Sans doute non. C'est pourtant ce qui arrivera. Non pas que le roi soit sans intelligence ni capacité politique, loin de là. Mais, très vite, il a compris que Richelieu était un homme extraordinaire et que, pour le bien de la France, il lui fallait le soutenir en tout.

Armand du Plessis, duc de Richelieu, a 39 ans. Son visage tout en longueur que prolonge encore la même touffe de barbe que celle de son roi est maigre et austère. Le ministre, comme le roi, porte la moustache effilée de l'époque.

Je voudrais que, comme moi, vous soyez ému par l'association exemplaire de ce roi et de ce ministre. Des liens profonds vont s'établir entre les deux hommes, chacun ayant à lutter, le roi contre ses humeurs, le Cardinal contre ses colères, et tous les deux contre une santé déplorable. Louis XIII est rongé par la tuberculose. Quant à Richelieu, une fièvre continuelle le tourmente.

D'horribles souffrances réveillent chaque nuit vers 2 heures du matin le Cardinal, couché à 11 heures. Elles viennent de son ventre malade et de plaies au bas de l'intestin que les médecins ne parviendront jamais à fermer.

Il souffre mais se fait apporter de la lumière, du papier, de l'encre. Il écrit ou dicte jusqu'à 6 heures du matin, se rendort du même sommeil agité, pour se lever entre 7 et 8 heures. A chaque aube, surmontant ses douleurs, il vient à bout d'un travail qu'aucun ministre en pleine santé ne parviendrait à assumer. C'est ainsi qu'il gouverne la France.

Le siège de la Rochelle

Une immense digue, édifiée en pleine mer, barre l'accès du port de La Rochelle assiégé. Un gentilhomme botté, enveloppé d'un large manteau rouge qui flotte dans le vent sur son armure gris vert l'arpente à grands pas. Vous l'avez reconnu : c'est le Cardinal de Richelieu, cette fois promu généralissime de l'armée royale.

Du côté de la terre, une véritable muraille de tours, de redoutes, de forts cerne la ville. Personne ne peut plus en sortir, personne ne peut y entrer. Nos trois mousquetaires eux-mêmes sont allés assiéger La Rochelle. Vous lirez cela dans Dumas.

Pourquoi le Cardinal est-il venu mettre le siège devant ce grand port de l'Atlantique ? Parce que La Rochelle fait partie des places fortifiées confiées aux protestants par l'Édit de Nantes. Or, quand Louis XIII a épousé une princesse espagnole, Anne d'Autriche — la famille des Habsbourg règne à la fois sur l'Autriche et sur l'Espagne — les protestants de France se sont inquiétés. Dans le Midi et le Centre-Ouest, des provinces entières se sont soulevées.

Quant aux habitants réformés de La Rochelle, ils sont allés jusqu'à faire appel aux Anglais, eux-mêmes protestants. Le favori du roi d'Angleterre, Buckingham, a aussitôt fait débarquer une armée dans l'île de Ré. C'est pour empêcher les Anglais de rejoindre La Rochelle que le Cardinal a dû faire édifier sa digue. Et il va tenir en échec l'armée de Buckingham.

Il lui faut une année entière — mais il triomphe. Les protestants de La Rochelle capitulent en octobre 1628. Après quoi, le Cardinal va reprendre l'une après l'autre les villes insurgées du Languedoc et des Cévennes. Par l'édit de grâce d'Alès, le roi confirme aux protestants la liberté religieuse, mais supprime leurs privilèges politiques. Ils devront raser leurs fortifications.

Anne d'Autriche est la fille du roi d'Espagne Philippe III. Elle devient la femme du roi Louis XIII puis la mère de Louis XIV. Elle sera régente du royaume de France pendant dix-huit ans, jusqu'en 1661, pendant une époque troublée par la Fronde. La présence habile à ses côtés de Mazarin fut très utile pour la France.

La grandeur et la majesté

Le but de Richelieu — il l'écrira à la fin de sa vie — a été de travailler à la « grandeur du royaume » et à la « majesté du roi ». Donc, pour l'établir, il ne va reculer devant aucun moyen. Implacable, il s'oppose à tous les partis qui voudraient diviser la France, à tous les hommes et à toutes les femmes qui mettraient en péril l'unité du royaume.

Au premier rang de ceux-là, vous étonnerez-vous qu'il ait trouvé les Grands ? De règne en règne, ils sont toujours les mêmes, ces Grands, prêts à relever la tête, rêvant de retrouver leur puissance d'autrefois, avides de privilèges comme d'argent et n'hésitant pas, quand ils le peuvent, à prendre les armes contre le roi. A ces Grands-là, Richelieu s'est juré de « rogner les ongles ».

Il va avoir affaire à forte partie. L'âme damnée des incessants complots qui naissent et renaissent, c'est le sournois et velléitaire Gaston d'Orléans, frère du roi. Sans relâche il encourage à la rébellion les gentilshommes qui viennent le trouver, mais, quand l'opération échoue, il abandonne lâchement ses complices. La reine-mère Marie de Médicis — qui devra s'exiler à l'étranger — et la reine Anne d'Autriche elle-même complotent contre le Cardinal. Anne adresse à l'Espagne des correspondances secrètes que Richelieu devra aller jusqu'à faire saisir sur sa personne.

Nous assistons, grâce à cette gravure d'Abraham Bosse, à un repas dans un riche intérieur. Le couvert est simple et soigné. Le verre du gentilhomme en perruque est fin, en forme de calice. La nappe blanche tombe en beaux plis cassés et le petit chien toiletté au goût du jour a son repas spécial sur un siège à lui, au pied de ses maîtres.

Tantôt on complote pour faire chasser le Cardinal, tantôt on tente de l'assassiner.

Chaque fois, la conspiration est dévoilée par la célèbre police de Richelieu. Quel que soit leur titre ou leur rang, les conjurés sont jetés en prison ou même exécutés : c'est le cas de Chalais, de Cinq-Mars, de Montmorency. Les châteaux des condamnés sont rasés.

Les gentilshommes de ce temps-là, pour un oui ou pour un non, se provoquent en duel. Cette mode stupide prive chaque année le royaume de centaines de nobles. Or ce sont les nobles qui font la guerre. Richelieu estime qu'en s'entretuant ils manquent à leur devoir de serviteurs de l'État. Il interdit les duels. Vous lirez aussi cela dans *les Trois Mousquetaires* : chaque fois que d'Artagnan et ses amis se jettent dans un duel, ils doivent redouter l'intervention des gardes du Cardinal. Malheur à celui qui est pris sur le fait ! Le bourreau l'attend.

Richelieu sait que sa politique est impopulaire comme tout ce qui est difficile à supporter. Il voudrait pouvoir l'expliquer aux Français. Aujourd'hui il parlerait souvent à la télévision. Dès qu'un médecin, Théophraste Renaudot, a l'idée de publier le premier journal jamais paru dans notre pays, *la Gazette de France*, un hebdomadaire de quatre à huit pages qui contient les dernières nouvelles, Richelieu se hâte d'y publier des articles qu'il écrit lui-même, mais qu'il signe d'un pseudonyme.

Ce modèle des hommes d'État éprouve d'ailleurs une véritable pas-

La gravure d'époque Louis XIII d'un soldat brandissant son arme nous entraîne à la suite des trois mousquetaires. Voici l'épée d'Athos, le chapeau à plumes de Porthos, les bottes en cuir à larges revers et garnies d'éperons d'Aramis, voici enfin la cape de d'Artagnan qui couvre sa veste à demi-boutonnée (qu'on appelait autrefois le pourpoint), et la culotte jadis appelée haut-de-chausses. En sautoir, un baudrier auquel est attachée l'épée.

sion pour la littérature. Il écrit fort bien et a même composé des pièces de théâtre. Surtout, il a voulu que notre langue se soumette enfin à des règles : dans ce but il a fondé l'Académie française (1635).

Le royaume que Richelieu tient dans sa main de fer est un pays en guerre. On se bat en Europe depuis que l'empereur Habsbourg Ferdinand II a voulu imposer le catholicisme à tous les princes allemands, même les protestants. Cette guerre, commencée en 1618, se poursuivra jusqu'en 1648 : on l'appelle la guerre de Trente Ans.

Si Richelieu y a fait entrer la France, c'est parce qu'il se considère comme l'héritier de la politique traditionnelle de nos rois. Pour assurer la prépondérance française, il faut affaiblir la Maison d'Autriche. Richelieu s'est donc — lui, cardinal ! — allié avec les princes protestants contre l'Empereur. Ce faisant, il a fait courir un grand danger au royaume : les armées impériales et espagnoles sont entrées en France, ont envahi la Picardie, la Bourgogne, le Roussillon. Les éclaireurs ennemis sont parvenus jusqu'à Pontoise. Va-t-on au désastre ?

Là se révèle, une fois de plus, le courage et l'intraitable volonté de Richelieu. Son seul ami, le Père Joseph, un capucin qui ne trouve de goût que dans le mystère, lui conseille de se montrer avec le roi dans les rues de Paris pour redonner confiance aux habitants terrorisés. Les Français se rassurent. On leur demande des soldats et de l'argent : ils les donnent. La même année on représente la pièce d'un nouvel auteur, Pierre Corneille, et cette œuvre s'intitule *le Cid*. L'héroïsme est à la mode au théâtre, il va triompher sur les champs de bataille. Les Espagnols sont repoussés.

Dès lors, Richelieu ne remporte plus que des succès. En 1642, les armées françaises sont proches de l'Escaut, du Rhin, des Alpes et des Pyrénées : toujours les fameuses frontières naturelles.

En novembre 1642, quand Richelieu sent venir la mort, il se confesse. Le prêtre qui va lui administrer les derniers sacrements l'interroge :

— Pardonnez-vous à vos ennemis ?

Il répond :

— Je n'en ai pas eu d'autres que ceux de l'État.

Le roi Louis XIII ne lui survivra que de six mois. Au château de Saint-Germain-en-Laye, se sachant parvenu aux dernières heures de sa vie, il fait appeler auprès de lui son fils aîné, le dauphin Louis, âgé de quatre ans et huit mois, et lui demande :

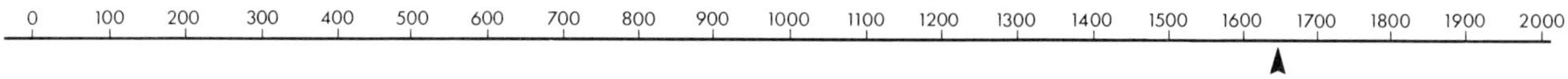

— Comment vous appelez-vous à présent ?

— Louis XIV, mon papa.

Le roi sourit faiblement et murmure :

— Pas encore...

Le 14 mai 1643, il s'éteint. Cinq jours plus tard, à Rocroi, le duc d'Enghien — futur prince de Condé — remporte sur les ennemis une victoire qui couronne superbement toute l'œuvre d'un règne.

Quand meurent Louis XIII et Richelieu, la France domine en Europe. Une puissante administration est en place. Partout le pouvoir du roi est respecté.

L'un des plus prodigieux édifices de l'histoire est né. N'oubliez jamais que son architecte s'est nommé Richelieu.

Un petit roi et la révolution

Derrière les rideaux clos de son grand lit, le petit roi dort. Il a onze ans. Au Palais-Royal rien ne vient troubler le silence de la nuit : il est 3 heures du matin.

A la mort de son père, on a conduit l'enfant Louis XIV, encore en jupons — il est né en 1638 — et « à la bavette », au Parlement où l'avocat général lui a déclaré à genoux :

— Sire, le trône de Votre Majesté est celui du Dieu Vivant.

Un Dieu vivant ! Il n'a pas compris ce que cela voulait dire. Il n'a pas compris que désormais il devenait le maître absolu de 20 millions d'hommes, de femmes, d'enfants. Comment aurait-il pu deviner que le plus long règne de notre histoire venait de commencer — et le plus grandiose ?

Tout ce qu'il sait, en tout cas, c'est que ce règne s'est mal engagé.

Pourquoi ? Parce que sa mère, Anne d'Autriche, est régente et qu'elle a pris pour premier ministre un petit Italien malin et rusé formé par Richelieu, cardinal lui aussi, Jules Mazarin. Parce que les Grands — toujours eux ! — ne supportent pas ce Mazarin, dont les origines sont fort humbles : son père était maître d'hôtel et son grand-père un simple pêcheur sicilien. Parce que le Parlement croit l'heure venue de jouer le rôle dévolu aujourd'hui à notre Assemblée nationale et notre Sénat, c'est-à-dire celui de faire des lois, rôle que nos rois lui refusent.

Le comble est que la France, au-dehors, n'a jamais été aussi puissante. Nos armées, sous le commandement du prince de Condé, ont

Le portrait du Cardinal Mazarin, peint par Philippe de Champaigne, se trouve au château de Versailles. Cet Italien, d'abord au service du pape puis de Richelieu, se fait naturaliser Français. Il devient officiellement premier ministre jusqu'à sa mort en 1661. Il disait de lui-même : « J'adoucis tout autant qu'il est possible mais dans un besoin pressant, je ferai voir de quoi je suis capable. »

définitivement écrasé à Lens les Espagnols. On a signé les traités de Westphalie, lesquels ôtent à l'empereur sa puissance en Allemagne et donnent à la France l'Alsace ainsi que les trois évêchés : Metz, Toul, Verdun.

Les Français veulent l'ignorer. Le peuple, après l'arrestation d'un parlementaire, le conseiller Broussel, s'insurge. Le duc de Beaufort s'évade de Vincennes où l'a enfermé Mazarin. Paris se hérisse de 1 260 barricades. Les Grands — Conti, Bouillon, Longueville, La Rochefoucauld — se préparent à prendre les armes contre Mazarin, tandis que Condé dispose l'armée de Flandre autour de Paris. Le signe de ralliement de tous ces opposants, c'est un jouet alors très en vogue auprès des enfants : la fronde. Il va donner son nom à la rébellion. On chante :

Un vent de Fronde
A soufflé ce matin ;
Je crois qu'il gronde
Contre le Mazarin.

Louis XIV va-t-il devenir le prisonnier des Parisiens insurgés ? L'orgueilleuse Anne d'Autriche, soulevée de colère, prend tout à coup une décision d'une gravité extrême : en peine nuit (6 janvier 1649), elle annonce qu'elle va s'enfuir avec le roi et Mazarin.

C'est le petit pavillon de chasse que Louis XIII avait fait construire à Versailles qui servit de point de départ au château que Louis XIV décida d'élever. Il chargea l'architecte Le Vau de l'envelopper de bâtiments nouveaux. Après la mort de Le Vau, F. d'Orbay puis J. Hardouin-Mansart prirent le relai. Louis XIV s'occupait lui-même de la décoration avec Le Brun. Quand le gouvernement vint s'installer à Versailles, il fallut encore agrandir le château : l'aile du Midi et l'aile du Nord furent construites. Les jardins ont été tracés par Le Nôtre. La photo représente la façade du château devant laquelle s'étend la vaste terrasse dite « du Parterre d'eau ».

Le petit roi s'éveille en sursaut : on vient de tirer brusquement les rideaux de son lit. On lui annonce qu'il faut se lever. Il titube de sommeil, on l'habille, on le conduit avec son jeune frère Philippe jusqu'à l'un des carrosses rangés devant le Palais Royal.

Anne d'Autriche, puis Mazarin, puis les princes vont rejoindre le roi. On quitte Paris, on franchit les barrières à la barbe des bourgeois qui les gardent, on court à Saint-Germain où l'on arrive sans coup férir. Vous lirez cela dans *Vingt Ans après,* suite des *Trois Mousquetaires.* Dumas a fort peu romancé.

Un peu plus tard, les insurgés et le Parlement, désespérés d'avoir perdu leur roi, supplieront qu'il revienne. Et la reine. Et même le cardinal ! Le retour est un déchaînement de joie. Dans les rues, une foule trépigne, hurle, pleure de bonheur : « Vive la reine ! Vive le roi ! »

Le petit roi regarde cela d'un œil sec. On l'acclame mais il n'oubliera jamais l'injure reçue des Parisiens, la fuite déshonorante en pleine nuit. Un jour, autour du petit rendez-vous de chasse que Louis XIII a fait construire au village de Versailles — fidélité à la mémoire d'un père mort trop tôt — il fera édifier le plus beau palais du monde. Il y conduira la cour et le gouvernement. Il ne reviendra plus dans cette capitale qui lui a fait connaître une si cruelle humiliation.

Le Roi-Soleil

Le cardinal Mazarin a été un grand ministre. Il a appris au jeune Louis XIV l'art de gouverner. Maintenant il sait qu'il a fini sa tâche. Une dernière fois, il compte ses trésors puis, pour mourir en beauté, se fait raser, friser la moustache et poudrer les joues. Il expire en prononçant le nom de Jésus (9 mars 1661).

Le lendemain, à 7 heures du matin — ce qui s'appelle ne pas perdre de temps — le roi réunit les huit membres de son Conseil. Il se découvre, remet son chapeau et s'adresse au chancelier Séguier :

— Monsieur, je vous ai fait assembler avec mes ministres et secrétaires d'État pour vous dire que, jusqu'à présent, j'ai bien voulu laisser gouverner mes affaires par feu M. le Cardinal. Il est temps que je les gouverne moi-même. Vous m'aiderez de vos conseils quand je vous le demanderai.

Croirez-vous que, dès l'année suivante, on l'appellera le Roi-Soleil ? Lors d'une grande parade équestre — un carrousel — on n'a rien trouvé de mieux, pour représenter le roi, que l'image du soleil. Louis XIV en a été frappé et a retenu le symbole comme devant rester celui de son règne.

Si vous deviez ne vous souvenir que d'une seule définition de Louis XIV, je vous conseillerais celle-ci : *metteur en scène.*

Dès qu'il a tenu toute l'étendue du pouvoir entre ses mains, il s'est juré de rétablir le prestige du roi.

D'abord — et c'est une des choses les plus étonnantes de notre histoire — il va mettre en scène sa propre personne. Il est petit. Il va donc se jucher sur de très hauts talons et se coiffer d'une énorme perruque : à la vue de tous, désormais, il paraîtra grand. Dans sa jeunesse, il est maladroit en sa démarche et ses gestes. Il travaille avec des professeurs et devient un merveilleux danseur. Il déteste les soins des médecins qui, à cette époque, sont fort ignorants. Il accepte leurs saignées, leurs lavements, leurs potions parce qu'il voit, s'il est malade, tout arrêté dans le gouvernement. Un jour, opéré le matin — sans anesthésie ! — il s'habille le soir en grand apparat, se charge de tous ses diamants et, souffrant le martyre, reçoit sur son trône un ambassadeur. Pour lui, cela est le devoir d'un roi.

Vous devez comprendre que cette mise en scène n'a pour but que d'exalter l'État à travers sa personne. Il va le prouver avec force en créant une cour telle qu'on n'en a jamais vu en France. Au début du règne, il n'a autour de lui qu'une centaine de personnes. Délibérément, il réunira 10 000 courtisans à Versailles.

Les nobles qui, sous le règne de Louis XIII et pendant la Fronde, prenaient si volontiers les armes contre le roi n'auront plus d'autre ambition que de paraître à la cour et de s'y voir confier des fonctions. L'extraordinaire habileté de Louis XIV est d'avoir changé ces grands seigneurs naguère si redoutables en de simples serviteurs. Passer le mouchoir au roi est un honneur que l'on se dispute. Vider sa chaise-percée devient une charge enviée. Le prince de Condé se gonfle d'orgueil parce qu'il est grand maître des maîtres d'hôtel et le duc de La Rochefoucauld se montre au comble de la fierté d'être maître de la garde-robe.

La vie à Versailles, le roi l'a conçue comme un perpétuel cérémonial. Selon un horaire implacable, tout y est réglé dans les moindres détails. Avec une montre, on peut savoir à l'autre bout du royaume ce que fait le roi à toute heure.

La journée du roi

8 heures : trois personnes pénètrent dans la chambre du roi, le premier valet de chambre, le premier médecin et le premier chirurgien.

— Sire, voilà l'heure, dit le premier valet de chambre.

8 heures et quart : paraissent le grand chambellan et ceux qui ont le privilège des *grandes entrées* ; le frère, le fils, plus tard les petits-fils du roi, le grand maître de la garde-robe.

Le premier valet de chambre verse un peu d'esprit-de-vin sur les mains du roi : ce sera sa seule toilette. Louis XIV reste en prière, dans son lit durant un quart d'heure. Puis il se lève, passe sa robe de chambre.

8 heures et demie : les *secondes entrées* pénètrent dans la chambre. Ce sont des seigneurs privilégiés, les lecteurs de la chambre et du cabinet du roi, les intendants des menus plaisirs, le porte-chaise d'affaire. Tout ce monde trouve le roi entre les mains du barbier qui, après l'avoir peigné, va le raser, mais seulement un jour sur deux.

Le roi demande alors *sa chambre* et une extraordinaire cohue envahit la pièce. Pêle-mêle voici les conseillers d'État, les porte-arquebuse, les introducteurs des ambassadeurs, les tapissiers, le grand aumônier, le grand veneur, le grand panetier, le premier architecte, etc. Tout ce monde piétine, se bouscule — et se tait. Les huissiers annoncent les noms des courtisans.

Devant cette foule, le roi passe son haut-de-chausse auquel les bas de soie sont attachés. Un garçon de la robe lui met aux pieds ses souliers : les boucles sont de diamants.

Il boit un bouillon ou une tasse d'eau de sauge. Le dauphin — ou, s'il est absent, un prince de sang royal — tend au roi la serviette dont il s'essuie les lèvres.

Il ceint son épée, revêt sa veste et le cordon bleu du Saint-Esprit, passe son justaucorps, noue lui-même sa cravate, prend un mouchoir dans une soucoupe et reçoit du grand-maître de la garde-robe son chapeau, ses gants, sa canne et son manteau.

Il s'approche du lit, prie encore un moment. Après quoi, il passe dans son cabinet. Après la messe, à laquelle il assiste chaque jour, le

« 19 juillet 1684. Le roi (Louis XIV) se promena à pied dans ses jardins » peut-on lire dans le journal d'un courtisan. Louis XIV est au premier plan entouré à sa gauche de son fils le Grand Dauphin, à sa droite de son petit fils le duc de Bourgogne. Seul le roi porte un chapeau et s'appuie sur une canne. Tous ont des perruques bouclées et des culottes « à la Française » serrées sous les genoux. A l'arrière-plan, les grandes dames de la cour, au généreux décolleté, portent des coiffures en hauteur.

conseil des ministres va se tenir pendant toute la matinée. N'oubliez jamais cela : ce roi est un grand travailleur.

A midi, le roi va s'asseoir sur sa chaise percée. A 1 heure, servi par le grand chambellan, il dîne assis seul à une table, en public, dans sa chambre. Un spectacle auquel tout le monde peut assister. Il suffit, pour pénétrer dans le palais, de posséder un chapeau et une épée — que l'on peut louer à l'entrée !

Son appétit est colossal. Le grand couvert comprend cinq services et le petit couvert trois. Chaque service se compose de cinq à sept plats. Un jour, étant malade, il se met à la diète. Il ne mange que des croûtes (sorte de bouchées à la reine), un potage aux pigeons et trois poulets rôtis. Après sa mort, quand on fera son autopsie, on s'apercevra qu'il était doté d'un estomac deux fois plus vaste que la moyenne. Son appétit s'expliquera mieux !

Après le dîner, selon les jours, il se promène — il prend un plaisir extrême à montrer à ses visiteurs les jardins de Versailles — ou bien il chasse. Il se montre un excellent tireur.

A son retour, vers 5 ou 6 heures, il tient conseil, plusieurs heures durant. A 10 heures, il soupe. Après souper, c'est l'heure de l'intimité. Il cause avec sa famille, avec les courtisans en faveur. Il entame souvent une partie de billard, jeu auquel il est de première force. Avant minuit, il se retire.

Le *grand coucher* va se dérouler comme le grand lever, en présence d'autant de monde. La foule du soir peut considérer à loisir le roi sur sa chaise percée.

La pièce se vide. Le roi se couche. Le premier valet de chambre tire les rideaux du lit, puis va s'étendre sur un matelas dressé dans la chambre même.

Le roi peut s'endormir. Parfois, son sommeil sera troublé par les punaises dont son lit est infesté. Demain, le valet de chambre l'éveillera, comme aujourd'hui et comme chaque jour :

— Sire, voilà l'heure.

Les tours de force de M. Colbert

Un petit homme au visage renfrogné se glisse dans les couloirs de Versailles jusqu'au cabinet du roi : c'est le contrôleur général des Finances, M. Colbert.

0 100 200 300 400 500 600 700 800 900 1000 1100 1200 1300 1400 1500 1600 1700 1800 1900 2000

La politique de grandeur de Louis XIV n'aurait pu se concevoir sans de bonnes finances. Or, quand Colbert est entré en fonction (1660), celles-ci se trouvaient une fois de plus dans un état accablant. On avait déjà dépensé les revenus des impôts des années 1661 et 1662 !

De cette situation, Colbert accusera le surintendant Fouquet que le roi fera arrêter par d'Artagnan — l'épisode n'a pas été inventé par Dumas — et jeter en prison jusqu'à sa mort. Dès lors Colbert va accomplir de véritables prodiges. Pour la première fois, un véritable budget de l'État est établi.

Pour en arriver à la prospérité qu'il souhaite, Colbert va fonder des manufactures — les Gobelins, Saint-Gobain, Sèvres — développer le commerce, créer des Compagnies pour favoriser l'exportation, donner à la France la flotte qui lui manque et développer nos colonies.

Enchanté des tours de force accomplis par son ministre, Louis XIV va peu à peu confier toute la besogne du gouvernement — excepté le département de la Guerre réservé à Louvois — au fils d'un marchand drapier, à celui qu'autrefois Mazarin appelait « mon domestique ». Colbert va occuper tous les ministères en même temps : Finances,

8 heures et demie. Le roi est resté dans son lit pour prier. Puis, selon un protocole aussi savant que rigide, après le valet de chambre, le médecin, le grand chambellan, sont entrés certains membres de la famille royale et quelques courtisans choisis. Qui présentera ce matin la chemise du roi ? Et ce soir, qui ôtera sa perruque ? Car le roi sait donner du prix aux moindres faveurs. Sa vie est un spectacle permanent et la noblesse se ruine pour essayer de tenir son rang à la cour.

Beaux-Arts, Travaux publics, Commerce, Industrie, Marine, Agriculture, Colonies !

Peu d'hommes auront travaillé autant que Colbert. Peu d'hommes auront souffert autant que lui de l'indiscutable propension qu'avait le roi pour la dépense.

La construction de Versailles, Colbert ne cesse de la critiquer : cela coûte trop cher ! Pourtant, aujourd'hui, nous sommes bien heureux que Versailles existe.

Autres critiques de Colbert : les fêtes magnifiques que le roi offre à ses courtisans. En vérité, tout cela découle du même calcul de Louis XIV : s'il accorde aux écrivains, aux musiciens, aux artistes une place qu'ils n'avaient jamais obtenue dans aucune cour, c'est parce qu'il estime — il a raison — que leur œuvre contribue à l'éclat de son règne. Molière joue fréquemment devant le roi qui le soutient contre ses ennemis quand ceux-ci veulent faire interdire *Tartuffe.* Il fait de Racine, dont il n'a cessé d'applaudir les tragédies, son historien. Il n'empêche nullement La Fontaine, dans ses fables, de se moquer des travers de son temps et La Bruyère de critiquer les gens de son entourage. Lulli est son compositeur favori et Nicolas Poussin son peintre de prédilection. Tous ces créateurs représentent *l'idéal classique.*

On peut voir au Louvre cette peinture réaliste de Sébastien Bourdon intitulée : « Les mendiants ». Une femme pauvrement vêtue et portant son enfant sur le dos donne l'aumône à plus pauvre qu'elle. La splendeur de la cour ne doit pas cacher la misère de beaucoup de paysans et du petit peuple des villes, surtout pendant les années de disette et d'épidémies.

Louis le Grand

Un jour, Louis XIV s'est écrié : « L'État c'est moi ! »

Tout au long de son règne, il l'a prouvé. Lui, le Roi Très-Chrétien, a voulu que la religion ne découle que de sa personne. Il est entré en conflit avec le pape. Il a persécuté les jansénistes — catholiques intransigeants — il a révoqué l'Édit de Nantes (1685), promulgué par Henri IV, et voulu contraindre par la force les protestants à devenir catholiques, d'où des violences que nul ne saurait excuser : par exemple les « dragonnades », les agissements impitoyables des cavaliers royaux dans les Cévennes contre les protestants révoltés, les « camisards ».

Mais il a aussi jeté le royaume dans d'interminables guerres. A la paix de Nimègue (1678), la France a gagné la Franche-Comté. C'est le temps de la plus grande gloire de Louis XIV, auquel Paris décerne le nom de Louis le Grand.

L'Europe s'unit de nouveau contre lui. On se bat pendant neuf ans,

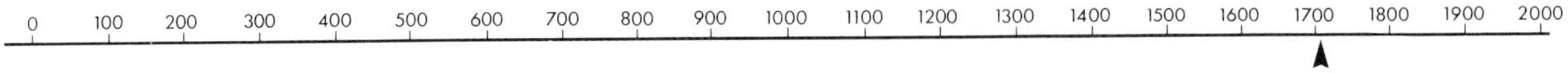

jusqu'à la paix de Ryswick (1697). Louis XIV, s'il conserve Strasbourg et Sarrelouis, doit rendre presque toutes les provinces annexées après le traité de Nimègue. A quoi bon tant de sang répandu, tant d'argent dépensé, tant de Français ruinés par des impôts trop lourds ?

Comme le roi Charles II d'Espagne n'a pas d'héritier, il a désigné pour lui succéder l'un des petits-fils du roi de France, le duc d'Anjou, qui deviendra Philippe V. Mais l'Europe va refuser cet accroissement de la puissance française.

Les coalisés envahissent la France par le Nord. Rien ne semble pouvoir les arrêter. Miracle : le maréchal de Villars les bat à Denain. La paix est signée à Utrecht (1713). Philippe V garde son trône, mais celui que l'on nommait « le plus grand roi du monde » a senti vaciller le sien.

Rien de plus triste que cette fin de règne. Le roi a perdu son fils, son petit-fils, presque toute sa famille. Comme héritier il ne lui reste qu'un enfant de cinq ans, son arrière-petit-fils.

Louis XIV dans sa splendeur de Roi-Soleil est peint ici par Rigaud en armure, bâton de commandement suprême à la main. Le même Louis XIV, à la fin de sa vie, circule sur sa chaise à roulettes.

Le Soleil s'éteint

A Versailles, sur son lit de velours cramoisi d'or, Louis XIV sait qu'il va mourir.

Pourtant, trois semaines plus tôt, il courait encore le cerf à Marly. A soixante-seize ans, il chassait cinq heures durant.

Il est midi, le 25 août 1715, quand le petit dauphin entre dans la chambre de son arrière-grand-père. Le roi l'embrasse et lui dit :

— Mignon, vous allez être un grand roi. Ne m'imitez pas dans le goût que j'ai eu pour les bâtiments, ni dans celui que j'ai eu pour la guerre... Suivez toujours les bons conseils, tâchez de soulager vos peuples, ce que je suis assez malheureux pour n'avoir pu faire...

Un peu plus tard, il prononce cette phrase qui résume toute la pensée de son règne :

— Je m'en vais, mais l'État demeurera toujours.

Le 1er septembre 1715, il meurt. Impopulaire, comme les rois qui ont régné trop longtemps.

Mais les peuples oublieront ses erreurs. Visitant Versailles, ils ne voudront se souvenir que de l'État jamais autant exalté, que de cet inestimable capital laissé à son pays par ce roi : la grandeur.

LE SIÈCLE DES LUMIÈRES

ENCYCLOPÉDIE,
OU
DICTIONNAIRE RAISONNÉ
DES SCIENCES,
DES ARTS ET DES MÉTIERS,
PAR UNE SOCIÉTÉ DE GENS DE LETTRES.
M. DIDEROT
M. D'ALEMBERT,
TOME PREMIER.
A PARIS,
Chez
BRIASSON,
DAVID,
LE BRETON,
DURAND,
M.DCC.LI.
AVEC APPROBATION ET PRIVILEGE DU ROY.
POSTE
CHARTRES
DREUX
NONANCOURT
VERNEUIL
MORTAGNE

A la fois les petits métiers des rues (marchande de poissons, porteur d'eau), le grand métier des rois, un salon de gens érudits, des livres savants, la mappemonde des longs voyages, un délicieux palais minuscule, voilà tout un monde bouillonnant d'idées nouvelles au long du XVIIIe siècle.

Debout, à gauche, en habit brodé et perruque poudrée, c'est Louis XV, jeune, encore « Bien aimé » et « un des plus beaux hommes de son royaume ». Il va commencer vraiment à exercer son métier de roi en 1743.

Assise à droite, la reine Marie-Antoinette, ses initiales M.A. sont sculptées au dossier de sa chaise. Elle est vive, capricieuse, trop dépensière. Elle boit une tasse de café des Antilles avec son royal époux Louis XVI. Ce petit-fils de Louis XV, assis auprès d'elle, porte petite perruque, habit brodé, culotte boutonnée au-dessous du genou, bas blancs et souliers à boucle. Il est bon, mais lourd et sans volonté.

Entre eux deux, beaucoup de livres : la culture et la langue françaises rayonnent sur toute l'Europe. L'Encyclopédie, sorte d'immense dictionnaire, est lancée par souscription. En voilà en haut la première page de l'édition de 1751.

Sur la mappemonde, les routes de la mer vers les épices des Indes, le rhum et le coton des Antilles prospères.

Témoin de cette époque, ironique, spirituel, écrivain d'une activité immense, Voltaire tient ici en main une de ses œuvres. Sans doute a-t-elle été lue dans un des nombreux salons littéraires, puis prendra-t-elle cette nouvelle route ouverte à la malle-poste vers la province : l'afficheur la colle sur le mur.

Un dernier regard vers le petit Trianon, à gauche, construit par Gabriel dans le parc de Versailles.

Philippe a vingt ans. Il est chevalier et fait partie de ces nobles privilégiés que Louis XIV a accueillis à sa cour. Comme des milliers d'autres courtisans, il a appris avec consternation et angoisse la mort du vieux roi. Chacun à Versailles se demande ce que le duc d'Orléans, neveu de Louis XIV — qui sera régent — fera de tous ceux à qui le défunt roi avait accordé sa faveur...

Le matin même, grande surprise : Philippe a reçu l'ordre de sauter à cheval et de partir pour l'étranger annoncer l'avènement de Louis XV. Pas une minute à perdre ! A peine le temps de jeter dans un sac quelques vêtements et le voilà déjà traversant Paris.

Il fait beau et Philippe observe la capitale avec plus d'attention que d'habitude. On n'y trouve guère de places, à part la place Royale (notre place des Vosges), commencée sous Henri IV, et la place des Victoires. Mais 600 rues sillonnent la ville. A quelques exceptions près, les plus importantes ne dépassent pas 5 à 8 mètres de large. Philippe serait prêt à les baptiser « avenues », quand il les compare aux ruelles et aux culs-de-sac qui les joignent et n'ont pas changé depuis le Moyen Age.

Point de trottoirs. Seulement un ruisseau central au creux duquel s'écoulent les eaux sales. Philippe se souvient que son père lui a rapporté une exclamation du petit Louis XIII, un jour qu'il revenait à Paris de Saint-Germain-en-Laye. Epouvanté devant les tas d'ordures, les excréments et le fumier accumulé en pleine rue, le petit roi avait crié à sa gouvernante : « Mais que ça sent pas bon ! »

« Notre nouveau roi pourrait dire la même chose », pense Philippe amusé. Il a dû mettre son cheval au pas. Circuler dans Paris est toujours une aventure. Dès le matin, les charrettes des boulangers et des maraîchers causent d'inextricables embouteillages. Puis ce sont les troupeaux de bœufs, de veaux, de moutons que l'on dirige vers les boucheries. Et puis, plus tard dans la matinée, les voitures publiques, appelées coches, qui partent pour la province ou en reviennent. Il y a aussi les « carrosses à cinq sols » qui, sur six lignes, comme aujourd'hui nos autobus, suivent un itinéraire déterminé.

Philippe, un peu effaré comme chaque fois qu'il circule dans Paris, voit tout cela se croiser, se mêler — parfois se heurter — aux voitures privées, de plus en plus nombreuses. Non seulement les gentilshommes, mais les bourgeois fortunés possèdent des carrosses. On loue aussi des voitures au mois ou à la journée. Et il ne faut pas oublier les fiacres, les chaises à porteurs, pas plus que les « vinaigrettes », étranges caisses sur deux roues, traînées par un homme et poussées par derrière par une femme ou un enfant.

De cet enchevêtrement s'élève un tintamarre assourdissant, surtout quand on arrive de Versailles. Le jeune chevalier ne sait où donner de l'oreille, entre les cris des vendeurs ambulants et ceux des boutiquiers dont les éventaires s'ouvrent en pleine rue. Sans oublier les appels des arracheurs de dents, des batteurs d'estrade, des montreurs de marionnettes.

Ce dessin représente un quartier de Paris au XVIIIe siècle. Les maisons sont hautes et les rues sont étroites. Souvent les carrosses ont du mal à tourner et les portes carrossières sont très larges (il en reste encore une à Paris, près de l'église Saint-Paul). Les trottoirs n'existent pas. On peut lire le nom de la maison de gauche : « A l'image Notre-Dame ».

Les dangers de Paris la nuit

Philippe se remémore ce que lui a conté un ami. Circulant la nuit à pied, il s'est trouvé agressé par trois des dangereux malfaiteurs qui, du crépuscule jusqu'à l'aube, sont les maîtres de la rue. Non seulement on l'a dépouillé de sa bourse, mais on l'a déshabillé de force et on lui a volé tous ses vêtements, y compris ses bas et ses souliers. Le malheureux a dû rentrer chez lui, nu comme un ver. Il paraît que c'est fréquent. En fait, dès la nuit tombée, Paris devient un coupe-gorge. Dans onze « cours des miracles » ont vécu longtemps plusieurs milliers de « truands » : vrais et faux infirmes, voleurs, assassins, femmes de mauvaise vie. Heureusement le lieutenant de police La Reynie s'est décidé à intervenir contre ces repaires à la tête d'une force armée considérable.

Une fois de plus, Philippe s'étonne de voir la population des quartiers pauvres à ce point entassée. Les maisons — hautes et étroites — abritent quatre, cinq et jusqu'à dix familles. Là demeurent surtout les ouvriers. Ils vivent toujours, comme au Moyen Age, en *corporations.* L'ouvrier doit d'abord être apprenti. Vivant chez son patron, celui-ci ne lui verse aucun salaire. Quand l'apprenti devient *compagnon,* il va se faire embaucher au bureau de placement de la corporation. Il touche entre 12 et 30 sous par jour. Plutôt 12 que 30.

Comme la viande rouge coûte de 3 à 4 sous la livre, inutile de dire que l'ouvrier en mange rarement. Il travaille quotidiennement de 12 à 16 heures. Celui qui est au service d'un artisan est favorisé par rapport à l'ouvrier de manufactures qui souvent ne touche que 6 sous par jour et doit obéir à un règlement dont la rigueur épouvanterait Philippe s'il la connaissait.

Notre chevalier respire. Le voici dans un quartier riche. Là, il aperçoit des palais, des hôtels particuliers, des couvents, tous très à l'aise dans leurs vastes jardins. Philippe se dit que c'est cela, Paris : un contraste perpétuel.

Tiens, un porteur d'eau ! Une femme sort d'une maison, un seau à la main. Le porteur y déverse le liquide qu'il porte sur son dos, dans une sorte de réservoir attaché aux épaules. Pour ce seau, la femme verse un denier.

Philippe sait que le ravitaillement en eau de Paris pose un grave problème. Seuls de rares immeubles reçoivent par canalisations l'eau de Belleville, de Rungis, du Pré-Saint-Gervais. Le reste de la population doit s'alimenter aux trente fontaines publiques de la ville, où l'on fait queue pendant des matinées entières. Aussi les femmes du petit peuple préfèrent-elles, malgré les interdictions, aller puiser leur eau à la Seine. Cette eau est presque entièrement réservée à la cuisine. Une baignoire est plus rare qu'un diamant. On en loue mais la plupart des Parisiens n'en ont jamais vu. C'est à peine si l'on pense à se laver.

Scène de rue le matin à Paris, *tel est le nom de ce tableau peint par Jeaurat. Vivante et réaliste, cette toile dépeint admirablement la vie commerçante au XVIIIe siècle : boutique de marchand de tableaux voisinant celle du marchand de fruits et légumes. Dehors, des vendeuses de poissons offrent leur marchandise aux passants.*

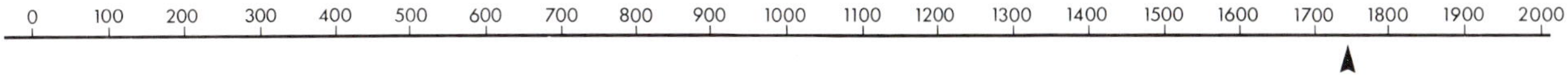

Tous ces gens que croise Philippe sont donc sales ? Oui. Y compris les femmes les plus élégantes. Elles dissimulent leur crasse sous les crèmes et la mauvaise odeur sous des parfums violents.

Question : les Français du Moyen Age, qui étaient si propres, disposaient-ils donc d'une eau plus abondante ? Non. Pour la même quantité d'eau, les villes étaient plus petites, voilà tout. Le Paris que traverse Philippe compte 500 000 habitants. Au moins.

Le jardin français

Le cheval de Philippe galope sur cette large route qu'ombragent les ormes de Sully. Lui qui a grandi dans les jardins de Versailles se sent dans la campagne comme en pays de connaissance.

En ce début de septembre, comme elle est belle, cette campagne ! De temps en temps, Philippe s'arrête dans un village ou se rafraîchit dans une auberge. Il observe avec curiosité les paysans qu'il voit autour de lui. Car, à ses yeux, ces gens-là appartiennent à une espèce

Au XVIIIe siècle, la majorité des Français sont des paysans. Cette cour de ferme peinte par Nicolas Lépicié donne une aimable impression de calme et de sécurité.

La paysanne en jupe longue a mis du grain dans son tablier retroussé et le jette aux poules, aidée par son fils. La volaille et le cochon tué à la Noël et conservé dans le sel, sont les viandes des dimanches. Dans les jours ordinaires, on se nourrit surtout de soupe et de pain. Derrière la femme, deux chevaux attendent que l'abreuvoir soit rempli par l'eau tirée du puits.

à part. Il a lu l'écrivain La Bruyère qui décrit ainsi les paysans : « L'on voit certains animaux farouches, des mâles et des femelles, répandus par la campagne, noirs, livides et tout brûlés de soleil, attachés à la terre qu'ils fouillent et qu'ils remuent avec une opiniâtreté invincible ; ils ont comme une voix articulée et, quand ils se lèvent sur leurs pieds, ils montrent une face humaine et, en effet, ils sont des hommes. » Philippe se souvient encore que, selon La Bruyère, ces paysans « se retirent la nuit dans des tanières, où ils vivent de pain noir, d'eau et de racines ».

La Bruyère a-t-il exagéré ? C'est ce que se demande Philippe. D'abord les *racines* ne sont autres que des carottes, des navets, des radis — et aussi des *patates,* cultivées en France bien avant que Parmentier y impose officiellement la pomme de terre. En fait, les paysans de La Bruyère, ce sont les ouvriers agricoles, ou manouvriers. Ils existent mais ne sont pas toute la paysannerie.

Les petits propriétaires ruraux, eux, fort nombreux, ressemblent plutôt à ceux dont le peintre Le Nain nous a laissé l'image. Ils habitent dans des demeures propres et tranquilles et, sans être riches, ne sont nullement misérables. Ils seraient même à leur aise — Philippe a pu très vite s'en rendre compte — s'ils ne succombaient sous le poids des impôts : la dîme, la gabelle, la taille. Quand s'y ajoutent les droits féodaux dont ils sont redevables envers le seigneur, souvent il ne leur reste que les yeux pour pleurer.

Philippe a souvent entendu parler de ces révoltes paysannes qui se sont succédé pendant tout le XVIIe siècle. Quand la disette ou la famine s'abattait sur les campagnes, les paysans se voyaient quand même réclamer l'impôt. Alors, furieux, ils se soulevaient. Philippe n'oublie pas les *Croquants* du Limousin et du Poitou, les *Va-nu-pieds* de Normandie, les *Bonnets rouges* de Bretagne. Chaque fois, le roi a envoyé des troupes. Chaque fois, l'on a arrêté les « coupables » en grand nombre, on en a pendu beaucoup, et envoyé les autres ramer aux galères. L'ordre a été rétabli, mais dans les campagnes, on a gardé la mémoire, accablante, de ces répressions impitoyables.

Autre souvenir épouvanté dont Philippe recueille l'écho dans les villages qu'il traverse : la famine de 1693. Cette année-là, la récolte n'a été que la moitié de celle d'une année normale. On a été réduits à absorber du pain confectionné avec des glands, avec des fougères. On a même mangé de l'herbe ! Le célèbre Fénelon — archevêque et écrivain — a osé écrire à Louis XIV que la France n'était plus « qu'un grand hôpital désolé et sans provisions ».

Et que dire de la famine de 1709 ! Pour soutenir les interminables guerres de Louis XIV, le royaume avait été littéralement saigné à blanc par l'impôt et les taxes. Soudain, ce pays déjà à bout de force a été frappé par un hiver tel que, de mémoire d'homme, on n'en avait jamais vu. A Versailles, le vin a gelé dans les verres. L'encre se solidifiait dans les encriers. Ce n'était pas le pire : dans la terre, tous les blés ont pourri. Il n'y a pas eu de récoltes sur la plus grande partie de la France. Les vignobles ayant gelé, il n'y a pas eu non plus de vendanges. Les arbres fruitiers sont morts. Le bétail, le gibier ont péri.

Philippe a vu, six ans plus tôt, les enfants de quatre à cinq ans se nourrir dans les prairies comme des moutons. Il a vu des hommes et des femmes couchés agonisants le long des grands chemins.

Deux millions de morts sur vingt millions de Français !

Philippe remonte à cheval. Il se dit que décidément il faut admirer ces paysans. En six années, ils ont replanté, semé de nouveau, reconstitué leurs troupeaux. Ils se sont acharnés et ont rendu au « jardin français » toute sa beauté, toute sa richesse.

Cependant qu'il galope, comment Philippe pourrait-il prévoir que, pour les paysans de notre pays, les grands malheurs sont derrière eux. Ce qui va commencer pour ces infortunés, c'est une véritable période de prospérité. Enfin !

Le Bien-Aimé

Ce petit homme gras au visage rouge, ce garçon de douze ans, mince, élancé, d'un joli visage : ce sont le duc d'Orléans, régent du royaume, et le jeune roi Louis XV qui se promènent dans les allées du château de Versailles.

Ce jour-là, 15 juin 1722, la cour regagne le palais abandonné depuis la mort de Louis XIV.

Sept années que l'on a emmené le roi de cinq ans à Vincennes, puis aux Tuileries. Là, l'enfant disait tristement :

— Mon oncle le régent me fait toujours aller à Saint-Cloud et à Vincennes. D'où vient qu'il ne me mène pas à Versailles et à Trianon ? J'aime tant Trianon !

Il lui a fallu attendre l'approche de son sacre pour que le régent

Au XVIIIe siècle, les transports progressent grâce à un meilleur état des routes. En 1750, le roi Louis XV crée un corps des ingénieurs des Ponts et Chaussées. Le peintre Joseph Vernet a représenté ici, à cheval, deux d'entre eux, sans doute Perronet, premier ingénieur du roi, et Trudaine (qui ont une rue et une avenue à Paris). La capitale devient le centre d'une toile d'araignée de routes. Les paysans doivent fournir des jours de travail. On les voit ici avec leurs chevaux, leurs chariots, leurs outils.

A la veille de la révolution, 48 000 km de routes sont tracés.

Louis XV était beau

Louis XV a 17 ans quand Van Loo le peint en costume de guerre. Sur sa cuirasse est passé le cordon de l'ordre du Saint-Esprit. Sa main droite soutient le bâton de maréchal. Sur la console, les attributs de la royauté : manteau d'hermine, sceptre et casque empanaché. Le jeune roi « bien-aimé » est beau avec ses cheveux blonds et un aimable visage.

satisfasse ce désir tant de fois exprimé. Désormais, le roi va comme son arrière-grand-père habiter Versailles. Il va s'y marier et c'est là que ses enfants naîtront. Là aussi qu'il gouvernera la France. Là qu'il mourra.

Tous ceux qui approchent ce roi devenu adulte vantent sa beauté. Les peintres le montrent revêtu d'une dignité charmante. A trente ans, on le voit avec des yeux « de velours », un regard très doux qui glisse sous de longs cils.

A sa naissance, les médecins ne lui donnaient que quelque temps à vivre. Or, exception faite de maladies auxquelles personne alors n'échappait, il est solide comme un roc. Il doit sans doute cette santé de fer à l'exercice et à la vie au grand air. Il chasse tous les jours et épuise bêtes et gens. Ce sportif est en outre d'une remarquable agilité : il n'est pas rare qu'on le voie se promener sur les toits !

Il aime son peuple. Il voudrait rester toujours celui que les Français ont baptisé, un jour de 1744, le Bien-Aimé. Quand un certain Damiens tentera de l'assassiner, il en sera plus déçu qu'inquiet : comment, il y a des gens en France qui ne l'aiment pas ?

Un roi très timide

Dans la première partie de son règne, il a laissé la responsabilité du pouvoir à son ancien précepteur, le cardinal Fleury, homme prudent et pacifique, qui a fort bien conduit les affaires. A la mort de Fleury (1743) le roi a manifesté sa volonté de gouverner personnellement. Dès lors il travaillera beaucoup, moins que Louis XIV toutefois.

Quand vous visiterez à Versailles les « petits appartements », il faudra vous attarder dans le cabinet exigu où Louis XV séjournait plusieurs heures chaque jour. Là dans cette pièce mal éclairée, les rapports s'entassaient sur des tablettes blanches et or. Patiemment, obstinément, le roi venait à bout de sa besogne quotidienne.

Alors que le Roi-Soleil vivait continuellement en représentation, Louis XV estime qu'il a droit à une *vie privée.* C'est pourquoi il a demandé à l'architecte Gabriel de transformer, à Versailles, les pièces qui donnent sur la cour des Cerfs et la cour intérieure : on les appellera cabinets. Au-dessus de ces pièces, sous les combles, on aménage pour lui les *petits appartements.*

Quoiqu'il n'aime pas les cérémonies, il se contraint à y paraître. « Il y consent par raison », dit l'un de ceux qui l'ont le mieux connu, d'Argenson.

Il se montre très curieux, s'intéresse aux inventions, à l'urbanisme, aux travaux publics, aux découvertes de géographie. Il possède un télescope et, en observant les astres, rêve à la petitesse de l'homme.

Ce qui lui manque ? L'esprit de décision. Au conseil des ministres, il expose son point de vue, mais en change précipitamment s'il le sent discuté.

Ce roi, aussi absolu que son prédécesseur, est l'homme le plus timide de son royaume. Il n'aime pas les visages inconnus. Il ne se décide à s'adresser aux nouvelles connaissances qu'à la troisième rencontre. Il n'aime pas parler devant une assemblée nombreuse. Nous dirions qu'il a le « trac ». Il se montre si anxieux que les gens le jugent insensible et même stupide. Ce jugement, tenez-le pour ce qu'il est : profondément injuste. Ce roi intelligent a — chose rare — beaucoup de cœur.

Il va lui advenir pourtant quelque chose de bien étrange : sous son règne la France changera davantage qu'en plusieurs siècles. Louis XV va devenir le souverain du *siècle des lumières.*

La nouvelle France

Un jeune homme de vingt-quatre ans sort de la Bastille, la plus redoutable prison du royaume. Il vient d'y passer un an pour s'être moqué en vers du régent. Par précaution, les vers étaient en latin, mais au XVIIIe siècle tout le monde comprend le latin.

Le régent est sans rancune, le jeune homme aussi. Le libéré de la Bastille rencontre le duc d'Orléans et lui dit :

— Monseigneur, je trouverais très doux que Sa Majesté daignât se charger de ma nourriture, mais je supplie Votre Altesse de ne plus s'occuper de mon logement.

Voilà beaucoup d'esprit, mais aussi beaucoup d'audace. Vous ne vous en étonnerez plus quand vous saurez que ce jeune homme s'appelle François-Marie Arouet et que ce fils de notaire va devenir le plus illustre des écrivains du siècle : Voltaire.

Jamais on n'a vu cela. Jamais un peuple entier n'a montré autant de hâte à apprendre, à connaître. Toutes les classes de la société communient dans la même passion, le même enthousiasme pour les sciences, les lettres, les arts, la philosophie, ou l'art de gouverner.

Voltaire, entre la composition de deux tragédies, de trois libelles — des articles publiés sous forme de brochure — d'un conte et de cent lettres, étudie les mathématiques, passe de longues heures dans son laboratoire de physique et de chimie et fait connaître en France les travaux de Newton sur le mouvement des planètes. Jean-Jacques Rousseau, dont la gloire égale celle de Voltaire, écrit un livre que la France entière va lire, le *Contrat social* et fait pleurer toutes les belles dames du royaume avec son roman *la Nouvelle Héloïse.* Mais en même temps, il étudie à fond les mathématiques, l'astronomie, la médecine. Il rédige de très intéressantes *Institutions chimiques.* Les gens du XVIIIe siècle sont ainsi : ils s'intéressent à tout.

Louis XV à Versailles n'est jamais parvenu à faire revivre les fastes du palais de son aïeul. Les grands seigneurs paraissent à la cour mais n'y habitent pas. Les écrivains, eux, restent à Paris. Ce n'est plus Versailles qui fait connaître un homme de lettres, ce sont les *salons.*

Appuyé à sa table de travail, plume d'oie à la main, Voltaire réfléchit. Cette maquette conservée au musée Carnavalet, à Paris, ne nous dit pas ce qu'il est en train d'écrire. Une de ses innombrables lettres ? Un conte philosophique ? Une page du Siècle de Louis XIV ? Une poésie ? Une tragédie ?

En tout cas, ses traits marqués nous le montrent à la fin de sa vie. Il mourra en 1778. Il habite alors près de Genève, à Ferney, dans sa seigneurie qu'il ne quitte plus guère.

Salons et philosophes

Dans cet appartement du Marais, la sonnette tinte à tout instant et le laquais posté à la porte ne cesse de l'ouvrir et de la fermer. Les hommes qui se présentent ne sont pas tous des aristocrates, loin de là. Certains sont vêtus avec une grande simplicité. Les uns et les autres s'avancent vers la plus vaste pièce du logis : le salon. Là les attend la maîtresse de maison qui les accueille le plus gracieusement du monde. C'est cela, l'originalité des salons du XVIIIe siècle : ce sont des femmes qui en font les honneurs. Elles ont, de par leur intelligence, leur esprit, leur art de recevoir, réuni autour d'elles les hommes les plus brillants de l'époque, ceci dans tous les domaines. Ces femmes sont parfois de très haut rang, d'autres ne cachent pas leur origine bourgeoise, certaines même n'ont que des moyens modestes.

Peu à peu le salon s'est empli. Les hôtes ont pris place sur les canapés, dans les fauteuils, sur des chaises. Les laquais passent des rafraîchissements et, sans attendre, la conversation s'instaure. Elle est à la fois légère et profonde. Vous devez savoir que dans les salons est né le fameux ton du XVIIIe siècle.

Le premier salon, celui de la duchesse du Maine, où l'on a vu Voltaire au milieu de beaucoup d'autres, s'est tenu au château de Sceaux

On causait beaucoup dans les salons

Nous voici dans le salon de Mme Geoffrin. Cette simple bourgeoise, fille d'un valet de chambre de la dauphine, est intelligente, ambitieuse... et riche depuis la mort de son mari. Rue Saint-Honoré, à Paris, elle reçoit chaque lundi les artistes, et chaque mercredi les écrivains et les savants.

Le peintre a représenté ici tous les personnages illustres du siècle des lumières. On peut mettre un nom sur chacun. Ainsi, la maîtresse de maison est à droite, avec un foulard noué sous le menton. Le lecteur, habillé en rouge, est un philosophe doublé d'un mathématicien ; d'Alembert. A sa gauche, de profil : Jean-Jacques Rousseau. Au centre, le buste de Voltaire domine l'assemblée. Le salon de Mme Geoffrin devint un centre de rayonnement pour les philosophes et sa renommée s'étendit dans toute l'Europe.

au temps où le duc d'Orléans était régent : on disait simplement « sous la Régence ». Un peu plus tard, on s'est mis à *causer* chez la marquise de Lambert, où se sont retrouvés Montesquieu, auteur de *l'Esprit des lois,* Marivaux, auteur dramatique célèbre et Fontenelle, penseur fameux. Et puis se sont ouverts les salons de Mme de Tencin, de Mme Geoffrin, de Mme du Deffand, de Mlle de Lespinasse et de bien d'autres.

Je suis sûr que vous vous posez la question : qu'est-ce donc que tous ces gens ont à se dire tous les soirs ? Car beaucoup d'entre eux passent d'un salon à l'autre et peuvent, s'ils le veulent, se retrouver chaque soir chez des dames différentes. En vérité, dans ces salons on discute avant tout des *idées nouvelles.* Ceux qui les soutiennent sont appelés les *philosophes.* Au nom de la raison, ils attaquent l'Eglise catholique, s'en prennent aux avantages que donne la naissance — on dit : les *privilèges* — et défendent aussi bien la tolérance politique et religieuse que la liberté du commerce.

Ces idées-là sont en train de transformer la France. Elles vont être développées dans *l'Encyclopédie*, une série de dix-sept volumes (plus onze volumes d'illustrations) dont Diderot et d'Alembert dirigent la publication.

La France à la mort de Louis XV (1774).
1. Pays d'élection, gouvernés par des personnalités élues.
2. Pays d'État, gouvernés par des assemblées régionales sous la tutelle de l'État.

Tout ce qui compte en France veut lire *l'Encyclopédie*. On la voit dans toutes les bibliothèques. Comme les jésuites, les évêques et le Parlement, qui se sentent attaqués, poussent des hauts cris, Louis XV ordonne que l'on en confisque les exemplaires. La veille de la saisie, M. de Malesherbes, chargé de surveiller les publications, fait venir secrètement Diderot et lui propose de cacher les épreuves dans son propre bureau !

Le français est parlé dans toutes les cours d'Europe

Chaque fois que Louis XV cherche quelque renseignement utile, il en parle à Mme de Pompadour, la belle amie qui partage sa vie ; elle lui apporte aussitôt *l'Encyclopédie*. Le souverain qui a ordonné la saisie de cette collection sans égale en devient le plus sincère admirateur. Mais il ne change rien à ses ordres officiels.

Ces idées de *l'Encyclopédie* ne se répandent pas seulement à travers toute la France et dans tous les milieux, elles pénètrent partout en Europe. Pour une raison bien flatteuse : toute l'Europe parle désormais français. Le français a remplacé le latin comme langue utilisée par les ambassadeurs : c'est la *langue diplomatique*. Le roi de Prusse Frédéric II ne veut parler que français. L'impératrice d'Autriche n'écrit à ses enfants qu'en français.

C'est ainsi que les philosophes conquièrent le continent. Frédéric II, Catherine II, impératrice de Russie, vivent dans l'admiration et l'amitié de Voltaire ou de Diderot.

Partout on se dispute les architectes français. Partout s'élèvent de petits Versailles : en Suède, en Espagne, au Portugal, en Italie, en Hollande, en Angleterre.

Les étrangers accourent à Paris. On les accueille avec cette courtoisie inimitable qui est celle du temps. Ils repartent enthousiastes et, chez eux, se font les propagandistes de la France.

En ce temps-là, s'il est un pays qui se montre vraiment universel, c'est bien le nôtre. Le résultat que les guerres de Louis XIV n'avaient pas atteint, la puissance seule de l'esprit l'a obtenu.

*Les portraits des deux concepteurs de l'*Encyclopédie*, Diderot et d'Alembert, entourés de ceux de leurs collaborateurs les plus célèbres. L'*Encyclopédie* fut le premier grand ouvrage de vulgarisation scientifique à l'usage de la bourgeoisie et du peuple. Chacun pouvait enfin rassasier son appétit de savoir, s'enquérir des disciplines nouvelles et des progrès de l'esprit humain.*

Un roi de dix-neuf ans

Dans une chambre de Versailles, deux jeunes gens attendent. Il a, lui, dix-neuf ans. Elle, dix-huit. Leurs yeux sont rougis par les larmes. Ce jour-là, le 10 mai 1774, Louis, petit-fils de Louis XV, sait que, d'un moment à l'autre, il va devenir roi. Marie-Antoinette, sa femme, attend d'être reine.

Depuis que Louis XV est entré en agonie, on a placé une bougie allumée à la fenêtre de sa chambre. « Tout à coup, dit un témoin, un bruit terrible et absolument semblable à celui du tonnerre se fait entendre. » Il est 3 heures et quart. A la fenêtre de la chambre du roi, on vient de souffler la bougie dont la flamme vacillante signifiait que le roi vivait encore.

Aussitôt, une marée de courtisans — c'est le bruit « du tonnerre » — a déferlé sur le parquet glissant de la galerie des Glaces. Louis et Marie-Antoinette se regardent : ils ont compris. La porte s'ouvre. Les courtisans font irruption dans la pièce. Alors Louis XVI et Marie-Antoinette tombent à genoux en pleurant :

— Mon Dieu, gémissent-ils en se tenant embrassés, mon Dieu, protégez-nous, nous régnons trop jeunes !

La scène est touchante, mais vous reconnaîtrez avec moi que ces jeunes princes manquent de mémoire : Louis XIII, Louis XIV et Louis XV, tous trois, n'étaient-ils pas encore enfants quand ils ont régné ?

Reconnaissons pourtant que, chez Louis XVI et Marie-Antoinette, le défaut de mémoire n'exclut pas la lucidité : le roi qui vient de mourir laisse à ses successeurs un pays en crise grave. Comme Louis XIV, il est mort impopulaire. Beaucoup de Français lui reprochent d'avoir trop aimé les plaisirs et d'avoir accordé une trop grande place à de jolies femmes telles que Mme de Pompadour et Mme du Barry. Louis XV, à qui nous devons l'acquisition de la Lorraine (1766) et celle de la Corse (1768), a lui aussi jeté son royaume dans de longs conflits : la guerre de Sept Ans, la guerre avec l'Angleterre qui nous a fait perdre l'Inde et le Canada (1763). La dette de l'État a démesurément grossi. Le nouveau roi sait que, si l'on ne prend pas des mesures efficaces, la France court à la faillite.

Des mesures, oui, mais quelles mesures ? Telle est la question qui sera posée durant tout le règne de Louis XVI. Quand on voudra y répondre, il sera trop tard. Ce sera la fin de la monarchie.

Nous sommes en 1774. Le dauphin vient d'apprendre la mort de son grand-père Louis XV. Maintenant, il est le roi Louis XVI. Il est effrayé de ses nouvelles responsabilités, c'est ce qui lui donne cet air accablé. A côté de lui, sa jeune épouse Marie-Antoinette. Ils seront tous deux guillotinés en 1793.

Les premiers hommes volants

Sur la pelouse de la Muette, à Paris, cette étrange sphère qui, le 21 novembre 1783, se balance au souffle du vent, c'est le premier ballon de l'Histoire, inventé par des fabricants de papier, les frères Montgolfier : c'est pourquoi on l'appelle montgolfière. Un jour, Joseph Montgolfier se trouvait devant la cheminée de sa cuisine où un domestique venait d'étendre du linge. Soudain, le fabricant a sursauté : sous ses yeux, une chemise, chauffée par les flammes, se gonflait et cherchait à s'élever. L'idée était née : il suffisait de remplir un grand sac avec de la vapeur et ce sac s'élèverait dans l'air. Lors de la

Les premiers aéronautes furent français

première expérience, c'est ce qui s'est passé : la montgolfière est montée à 2 000 mètres d'altitude, pour retomber à une lieue — 4 km — de son point de départ.

Aujourd'hui, c'est à une tentative beaucoup plus périlleuse que l'on va assister : deux hommes ont proposé de s'élever dans les airs à bord d'une montgolfière. Louis XVI, après avoir longuement hésité, a fini par donner son autorisation. Les voici, ces deux hommes. Ils s'avancent au milieu d'une foule au comble de l'impatience et de l'enthousiasme. Ils se nomment Pilâtre de Rozier et le capitaine-marquis d'Arlandes.

La montgolfière est en papier huilé décoré de fleurs de lis et des initiales du roi. Une galerie a été ménagée à sa base où vont prendre place les deux audacieux voyageurs. Une réchaud alimentée par de la paille doit fournir les vingt mètres cubes d'air chaud qui gonfleront l'enveloppe.

Le marquis d'Arlandes saisit avec une fourche une botte de paille, la lève, la secoue au milieu de la flamme. L'effet est immédiat : la montgolfière quitte la terre au milieu des acclamations.

Voici le ballon au-dessus de Paris. On survole les Invalides, Notre-Dame, le boulevard Saint-Jacques. On frôle les moulins du Petit-Gentilly et l'on se pose enfin. Le voyage a duré vingt-cinq minutes.

Les premiers hommes au monde qui aient « volé » sont des Français.

Lâchez les cordes ! « Oh ! » crie la foule des badauds. Tous les visages sont levés pour suivre le prodigieux événement. Pour la première fois, des hommes s'élèvent en l'air. Il sont deux dans une petite nacelle. Des savants sont montés sur les tours de Notre-Dame pour établir des calculs. Lorsque Étienne et Joseph Montgolfier avaient fait s'élever leur ballon du champ de Mars, quelques années auparavant, un même savant était déjà monté là, en observation... mais il n'y avait personne dans le ballon.

Alors qu'aujourd'hui, deux aéronautes viennent de s'élever brusquement de 1 000 m ! Ils ont lu ce livre qui vient d'être traduit de l'anglais : Des différentes espèces d'air. *Il paraît que le gaz hydrogène est 14 fois plus léger que l'air... Que va-t-on encore pouvoir trouver comme invention !*

Vaucanson invente ce métier à tisser automatique exposé à Paris au Conservatoire des Arts et Métiers.

Le microscope se perfectionne. Celui-là vérifie des graduations précises et comporte des principes mécaniques très modernes.

A la Muette, un vieillard a assisté à l'envol du ballon. Un grincheux s'est penché vers lui :

— A quoi, monsieur, peuvent servir les ballons ?

Le vieillard lui a répondu en souriant :

— Monsieur, à quoi peut servir l'enfant qui vient de naître ?

Ce vieillard est américain. Il a inventé le paratonnerre qui empêche la foudre de détruire les maisons. Il s'est battu pour l'indépendance des États-Unis. Il s'appelle Benjamin Franklin.

La conquête du ciel ne représente que l'un des épisodes d'une immense aventure que traverse ainsi la France nouvelle : celle des sciences. Toute notre vie quotidienne va se trouver modifiée par des découvertes qui datent du siècle des lumières. La chimie moderne naît au XVIIIe siècle grâce aux travaux de Lavoisier. Réaumur invente le microscope — qui permet de se pencher sur l'infiniment petit — et le thermomètre. On découvre l'électricité. On introduit en France la machine à vapeur de l'Anglais Watt. Les filatures usent désormais de métiers mécaniques.

Propriétaires de manufactures, marchands, bourgeois profitent des progrès techniques et d'une production améliorée autant qu'accrue. Les ouvriers eux-mêmes voient leurs salaires augmenter.

On répète aux Français que l'État est ruiné. Ils comprennent d'autant moins qu'il leur semble, quand ils regardent autour d'eux, découvrir un pays riche et prospère. Ils n'ont pas tort.

De 1715 à 1792, la France n'a connu aucune invasion étrangère. Nous nous sommes toujours battus hors de nos frontières. C'est important.

Mieux encore : les terrifiantes épidémies, les épouvantables famines de naguère ne sont plus que de mauvais souvenirs. Les communications se sont améliorées, les échanges commerciaux ont augmenté. Les « philosophes » se sont beaucoup occupés de l'agriculture et, depuis leurs recherches, l'on obtient un meilleur rendement des cultures. Le bétail est mieux nourri, on a appris à fumer les champs, d'où des récoltes plus abondantes. La météorologie elle-même s'en est mêlée ! Depuis 1730, le temps n'a cessé de s'améliorer.

Pour les paysans, ce n'est pas la richesse, mais ce n'est plus la misère. Il est moins difficile de survivre.

Les Français, qui étaient 18 millions à la fin du règne de Louis XIV, sont maintenant, sous Louis XVI, 25 millions. Cet accroissement est encore un signe de prospérité. La France est l'État le plus peuplé d'Europe. Elle n'est dépassée de très peu que par la Russie.

La vérité est que les Français sont riches, mais que l'État est pauvre. Personne ne trouve le moyen de remplir les caisses. Les fêtes offertes à Versailles sont très critiquées. Imprudemment, la reine Marie-Antoinette comble de faveurs et de présents un petit groupe de courtisans. Elle devient impopulaire et on l'appelle *l'Autrichienne*.

Mme Vigée-Lebrun a peint ce gracieux portrait de la reine Marie-Antoinette quand elle avait 28 ans. La rose qu'elle tient à la main et qui va s'ajouter aux autres fleurs a servi de titre à cette peinture : « A la rose ». Personne ne sait encore que quelques années plus tard, cette jolie tête sera coupée sur l'échafaud.

« Convoquez les états généraux ! »

Les ministres se succèdent — Turgot, Calonne, Brienne, Necker — mais les solutions qu'ils proposent pour renflouer le Trésor échouent. Certes, on pourrait obliger les privilégiés à prendre leur part des impôts que paye seul le tiers état. Le Parlement, qui rêve toujours de partager le pouvoir avec le roi, s'y oppose pour faire pression sur Louis XVI. C'est la politique du pire.

Les nobles et les prêtres, eux, refusent de payer quoi que ce soit si l'on ne convoque pas d'abord les *états généraux*. Seuls, disent-ils, les représentants des trois « ordres » du royaume sont habilités à voter de nouveaux impôts.

La dette de l'État est devenue un véritable gouffre. Qui plus est, la récolte de 1788 se révèle mauvaise. Le prix du pain augmente. Le peuple gronde. Les bourgeois, eux, enragent parce qu'ils sont traités en inférieurs par les nobles. Un prêtre, l'abbé Siéyès, publie une brochure qui pose cette question : *Qu'est-ce que le tiers état ?* Il répond : *Rien*. Que devrait-il être ? *Tout*. Que veut-il être ? *Quelque chose*.

Ajoutez à cela que les idées des philosophes et de l'Encyclopédie ont pénétré profondément toutes les classes de la société, aussi bien les bourgeois que les nobles et les prêtres, comme le prouveront les *cahiers de doléances* qui seront bientôt rédigés dans toutes les villes et tous les villages du royaume. Sachez que beaucoup de jeunes nobles sont allés se battre en Amérique, avec La Fayette, pour l'indépendance des États-Unis et en sont revenus enthousiastes de l'idée de liberté. Vous comprendrez mieux pourquoi, en définitive, Louis XVI a cédé et convoqué ce tiers état dont tant de Français réclamaient la réunion. En faisant cela, il a donné lui-même le coup d'envoi d'un drame immense, à la fois terrifiant et exaltant : la Révolution française.

LA RÉVOLUTION

Le roi réunit les états généraux

Cet homme énergique, debout à la tribune, qui pointe son index comme pour désigner l'ennemi à abattre, c'est un avocat à la voix forte, à la laideur puissante, à la grande autorité. Il s'appelle Danton.

C'est lui qui va demander la déchéance du roi Louis XVI après sa fuite à Varennes, qui dirigera le Comité de Salut public avant de céder sa place à Robespierre. Tous deux périront sur l'échafaud en 1794.

L'échafaud ? Regardez-le, dressé sur la place de la Révolution, à gauche (actuellement la place de la Concorde à Paris).

Le jardin des Tuileries est tout près. La foule est très nombreuse, une femme excitée brandit une pique, une autre a amené son fils, juste derrière les gardes nationaux. Le roi veut parler, mais le chef de la garde à cheval ordonne aux tambours de battre. Il est 11 heures du matin, le 21 janvier 1793. Le terrible couperet a tranché le cou de la victime. Le roi meurt avec dignité.

Un peu moins de quatre ans avant son exécution il avait accepté la « Déclaration des droits de l'Homme et du Citoyen ».

Le soldat de face, l'arme au pied, est un fantassin de 1794, des armées de la République.

Le soldat de dos est un grenadier de la garde nationale, il montre l'arbre de la Liberté coiffé du bonnet rouge révolutionnaire, et sur lequel se déploie le nouveau drapeau tricolore de la nation.

Ce même drapeau flotte sur les grosses tours rondes de la forteresse-prison de la Bastille. Le canon d'en bas est l'un des trois que les gardes françaises ont amenés, ainsi aidant — le 14 juillet 1789 — le peuple parisien à s'emparer de la prison après avoir massacré une centaine de personnes, les premiers morts de la Révolution.

Le 4 mai 1789, un soleil éclatant brille sur Versailles. Jamais, dans la ville des rois, on n'a vu tant de monde dans les rues. Des femmes en toilette de cour se pressent aux fenêtres, cependant que des grappes d'hommes et d'enfants ont pris d'assaut les toits. Sur les trottoirs, des militaires — gardes françaises et suisses — contiennent avec peine la foule en habits de fête qui se bouscule joyeusement.

Tout à coup, des musiques retentissent, mêlées à une immense acclamation. Le cortège — on l'attend depuis des heures — apparaît. C'est celui des *états généraux* qui doivent se réunir officiellement le lendemain et qui s'en vont à l'église Saint-Louis demander à Dieu de bénir leurs travaux.

Que sont les états généraux...

Aujourd'hui, à certaines époques, vous voyez des employés de la mairie de votre ville ou de votre village poser près de votre école des grands panneaux de bois sur lesquels on va bientôt coller des affiches. Cela signifie que tous les hommes, toutes les femmes qui ont dépassé dix-huit ans vont voter. Ils vont choisir un ou plusieurs représentants qui s'en iront à Paris siéger à l'Assemblée nationale. Là ils rédigeront les lois et les décrets qui permettront de gouverner notre pays, la France.

Vous trouvez cela si normal que vous pensez peut-être que les Français ont toujours procédé ainsi. Erreur. Souvenez-vous de ce que je vous ai dit des rois : ils étaient les seuls maîtres du royaume. C'est pour cela que l'on parlait des rois absolus.

Seulement, il leur arrivait de devoir faire face à de tels problèmes — surtout financiers — qu'ils ressentaient alors le besoin de demander l'aide de leurs sujets.

Dès le Moyen Age, les rois ont donc réuni, pour les consulter ou obtenir d'eux certains impôts nouveaux, des prêtres, des nobles et des bourgeois. Depuis, mais très irrégulièrement, ces assemblées ont été convoquées selon le bon plaisir du roi. On les a appelées les états généraux. Pour que vous compreniez l'émotion violente qui, en 1789, a saisi tous les Français, il faut que vous sachiez que les états généraux ne s'étaient pas réunis depuis 1614 !

En 1789, tous ceux qui souffrent, tous ceux qui payent de trop

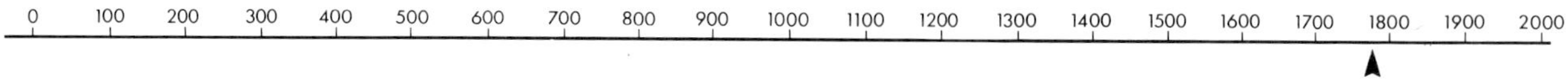

lourds impôts, tous ceux qui se sentent mécontents — il y en a beaucoup — commencent à espérer que les choses vont aller mieux.

Imaginez que votre papa ou votre maman vous aient conduits à Versailles, le 4 mai 1789. Ce que vous auriez découvert, c'est un spectacle inouï, jamais vu.

Là, devant la foule qui trépigne, s'avance un majestueux défilé, celui de ces 1 165 hommes qui sont les députés nouvellement élus par les Français.

Voici, magnifiquement vêtus, les représentants de la noblesse. Voici, dans leurs longues robes, ceux du clergé, c'est-à-dire les prêtres de tout rang. Voici enfin — salués par des rafales d'applaudissements — les députés du tiers état.

... et le tiers état ?

Si, une fois pour toutes, vous voulez comprendre ce qu'est le tiers état, dites-vous qu'il rassemble tous ceux qui ne sont ni nobles ni prêtres. Cela fait beaucoup de monde !

Ce tiers état, ce sont aussi bien les bourgeois des industries et des banques que les médecins, les avocats, les paysans, les ouvriers.

Ils sont six cents, les députés du tiers état, qui s'avancent, modestement vêtus de noir, comme l'exige la règle, et portant tous un cierge allumé à la main. Votre père, votre mère, s'ils avaient été là, auraient sûrement applaudi. Et vous aussi, bien sûr. Frénétiquement !

Quand, en habit et manteau d'or, le roi passe à son tour — portant, accroché à son chapeau, l'un des plus gros diamants du monde, le « Régent » — l'enthousiasme devient du délire. Soudain, c'est le silence. Plus un seul applaudissement. Des visages hostiles. C'est que Marie-Antoinette, dans une robe semée d'or et d'argent, a paru. En

Costume de cérémonie pour les états généraux des trois ordres. De haut en bas : le clergé, la noblesse et le tiers état.

Ci-dessous. 1er mai 1789 à Versailles, la procession de l'ouverture des états généraux sort de Notre-Dame pour aller à Saint-Louis.

essuyant cet accueil, la reine pâlit. Des larmes brûlent ses yeux. Tout à l'heure, au château, elle brisera de colère ses bracelets de diamants. Cet accueil glacial, elle le ressent comme une insulte.

Elle n'a pas tort. Un terrible face à face vient de commencer. Aujourd'hui on dirait plus familièrement que c'est un grand « match » qui s'est engagé entre la famille royale et le peuple français. D'abord, c'est la reine seule qui sera détestée. Puis le roi souffrira de la même impopularité que sa femme. L'un et l'autre finiront par y jouer leur tête — pour la perdre sous le couperet de la guillotine.

Les petits commerçants-cultivateurs représentés ici sont assez aisés. Ils sont propriétaires d'un lopin de terre qu'ils cultivent, d'une voiture et d'un cheval qui leur permettent de venir vendre leur récolte à la ville voisine. Mais le sort de la majorité des paysans est beaucoup moins enviable : ils ne possèdent rien et louent leurs bras à la journée. Ils souffrent de l'augmentation du coût de la vie et leur pouvoir d'achat — déjà très bas — ne cesse de baisser. Pour eux la Révolution sera un espoir.

Dans le cortège, parmi les rangs du tiers état, attardons-nous à un petit homme maigre, étroit d'épaules, avec un visage impassible aux yeux plus verts que bleus, la tête recouverte d'une perruque blanche soigneusement poudrée. Vêtu d'un habit de laine noire éclairé par une cravate de mousseline blanche, il a un peu plus de trente ans. C'est un avocat d'Arras. Il se nomme Maximilien de Robespierre.

Dès que l'on a annoncé la convocation des états généraux, il s'est

jeté dans la bataille électorale. Pour le même poste de député, il y avait — comme aujourd'hui — plusieurs candidats. Robespierre voulait gagner. Il a donc prononcé des discours, animé des réunions, annoncé aux électeurs les mesures qu'il réclamerait en leur nom s'il était élu. Il a répété cent fois avec la même flamme qu'aux états généraux il exigerait de Louis XVI une *constitution*, c'est-à-dire une sorte de contrat entre le roi et le peuple. Il l'a si bien dit qu'il a été élu.

La France de 1789 ressemblait beaucoup à la France d'aujourd'hui.
1. Comtat Venaissin.

La gravure anglaise qui représente Mirabeau, issu d'une noble famille provençale, ne le flatte pas. Il est aussi intelligent qu'il est laid, avec son visage grêlé de petite vérole, sur un cou de taureau. C'est un redoutable orateur. Sa voix peut résonner comme le tonnerre. Il joue même sur son aspect physique et dit : « On ne connaît pas la toute-puissance de ma laideur. » Il meurt en 1790, on l'enterre à Paris au Panthéon.

Le voilà donc à Versailles. Dès le 5 mai 1789, il va prendre sa place parmi ses 600 collègues du tiers état. Inconnu de tous, timide, effacé. Mais prêt à se battre.

C'est cela que vous devez comprendre : ces gens du tiers état sont arrivés à Versailles en se disant qu'une pareille occasion ne se reproduirait peut-être plus avant des dizaines d'années. Si l'on voulait qu'il n'y ait plus d'injustices en France — et il y en avait tant ! — il fallait la saisir, cette occasion. Le roi n'avait appelé les états généraux que pour obtenir d'eux de l'argent. Il fallait lui arracher bien autre chose notamment moins d'impôts.

Robespierre a donc été de ceux qui, avec autant de tranquillité que de courage, ont affronté le roi. Il a été de ceux qui ont voulu que les états généraux se transforment en *Assemblée nationale.*

La première constitution

Bouleversé, le cœur battant, Robespierre est parmi ses collègues quand un envoyé de Louis XVI vient ordonner à l'Assemblée de se disperser. Il voit le célèbre Mirabeau, un noble qui a choisi de se faire élire dans les rangs du tiers état, se dresser et clamer de sa voix puissante :

— Nous sommes ici par la volonté du peuple et nous n'en sortirons que par la force des baïonnettes !

Les baïonnettes, ces couteaux meurtriers que les soldats attachent au bout de leurs fusils, ne viendront pas. Louis XVI cède, accepte l'Assemblée. Ce n'est pas la première fois qu'il cède, ce n'est pas la dernière.

Et l'Assemblée s'est mise à rédiger cette fameuse Constitution qui doit donner à tous les Français, nobles ou roturiers, riches ou pauvres, des droits identiques, autrement dit l'égalité devant la loi.

Le soir, rentré dans sa petite chambre, Robespierre écrit aux électeurs d'Arras que *l'égalité* et la *liberté* sont en vue. Les autres députés, chacun chez soi, écrivent la même chose.

Les Français tiennent tant maintenant à cette liberté et à cette égalité que beaucoup sont prêts à risquer leur vie pour mettre hors d'état de nuire ceux qui voudraient les leur ôter.

— Soyons vigilants ! répète Robespierre.

Les Français le sont.

La Bastille

Depuis le printemps 1789, les jardins du Palais-Royal, près du Louvre, sont remplis par une foule avide des dernières nouvelles. Les cafés sont combles. Monté sur une chaise, puis porté sur une table, un jeune orateur, Camille Desmoulins, harangue la foule. Puis il brandit son arme et crie : « Voilà mon pistolet... Je saurai mourir glorieusement... Vive la liberté, aux armes ! »

Le 12 juillet 1789, dans les jardins du Palais Royal, un jeune homme hors de lui vient de sauter sur une table. Il agite violemment une liasse de papiers. Il crie :

— Patriotes, on en veut à votre liberté !

C'est un jeune avocat. Il s'appelle Camille Desmoulins. Aussitôt, la foule des promeneurs, attirée dans les jardins par un temps superbe, accourt, fait cercle autour de lui. Il tremble de colère et d'émotion. Il s'exclame :

— Parisiens, ce que la cour de Versailles prépare, c'est une Saint-Barthélemy des patriotes !

Vous vous souvenez sûrement de ce massacre de protestants que Catherine de Médicis avait organisé le jour de la Saint-Barthélemy. Desmoulins affirme donc que la cour veut faire la même chose contre les patriotes que Catherine contre les protestants.

Un frémissement terrifié parcourt la foule. Des cris hostiles s'élèvent :

— A bas la cour ! Vive la liberté !

Camille Desmoulins, qui bégaye un peu, dénonce les dernières mesures prises par Louis XVI. Pourquoi le roi a-t-il envoyé 20 000 soldats à Paris ? N'est-ce pas pour écraser les amis de la liberté ? Pourquoi a-t-il renvoyé son ministre Necker, un libéral, qui avait la confiance de tous ? Au temps de Catherine de Médicis les protestants se sont laissé surprendre. Il ne faut pas que les patriotes tombent dans le même piège.

— Aux armes ! crie Desmoulins.

Une immense clameur lui répond.

— Aux armes !

Le 12, le 13, le 14, ce sera l'unique préoccupation des Parisiens : se procurer des armes pour se défendre. On pille les boutiques des armuriers. Le 14 au matin, on envahit l'hôtel des Invalides. On s'y empare de plusieurs canons et de 32 000 fusils. Un grand cri retentit enfin :

— A la Bastille !

Imaginez une énorme masse de 30 mètres de hauteur, flanquée de neuf tours énormes, entourée d'une double enceinte et de deux fossés pleins d'eau. La Bastille domine tout le quartier Saint-Antoine,

La prise de la Bastille

elle écrase les maisons qui l'entourent, les couvents, les jardins.

Elle apparaît si redoutable, cette Bastille, que beaucoup la jugent imprenable. Ils oublient que, pour la défendre, le gouverneur, M. de Launay, ne dispose que de 80 invalides — vieux soldats qui achèvent là paisiblement une vie de combats — et de 30 suisses qui les encadrent.

Une foule énorme a envahi les abords de la forteresse. M. de Launay accepte de recevoir des délégués de ce peuple en furie. On lui demande de livrer la poudre et les armes dont il a la garde. Il refuse. Dès lors, il est perdu.

Quelques instants plus tard, deux colosses parviennent à se hisser sur les énormes chaînes qui maintiennent relevé le pont-levis. Ils les brisent à coups de hache.

Le pont-levis s'abat sur le fossé et les assaillants s'engouffrent à l'intérieur. Launay fait ouvrir le feu sur eux. Une bataille sanglante s'engage qui va durer des heures. Des heures pendant lesquelles la colère du peuple devient de la haine.

Launay espère que l'armée viendra à son secours. Du haut des murailles, il ne peut retenir sa joie quand il voit paraître les gardes françaises, au nombre de 3 à 400. Ils s'approchent au pas de charge.

La prison-forteresse de la Bastille est impressionnante. Mais elle est peu gardée. Louis XVI n'y envoie en effet qu'une vingtaine de prisonniers par an. En 1789, ils ne sont que sept. Pourtant, dans l'après-midi du 14 juillet 1789, et après le pillage des armes à l'hôtel des Invalides, la Bastille est encerclée. Son gouverneur veut en défendre l'accès et ordonne de tirer sur les assaillants qui reculent. Quand 300 gardes françaises rejoignent les assaillants, le gouverneur se rend. Il sera massacré avec des officiers et leurs têtes coupées seront promenées sur des piques.

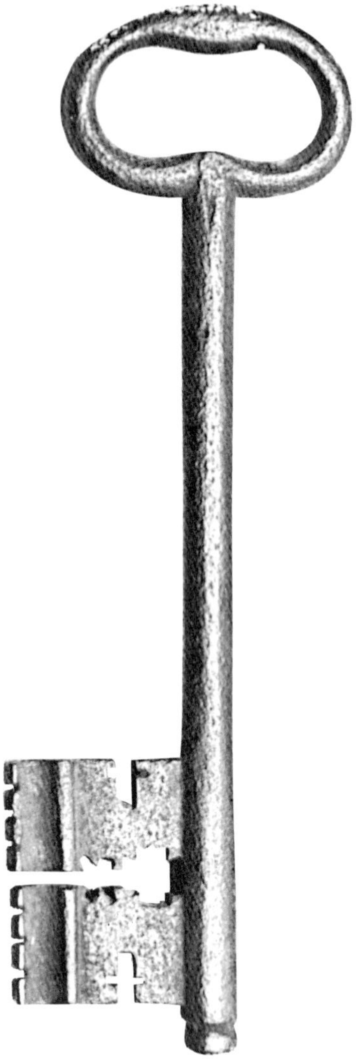

Le musée Carnavalet est le musée de la ville de Paris. On peut y voir plusieurs clefs provenant de la forteresse de la Bastille. Voilà une clef qui ouvrait un des cachots.

Sûrement ils vont enfoncer la foule. Pas du tout ! Follement acclamés les gardes françaises pactisent avec le peuple et tournent leurs cinq canons contre la Bastille !

Launay capitule. La foule, dès qu'elle s'est emparée de lui, le met à mort. Pour la première fois, le sang a coulé au nom de la liberté.

La Bastille était une prison d'État. Longtemps, une simple décision royale avait suffi à y faire incarcérer sans jugement un citoyen. Même si, en 1789, on n'en est plus là — il n'y a que sept prisonniers dans la forteresse, un criminel, quatre faussaires et deux fous — la Bastille apparaît toujours comme un symbole de l'*arbitraire,* autrement dit d'une autorité à laquelle personne ne peut s'opposer.

C'est pour cette raison que la prise de la Bastille a représenté aux yeux des Français le début d'une ère nouvelle : celle où les droits des citoyens ont cessé de dépendre de la volonté d'un seul. Pour cette raison aussi que, depuis 1880, le 14 juillet est la *fête nationale* de la France.

« C'est une révolution ! »

Dans sa chambre du château de Versailles, son gros ventre gonflant drap et couverture, Louis XVI dort à poings fermés. Une voix le réveille, celle de l'un de ses familiers penché vers lui :

— Sire !

Le roi cligne ses yeux myopes, reconnaît le duc de Liancourt. Celui-ci a l'air très inquiet.

— Sire, la Bastille est prise !

Du coup, voilà le roi tout à fait éveillé.

— Prise ? fait-il, stupéfait.

— Oui, sire, par le peuple. Le gouverneur a été assassiné. On porte sa tête sur une pique par toute la ville.

— Mais alors, c'est une révolte ?

— Non, sire. C'est une révolution.

Louis XVI ouvre de grands yeux. Il ne comprend pas. A mesure que la Révolution marquera des points dans ce « match » qui l'oppose à lui, il comprendra de moins en moins.

Pourtant, ce n'est pas la bonne volonté qui lui manque. Pour apaiser ses sujets, il rappelle Necker, renvoie les troupes, accourt à Paris, ne reproche rien à personne, adopte l'insigne — une cocarde bleu et rouge — que se sont donné les Parisiens révoltés. Il se contente d'y ajouter sa propre couleur, celle de la monarchie, le blanc. Du coup, voici que sont nées ces couleurs nationales qui restent aujourd'hui celles du drapeau français : bleu, blanc, rouge.

Il ne comprend rien, le pauvre roi, quand on lui dit qu'à travers les campagnes commence à se répandre ce que les gens appellent une *grande peur*. Les paysans redoutent que les nobles, par haine de la Révolution, ne veuillent, par la force, tout rétablir comme avant. Alors, ils prennent les devants et attaquent les châteaux. Partout ils brûlent les antiques documents où sont inscrites les corvées qu'ils doivent effectuer pour le seigneur et les redevances qu'ils sont contraints de lui verser.

Comment Louis XVI comprendrait-il ? Tout cela est pour lui si inattendu, si nouveau !

Les droits de l'Homme et du Citoyen

A Versailles, chaque jour l'Assemblée nationale se réunit, avenue Royale, dans la salle rectangulaire des Menus-Plaisirs, ainsi appelée parce que l'on y rangeait naguère les accessoires destinés aux fêtes et aux concerts du roi. Le 4 août 1789 au soir — il y a tant de lois nouvelles à élaborer ! — l'Assemblée a décidé de siéger de nuit.

Dans la salle où les chandelles et les lampes à huile ont du mal à percer l'obscurité, un député demande la parole, un cadet sans fortune : le vicomte de Noailles.

A mesure qu'il parle, on l'écoute avec une attention de plus en plus passionnée. Ce qu'il propose ? Tout simplement que l'Assemblée — et plus particulièrement les nobles — abandonnent de leur plein gré tous ces « droits féodaux » dont les paysans cherchent partout, les armes à la main, à arracher l'abolition.

Quand Noailles se tait, le duc d'Aiguillon, l'un des plus riches gentilshommes du royaume, bondit à la tribune, s'écrie qu'il faut accorder sur-le-champ l'égalité de tous les citoyens devant l'impôt, supprimer les corvées que les paysans doivent aux seigneurs et obliger les nobles à renoncer à ces droits qui ne veulent plus rien dire.

Voilà l'Assemblée debout, soulevée d'enthousiasme. L'un après l'autre, les députés nobles escaladent la tribune et viennent solennellement déclarer qu'ils abandonnent ces droits qui jusque-là leur accor-

La déclaration des droits de l'Homme et du Citoyen

La « Déclaration des droits de l'Homme et du Citoyen », votée le 26 août 1789, s'inspire des idées exprimées dans la nuit du 4 août (abolition des privilèges) et aussi de la Déclaration d'indépendance des États-Unis d'Amérique. Le plus connu des 17 articles affirme : « Les hommes naissent et demeurent libres et égaux en droit. »

daient, dans le royaume de France, cette première place que nul n'osait leur disputer. Mais le clergé ne veut pas demeurer en reste : ses représentants proclament qu'ils abandonnent les *dîmes* — autres impôts — que leur devaient les Français. A leur tour, les délégués des villes et des provinces sacrifient leurs privilèges !

Ce qui s'était construit en dix siècles s'est donc vu anéanti en une seule nuit. L'une des plus fameuses de l'Histoire : la nuit du 4 août.

Dans le même élan, le 26 août, l'Assemblée nationale va voter la *Déclaration des droits de l'Homme et du Citoyen* qui proclame que « tous les hommes naissent et demeurent libres et égaux en droits ». Cette Déclaration va faire le tour du monde. Tous ceux dans l'avenir qui lutteront pour la liberté se réclameront d'elle.

5 octobre 1789. Il pleut à Paris. La récolte en céréales de l'été dernier a été maigre, le pain est cher, le peuple s'inquiète. Voyez ces femmes qui poussent un petit canon et brandissent des piques, haches, sabres, hallebardes. « A Versailles ! crient-elles. Là-bas, s'il n'y a pas de farine, il y aura tout au moins le roi, la reine, leurs enfants. On les ramènera à Paris. »

Le boulanger, la boulangère et le petit mitron

Dans cette rue de Paris, étroite et sombre, une femme arrive en courant. Elle s'arrête devant une maison, appelle :

— Louison !

La famille royale s'enfuit de Paris

Une fenêtre s'ouvre. Une jeune fille paraît :

— Quoi ? Qu'est-ce qu'il y a ?

— On s'en va à Versailles, chercher le roi ! Tu viens ?

— Je viens !

Ce matin-là, 5 octobre 1789, on a pu entendre un tel dialogue plusieurs centaines de fois.

Depuis les grands enthousiasmes du mois d'août, la fièvre est tombée. A Paris on s'inquiète. L'hiver approche. Le pain devient rare et de plus en plus cher. Pour les pauvres gens, le pain est toujours la denrée essentielle. Va-t-on en manquer ? On répète partout que d'énormes stocks de blé sont entreposés à Versailles.

Et puis aussi les Parisiens comprennent mal que le roi ait de nouveau appelé des régiments auprès de lui. Pour la protection de la cour, explique-t-on. Qu'a-t-elle besoin d'être protégée ? N'est-ce pas plutôt que l'on médite encore un mauvais coup contre le peuple ? Pas le roi, certes. Il est bon. Mais son entourage. Il faudrait protéger le roi de tous ces gens-là. Si on l'avait là, à Paris, sous la main, sûrement tout irait mieux !

Soudain dans les faubourgs, une femme a lancé ce cri :

— Allons à Versailles chercher le boulanger, la boulangère et le petit mitron !

Car, pour ces femmes simples, le roi, la reine et le prince, leur fils, peuvent, s'ils le veulent, leur donner du pain.

Par groupes, armées de piques, de fourches — et même simplement de manches à balai ! — les Parisiennes se sont mises en marche. Pourtant, il pleut. Voici le plus étonnant : ce sont des femmes qui ont voulu cela. Et ce sont des femmes qui marchent sur Versailles. Sept à huit mille femmes. D'excellentes épouses, de bonnes mères, mais aussi des mégères.

A la nuit tombée, la marée humaine, une marée trempée et crottée, bat les grilles du château de Versailles. A l'aube du lendemain, elle s'y trouve toujours et, par une grille laissée malencontreusement ouverte, elle s'engouffre dans le château. Marie-Antoinette, que l'on cherche avec des cris affreux, s'enfuit à toutes jambes à travers le château et, par un passage secret, rejoint le roi aussi épouvanté qu'elle. Ce qui va sauver le couple royal, c'est l'intervention des gardes françaises accourues — un peu tard — pour dégager le château.

Devant la foule tumultueuse, le roi paraît au balcon. Il crie :

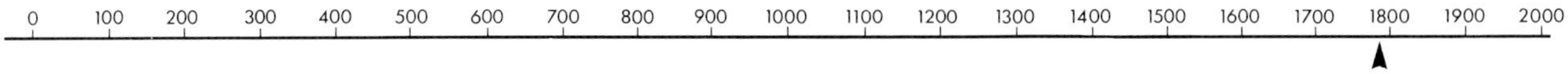

— Mes amis, j'irai à Paris avec ma femme, avec mes enfants ! C'est à l'amour de mes bons et fidèles sujets que je confie ce que j'ai de plus précieux !

Les mêmes femmes qui voulaient « arracher les tripes » de la reine applaudissent frénétiquement le roi.

A 1 heure 25 de l'après-midi, le 6 octobre 1789, le cortège royal quittera le château pour Paris. Le soir même, Louis XVI s'installera au palais des Tuileries.

Jamais la monarchie ne reviendra à Versailles.

En 1789, l'Assemblée nationale confisque les propriétés de l'Église. Elles servent de garantie à l'émission de billets qu'on appelle « assignats » qui sont d'abord remboursables en terres. Puis l'assignat devient un papier-monnaie. Mais on dépasse vite les 400 millions d'assignats. Ce papier perd de la valeur et le prix de la vie connaît une augmentation vertigineuse. La Bibliothèque nationale conserve cet assignat.

Varennes, la fuite du roi

Une énorme berline cahote à travers les monts d'Argonne, sur la route de Sainte-Menehould. Peinte en vert et jaune, tirée par six chevaux, elle contient une famille en fuite. Cet homme, ces deux femmes, ces deux enfants qui ont quitté secrètement Paris à l'aube du 20 juin 1791, ne sont autres que Louis XVI, Marie-Antoinette, Madame Elisabeth, sœur du roi, le petit duc de Normandie, héritier du trône et sa sœur Madame Royale.

Ce qu'ils fuient, c'est tout simplement la Révolution.

Quand l'Assemblée, en 1791, a enfin voté la Constitution tant attendue par les Français et qui partageait le pouvoir entre le roi et la nouvelle Assemblée législative, on a pu croire que le grand mouvement de 1789 était terminé pour le bien de tous.

Louis XVI, homme de bonne volonté, semblait fait pour un tel partage. Malheureusement, quand l'Assemblée a décidé que tous les biens du clergé seraient vendus au profit de la nation — les dettes de l'État restaient toujours aussi lourdes et l'Église de France était très riche — le roi s'est senti choqué dans ses sentiments de chrétien.

La nouvelle loi portait aussi que les prêtres devraient désormais prêter serment de fidélité à la Nation. Mais le pape a interdit ce serment. Déchiré, Louis XVI, qui est animé d'une foi profonde, a voulu s'opposer à la loi. Il n'y est pas parvenu. Dès lors, au lieu de collaborer avec les députés, il s'est refusé à jouer le jeu de la nouvelle France. Les Français ont ressenti cela avec irritation. Le plus grave est que, désormais, ils vont se méfier de leur souverain.

Louis XVI — et surtout Marie-Antoinette — ne se sentent plus maîtres chez eux. Imitant les frères du roi et de nombreux nobles qui

Louis XVI est reconnu sur un billet de banque

ont quitté la France — on dit qu'ils ont *émigré* — ils se sont résolus à fuir.

Voilà pourquoi, déguisés en simples voyageurs, ils roulent vers l'est du royaume. Ils sont porteurs d'un passeport où l'on peut lire qu'il faut laisser librement passer la baronne de Korff — c'est la reine qui joue ce rôle — « allant à Francfort avec deux enfants, une femme et un valet de chambre ». Le roi a accepté de se déguiser en valet de chambre.

Depuis le départ de Paris, tout s'est bien passé. Personne n'a reconnu la famille royale. L'erreur, pourtant, c'est d'avoir choisi une voiture aussi grosse, aussi lourde. Malgré ses six chevaux, elle avance trop lentement. Elle va être suivie de très près par un cavalier envoyé par l'Assemblée et porteur d'un ordre terrible :

Rappelez-vous la reproduction de l'assignat sur la page précédente : bien au centre du billet, en haut, on voit le profil du roi Louis XVI. Drouet, le maître de poste, bon révolutionnaire, aurait reconnu le roi en fuite d'après le portrait figurant sur l'assignat. Louis XVI sera arrêté à la prochaine étape, à Varennes, alors que la berline, trop lourde, passait sur la petite rivière de l'Aire. Les cavaliers fidèles qui devaient l'escorter avaient quatre heures de retard.

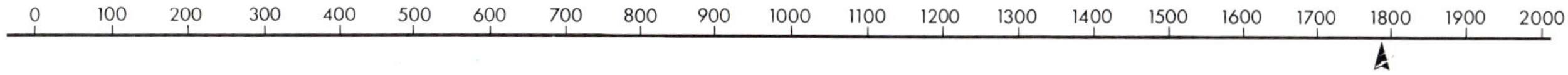

De la part de l'Assemblée Nationale, il est ordonné à tous les bons citoyens de faire arrêter la berline à six chevaux dans laquelle on soupçonne être le Roi et la Reine.

Les six chevaux de la voiture jaune et vert doivent être changés souvent : cela s'appelle *relayer,* parce que, tout au long des routes, sont installés des relais de poste. A Sainte-Menehould, la voiture s'arrête. On change les chevaux. Tout est tranquille.

Mais, sur le seuil de sa maison, le maître de poste, un certain Drouet, a été frappé, tout à coup, par le visage de ce voyageur — un valet de chambre, disait-on — qui, pendant que l'on attelait les nouveaux chevaux, est descendu se dégourdir les jambes. Ce visage lui rappelle quelque chose. Il se demande où et quand il a vu cet homme-là.

Pour payer la location des chevaux, le voyageur remet ces billets de banque — les *assignats* — dont on se sert depuis quelque temps. Sur chaque assignat, il y a le portrait de Louis XVI. Machinalement, au moment où la voiture repart, Drouet jette un coup d'œil sur les assignats. Il sursaute : l'homme qu'il vient de voir — et qui est loin maintenant — c'est Louis XVI !

Drouet a embrassé avec ardeur la cause de la Révolution. Il saute à cheval, galope à travers bois, emprunte tous les chemins de traverse qu'il connaît. Ce qu'il veut, c'est arriver avant la berline à l'étape suivante : le bourg de Varennes.

Il y parvient, donne l'alarme :

— Le roi arrive ! Il faut l'arrêter !

Quand la berline se présente, la population alertée s'empare de la famille royale qui est conduite dans l'épicerie de M. Sauce, procureur — nous dirions aujourd'hui maire — de la commune. Drouet pénètre dans la pièce.

— Bonjour, Sire, dit-il simplement.

La foule a pénétré dans les Tuileries où elle accule Louis XVI près d'une fenêtre. Il se coiffe alors du bonnet rouge, à la cocarde tricolore, et boit à la santé de la nation. Le bonnet rouge va devenir la coiffure des sans-culottes c'est-à-dire de ceux qui remplacent les culottes par des pantalons, dédaignant ainsi l'Ancien Régime.

La reine Marie-Antoinette est peinte ici peu de temps avant d'être décapitée. Elle est alors emprisonnée à la Conciergerie.

Ces deux mots mettent fin à des siècles de monarchie.

La famille royale, gardée par la force publique, escortée par une foule énorme qui pousse des cris hostiles, est reconduite à Paris. Ecrasée de désespoir.

La chute de la monarchie

Ces hommes qui, à la lumière des chandelles, sont réunis sous les voûtes de l'église d'un ancien couvent de Paris, rue Saint-Honoré, et qui discutent avec tant d'ardeur, tant de passion, on les appelle les *Jacobins*. Pourquoi ? Tout simplement parce que le couvent où ils s'assemblent s'appelait déjà ainsi avant la Révolution. Le club politique qui a pris la place des moines est donc logiquement devenu le club des Jacobins.

Depuis la fuite du roi à Varennes, c'est Maximilien Robespierre — il a supprimé le *de* — qui est devenu le principal animateur du club.

Quand il monte à la tribune, quand il ajuste sur ses yeux facilement fatigués des lunettes vertes, tout le monde fait silence. Immense, son prestige. Or Robespierre, qui était si royaliste en 1789, ne l'est plus.

Avec beaucoup de Français, il s'est dit que, pendant l'absence du roi, tout a continué à fort bien fonctionner en France. A quoi bon conserver ce roi inutile ? Mieux vaudrait une république !

En Europe, les autres rois observent cette évolution avec l'inquiétude que vous pouvez bien imaginer. Ils constatent que Louis XVI, dans son palais des Tuileries, est désormais une sorte de prisonnier. Nous devons reconnaître qu'ils n'ont pas tort. Alors, ces rois menacent :

— Ne touchez pas à Louis XVI !

Pour manifester sa bonne volonté, le roi accepte de déclarer la guerre à l'empereur d'Autriche, l'un des plus farouches ennemis de la Révolution. Robespierre, méfiant de nature, s'est écrié à la tribune des Jacobins qu'il ne croyait pas à la sincérité de Louis XVI. Il a raison. Le roi espère que la France perdra cette guerre, que les rois vainqueurs viendront jusqu'à Paris pour le rétablir dans tous les droits qu'il a perdus. Marie-Antoinette expédie même secrètement les plans de l'armée française à nos ennemis !

Quand les armées autrichiennes infligent aux nôtres leurs premières défaites, les patriotes crient que nous avons été trahis. Cette trahison, on répète qu'elle ne peut être le fait que du roi et de la reine. On a raison pour Marie-Antoinette, on a tort pour Louis XVI.

Le 10 août 1792, des volontaires arrivés de Marseille pour défendre la patrie en danger s'allient au peuple de Paris et envahissent le palais des Tuileries défendu par un millier d'hommes, gardes suisses et gendarmes ainsi que par quelques centaines de gentilshommes.

Ces Marseillais ont chanté tout le long de leur route — et particulièrement en donnant l'assaut aux Tuileries — le *Chant pour l'Armée du Rhin* qu'un jeune officier, Rouget de l'Isle, a écrit à Strasbourg en avril 1792. On va dès lors l'appeler *la Marseillaise* et il deviendra l'hymne national des Français.

Louis XVI, pour que le sang ne coule pas — la bataille qui s'est engagée aux Tuileries va faire déjà de nombreux morts — se rend avec sa famille, par les jardins, jusqu'au siège de l'Assemblée. Quelque temps plus tard, on décide que la famille royale sera emprisonnée dans un édifice qui date du Moyen Age, la tour du Temple.

L'heure vient de sonner de la chute de la monarchie. Les Français sont appelés à élire une nouvelle assemblée, la *Convention*. Pour la première fois tous les citoyens de sexe mâle — il n'est pas encore question des femmes — ont participé au vote, sans distinction d'origine ni de fortune ; on dit que la Convention a été élue au *suffrage universel*.

Afin de bien marquer qu'une époque nouvelle commence pour les Français, la Convention va décider que l'on comptera désormais le temps, non plus depuis la naissance de Jésus-Christ, mais depuis le premier jour de la République, 22 septembre 1792. En outre, on usera, pour désigner les mois, de mots nouveaux. Janvier, mois où il pleut, devient pluviôse ; février, quand le vent souffle, ventôse ; mars, temps où les graines commencent à germer, sera germinal. On doit ce « calendrier républicain » au conventionnel Fabre d'Eglantine et nous devons bien reconnaître que ces noms sont bien jolis : floréal (le temps des fleurs), prairial (les prairies), messidor (les moissons), thermidor (la chaleur), fructidor (les fruits), vendémiaire (les vendanges), brumaire (les brumes), frimaire (les frimas), nivôse (les neiges).

La Convention veut totalement rompre avec le passé. Ainsi, accusé de trahison envers la patrie, Louis XVI va paraître devant cette assemblée qui s'est transformée en tribunal. C'est au cours de ce procès que Saint-Just, le tout jeune député du département de

Nous sommes dans le salon du maire de Strasbourg en 1792. Un jeune officier du génie, le capitaine Rouget de Lisle, vient de composer Le chant de guerre pour l'armée du Rhin. *Accompagné au piano, il en chante les couplets. Ce chant deviendra* La Marseillaise, *notre chant national. Arrêté sous la terreur car trop modéré, Rouget de Lisle fut sauvé par le 9 Thermidor.*

l'Aisne, âgé seulement de vingt-cinq ans, va prendre figure de penseur politique en s'écriant :

— On ne règne pas innocemment.

Après un interminable débat, Louis XVI est condamné à mort. Le 21 janvier 1793, cet homme juste, qui n'avait toujours rien compris de son temps, monte sur l'échafaud. Il veut parler au peuple. Un roulement de tambour l'en empêche. Le bourreau Sanson actionne le couperet de la guillotine. C'en est fait de Louis XVI.

Maintenant, la France est définitivement en République.

La patrie en danger

Quand aujourd'hui, à Paris, vous suivez, le long du jardin des Tuileries, la rue de Rivoli, il faut vous figurer entre la statue de Jeanne d'Arc et la place de la Concorde, le long bâtiment rectangulaire qui s'élevait en 1793 : celui qui abritait la Convention. Edifié dans le jardin, il mordrait assez considérablement, s'il existait encore, sur la rue de Rivoli.

1793. Terrible année. Les armées étrangères envahissent le pays ; Anglais, Autrichiens, Prussiens, Piémontais, Espagnols. La patrie est en danger. Le gouvernement révolutionnaire décide la levée en masse. Tous les Français sont réquisitionnés ; les jeunes vont au combat, les femmes cousent des habits et des tentes, les enfants mettent du vieux linge en charpie pour les pansements, les hommes âgés forgent des armes.

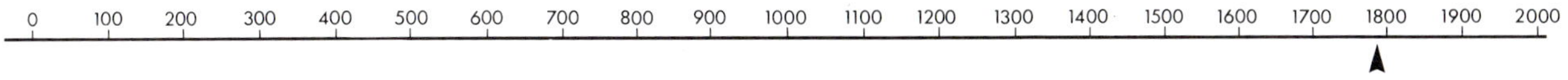

C'est à la tribune de la Convention qu'un jeune député a un jour bondi. Il est taillé en athlète, mais ce qui frappe, c'est son visage d'une laideur écrasante : quand il était petit, un taureau lui a arraché d'un coup de corne la lèvre supérieure ; un autre taureau lui a écrasé le nez. La petite vérole est venue ensuite labourer ce visage déjà si éprouvé. Elu député de Paris, ce jeune homme s'appelle Danton.

Il ne prend pas la parole, il la conquiert. Il gronde, il tonne, il rugit. Tous ceux qui l'ont approché ont été frappés par sa fabuleuse énergie, sa façon de parler âpre et pleine de fougue.

Ce jour-là, ce qu'il réclame de la Convention, pour faire face au danger mortel que court la patrie, ce sont des mesures radicales. Il hurle :

— De l'audace ! Encore de l'audace ! Toujours de l'audace et la France est sauvée !

C'est que les Prussiens, alliés aux Autrichiens, sont entrés eux aussi en France. Ils ont pris Verdun. La route de Paris est ouverte. A cette nouvelle, d'ailleurs, les Parisiens ont envahi les prisons où sont incarcérés de nombreux prisonniers, soupçonnés d'être des adversaires de la Révolution.

— Les ennemis, s'écrie-t-on, vont les délivrer dès qu'ils seront à Paris !

Armés de haches et de sabres, des bandes d'assassins se portent vers les prisons et y massacrent les détenus sans aucun jugement. Non seulement ils ne sont pas punis, mais certains chefs révolutionnaires les encouragent. En trois jours de ce mois de septembre 1792, il y eut plus de 1 100 victimes de toute condition sociale, dans les prisons de Paris.

Alors, pour qu'ils ne soient pas libérés, une foule irresponsable va s'abandonner à d'impitoyables massacres. Aux prisons de l'Abbaye, des Carmes, de la Force, du Châtelet, de la Conciergerie, de Bicêtre, de la Salpêtrière, on tue aveuglément, sans jugement, et n'importe qui. Des femmes aussi bien que des hommes. Des pauvres comme des riches. Des jeunes gens et des vieillards. On assomme, on égorge, on poignarde. Vous devez vous souvenir que de tels excès, même s'ils s'expliquent, ne peuvent être excusés. Tous les hommes, même coupables, ont droit à la justice. Les victimes des *massacres de septembre* n'ont pas eu droit aux juges qui, à n'en pas douter, auraient découvert beaucoup d'innocents parmi elles.

Danton, en tout cas, a été écouté. Pour arrêter l'ennemi, la nation tout entière se mobilise. Sur les places publiques, à l'ombre du drapeau tricolore, on ouvre des bureaux de recrutement pour l'armée où des milliers de jeunes gens viennent se faire inscrire. Ce sont les *volontaires de 1792.*

Valmy

Assis devant une table bien garnie et entouré d'une cour d'officiers à sa dévotion, un général prussien est secoué par un rire dont il semble qu'il ne s'arrêtera pas. Il a grande allure, il faut le reconnaître, le duc de Brunswick qui commande l'armée du roi de Prusse. Ce qui le réjouit tant, c'est que l'armée française — on vient de le lui annoncer — marche contre lui.

— L'armée française !

Pauvres Français ! Ils ont déjà été battus à plate couture par les Autrichiens. Pour Brunswick, il ne s'agit que d'une armée de savetiers et de loqueteux.

Il est vrai qu'en ce qui concerne l'habillement, il voit juste : ce n'est pas par leur tenue que brillent les Français.

Brunswick se taille auprès des officiers un dernier succès en jurant que la nouvelle devise des Français est *vaincre ou courir !*

Vraiment ? Le 20 septembre 1792, Brunswick va se voir administrer la preuve du contraire. C'est à Valmy, auprès d'une colline que domine un moulin à vent, qu'il va rencontrer ces « pauvres Français ». L'artillerie des Prussiens ouvre le feu mais — ô surprise ! — les canons des « loqueteux » leur répondent. Et ils se révèlent supérieurs à l'artillerie prussienne. Le général français Kellermann ôte son chapeau surmonté d'un panache bleu, blanc, rouge. Il le pique au bout de son épée et le brandit. Il s'élance en avant de ses troupes en hurlant :

— Vive la nation !

Les Prussiens refluent en désordre.

Brunswick, qui ne rit plus, reconnaît sa défaite. Il ordonne le soir même la retraite.

Un grand écrivain allemand, Goethe, qui avait suivi les troupes de Brunswick un peu comme le ferait aujourd'hui un correspondant de guerre, va écrire : *De ce lieu et de ce jour date une nouvelle époque de l'histoire du monde.*

Il a voulu dire par là que, pour la première fois, l'armée d'un peuple avait vaincu l'armée d'un roi.

La grande République

La neige tombe dru sur Paris. Le jour n'est pas encore levé et déjà une longue file d'attente s'allonge aux portes de la boucherie.

Ces gens vont rester là, tremblant de froid, pendant des heures. Lorsque leur tour viendra d'entrer dans la boutique, le boucher ne leur vendra, lorsqu'ils lui auront remis un « bon » délivré par la municipalité, qu'une toute petite part de viande.

Après quoi, ces mêmes gens iront faire une autre queue, aussi longue, aussi pénible, à la porte d'une boulangerie. Un autre « bon » et ils emporteront un bien léger morceau de pain.

C'est un fait, les Français ont faim. Les prix montent. Ceux qui possèdent du blé aiment mieux le cacher que le vendre. Les paysans refusent la nouvelle monnaie, les assignats qui perdent chaque mois de leur valeur. Pourquoi ? Parce que la France est en guerre. Après des victoires qui ont permis à nos armées d'occuper la Belgique, d'entrer à Nice et en Savoie et d'envisager, avec Danton, que la France occupe bientôt ses « frontières naturelles » sur les Alpes et le Rhin, la chance a tourné. La mort de Louis XVI a exaspéré les rois contre la France révolutionnaire. L'Angleterre, les États allemands et italiens, l'Espagne, le Portugal, la Hollande ont pris les armes contre nous : presque toute l'Europe !

Comment un seul pays, la France, va-t-il pouvoir faire face à tant

Le petit dauphin Louis a 8 ans lorsqu'il est enfermé à Paris dans une des cinq tours du Temple. Là, il est séparé de sa famille, seul dans un cachot, surveillé par un grossier gardien, mal nourri, ne prenant aucun exercice. En juin 1795, on annonça sa mort. Mais l'enfant qu'on enterra alors était-il vraiment le fils de Louis XVI ? C'est un célèbre mystère.

La guerre civile éclate en Vendée

La politique religieuse de la Révolution, l'exécution de Louis XVI et la conscription militaire déclenchent la révolte des paysans vendéens. Leur signe de ralliement est un Sacré-Cœur en étoffe rouge, surmonté d'une croix. Henri de La Rochejaquelein est un de leur chef. Blessé par un « bleu », il continue le combat lançant la célèbre phrase ; « Si je recule, tuez-moi ; si j'avance, suivez-moi ; si je meurs, vengez-moi. » Derrière « Monsieur Henri », le drapeau blanc de la royauté. Les soldats républicains recevront l'ordre de « détruire la Vendée ».

Deux assiettes de l'époque révolutionnaire. La première, à gauche, aux emblèmes guerriers, est encore surmontée de la couronne royale. La seconde, datée de 1794, a été peinte après la mort du roi. Entre le soldat et sa guérite, on voit un jeune « arbre de la liberté » surmonté du bonnet rouge (bonnet phrygien).

d'ennemis à la fois ? Au cri de *La liberté ou la mort,* la France entière se mobilise. Ce qui se produit, c'est peut-être l'effort le plus gigantesque de toute notre Histoire. Sans cesse il faut trouver de nouveaux soldats. Au mois de février 1793, on mobilise 300 000 hommes. Au mois d'août on procède à la *levée en masse,* appelant tous les Français en âge de se battre à sauver la patrie.

En Vendée et en Bretagne éclate en même temps une formidable révolte contre le gouvernement de la République. Les paysans refusent d'aller se battre aux frontières. Ils mettent des nobles comme Charette à leur tête et forment une armée rebelle.

La Convention doit donc se battre à la fois contre les étrangers qui nous attaquent de toutes parts et contre ceux que l'on appelle les Vendéens au sud de la Loire (Vendée, Maine-et-Loire, Loire inférieure, Deux-Sèvres), les Chouans au nord de la Loire (Mayenne, Bretagne et plus tard Normandie), ou, d'une façon générale, les *Blancs*. Contre ceux-ci la Convention va devoir envoyer des armées — les *Bleus* — qui vont manquer cruellement aux frontières.

Vendéens et Chouans vont affronter les Bleus en des combats sans merci. Les Bleus vont parfois se livrer à des massacres inexcusables — les *colonnes infernales* — cependant que leurs adversaires procé-

Carnot.

Saint-Just.

Marat.

deront à des vengeances impitoyables. Souvenez-vous qu'une guerre civile est la pire de toutes. On dit à juste titre qu'elle est fratricide parce qu'elle se livre entre ces frères que sont les citoyens d'un même pays.

Désormais, ce qui prime, c'est la guerre. On arrache les grilles des monuments et on s'empare des cloches des églises pour les fondre et en faire des canons. On enlève aux particuliers leurs chevaux, leurs manteaux — et même leurs chaussures — pour équiper la troupe. Les moyens de transport sont réquisitionnés pour les besoins des armées. C'est pour cela que les denrées ne circulent plus, que le pain et la viande sont si rares.

Ce qui sévit, c'est le *marché noir :* les bouchers vendent officiellement les maigres parts prévues par la loi et cèdent en secret à un prix énorme les meilleurs morceaux à ceux qui peuvent les payer.

Dans les rangs du peuple, contre les fraudeurs, la colère monte. Partout on exige contre eux des mesures extrêmes. Le journaliste Hébert, qui édite *le Père Duchesne,* tonne contre « les voleurs ».

Quand on apprend que les défenses françaises sont presque partout enfoncées, que Valenciennes est prise, que Toulon est livrée aux Anglais, la colère du peuple grandit encore. Elle devient de l'exaspération. On accuse les royalistes de faire le jeu de nos ennemis. On réclame « des têtes », c'est-à-dire la mort pour les traîtres.

La Convention va répondre par quelque chose de terrible : la Terreur.

Le gouvernement révolutionnaire

Dans une salle du palais des Tuileries, d'où l'on a ôté tout ce qui pouvait rappeler le souvenir des rois, des hommes siègent autour d'une longue table. Avec une attention pleine de gravité, ils écoutent le rapport que l'un d'eux, Carnot, leur fait sur la guerre.

De temps à autre certains posent des questions, critiquent une décision, formulent une proposition. Parfois un débat s'engage, le ton monte. Il arrive que l'on s'invective. Ces hommes qui se réunissent chaque jour, souvent même de nuit, qui ne dorment parfois que trois heures tant les tâches les accablent, ce sont les membres du *Comité de Salut public.* Députés, ils appartiennent tous à la Convention. Aidés par le *Comité de Sûreté générale* chargé de la police, ils sont le gouvernement de la France. Parmi eux : Robespierre et Saint-Just.

C'est le Comité de Salut public qui a décrété que la Terreur était « mise à l'ordre du jour ». La Terreur pourquoi ? Parce qu'il faut *terrifier* tous ceux que l'on soupçonne de faire cause commune avec les ennemis de la République, ceux notamment qui espèrent toujours la victoire des Prussiens, des Autrichiens et des Anglais.

Robespierre.

En quelques semaines, les prisons s'emplissent. Dans toutes les villes de France on dresse des guillotines que les tribunaux révolutionnaires vont alimenter abondamment. La reine Marie-Antoinette en est l'une des premières victimes. Ce qui règne partout c'est la méfiance et la suspicion. Chacun doute de son voisin. Les dénonciations pleuvent.

Dans le sein même de la Convention, devenue un champ clos, les groupes — Montagnards qui veulent aller jusqu'au bout de la Révolution, Girondins plus modérés — s'accusent les uns les autres. Les Montagnards l'emportent sur les Girondins dont un grand nombre montent sur l'échafaud.

Hébert.

Danton s'effraie : il trouve que la Terreur va trop loin. Il ne supporte plus le spectacle de ces charrettes qui, chaque jour, transportent leurs « fournées » de condamnés jusqu'à l'échafaud dressé place de la Révolution, notre place de la Concorde. Pour Robespierre, vouloir arrêter la Terreur avant que l'on ait gagné la guerre serait un crime. Il somme Danton de renoncer à la campagne qu'il a entreprise. Il essuie un refus catégorique. Danton n'accepte pas de fuir à l'étranger comme on le lui conseille. Superbement, il s'écrie :

— On n'emporte pas la patrie à la semelle de ses souliers !

Il est arrêté, condamné à mort. Quand il grimpe les marches de l'échafaud, il s'écrie :

— Bourreau, tu montreras ma tête au peuple, elle en vaut la peine !

Le 9 Thermidor

La chaise de poste vient de s'arrêter devant la tente du commandant en chef de l'armée du Nord. L'homme qui saute à terre, coiffé d'un chapeau à panache tricolore, la taille ceinte d'une écharpe également tricolore, est beau, jeune, sévère : c'est Saint-Just. En ce mois de juin 1794, la Convention l'a envoyé en mission à l'armée du Nord parce que la situation se révèle quasi désespérée.

Danton.

Le commencement de la fin

10 thermidor, place de la Révolution (actuelle place de la Concorde). La charrette où ont pris place Saint-Just et Hanriot vient d'arriver devant le guillotine. Robespierre, qui a eu la veille la mâchoire fracassée, descend péniblement, soutenu par un soldat. Le bourreau Sanson va lui arracher son pansement. Robespierre poussera un cri terrible. On placera le cou dans la lunette du « rasoir national ». Ce sera la fin de la Terreur.

En quelques jours seulement, Saint-Just va épurer l'armée, casser de leurs grades des officiers corrompus, faire fusiller les déserteurs. Il parle aux soldats, rétablit leur moral, les persuade qu'il faut à tout prix vaincre pour sauver la République. Quand il achève, on l'acclame. Une fois de plus, les *soldats de l'an II,* vêtus comme des miséreux, mal chaussés, mal nourris, vont monter à l'attaque en chantant *la Marseillaise.* Une fois de plus, ils vont vaincre.

Saint-Just peut rentrer à Paris. Imaginez-vous l'enthousiasme qu'il déchaîne à la Convention quand il annonce lui-même la victoire de Fleurus ?

Sur tous les fronts, la Révolution gagne. L'insurrection vendéenne est écrasée. Les étrangers sont partout repoussés.

Seul Robespierre veut poursuivre la Terreur

Beaucoup de Français commencent alors à se demander pourquoi l'on continue à guillotiner. Parce qu'il fallait gagner la guerre, ils ont bon gré mal gré accepté la Terreur. Celle-ci a fait à Paris 2 000 victimes et environ 40 000 dans toute la France ; et l'on ne compte pas les Vendéens — au moins 100 000 — qui ont péri dans l'insurrection. Maintenant, la guerre est gagnée. Alors ?

Seul Robespierre refuse d'entendre cet ardent appel à l'apaisement. Il s'obstine. En un seul jour on envoie à la guillotine 54 condamnés accusés d'avoir conspiré contre lui ! Sur le passage des charrettes, le peuple murmure :

— Tout cela pour Robespierre ! Que ferait-on de plus *s'il était roi* ?

Les Conventionnels, dont les rangs s'éclaircissent de jour en jour, se soulèvent contre celui qui les dominait. Le 9 thermidor an II (27 juillet 1794), Robespierre, déclaré « hors-la-loi », se tire une balle de pistolet dans la bouche.

Il se rate.

Quand on le porte sur l'échafaud, le bourreau arrache d'un seul coup le pansement sanglant qui soutenait sa mâchoire fracassée. Celui dont l'honnêteté n'avait jamais été mise en doute, même par ses pires ennemis — ce n'est pas par hasard qu'on l'avait appelé *l'Incorruptible* — pousse le cri inarticulé d'une bête qu'on égorge.

On le jette sur la bascule. Le couperet tombe. La tête roule dans le panier du bourreau.

La mode des « Incroyables » et des « Merveilleuses » commence sous un régime appelé « le Directoire ». Les jours terribles de la Terreur passés, une folle envie de vivre apparaît, pleine d'excentricités ; dans la manière de parler (on ne prononce pas les « r »)), de marcher, de s'habiller. Sous prétexte de vêtements « à la grecque », les Me'veilleuses vont presque nues.

Le 26 octobre 1795, une petit foule assiège la porte de la Convention. Ce qu'elle guette ? La sortie des conventionnels.

Bien souvent, on les a ainsi attendus. Tantôt pour les applaudir. Tantôt pour les siffler ou les injurier. Et même pour leur faire un mauvais parti !

Cette fois-ci, nulle manifestation ne les accueille. Mais on lit sur les visages de ceux qui sortent, comme de ceux qui les attendent, la même émotion sincère. Tous ceux qui se trouvent là savent que la Convention vient de se réunir pour la dernière fois. Elle-même a décidé de se séparer. Et tous les Français — quelle que soit leur opinion — comprennent que ce qui se tourne ce jour-là, c'est une page capitale de l'Histoire de notre pays.

Les chemins de la liberté

Comment oublier que c'est là, à la barre de la Convention, que la République a été proclamée ? Là qu'on a jugé le roi. Là qu'a été élaboré le calendrier républicain. Là qu'ont été prises les décisions qui ont sauvé la patrie en danger.

Là que se sont affrontés les géants. Même si parfois ils ont voté des lois que nous ne pouvons approuver, comme celle des *suspects* qui permettait d'arrêter sans preuves des citoyens, et celle de prairial qui refusait aux inculpés le droit de se défendre. Même s'ils ont ordonné en Vendée, à Nantes, à Lyon, ailleurs, une affreuse répression que nul aujourd'hui ne saurait plus trouver nécessaire.

C'est là que la liberté et l'égalité ont été consacrées. Là qu'a été adopté le principe de la liberté de l'enseignement, gratuit et obligatoire pour tous les Français. Là qu'a été décidée la fondation des grandes écoles telles que Polytechnique, l'École des mines ou le Conservatoire de musique.

Là que l'on a créé le Bureau des longitudes et l'Observatoire de Paris, le Museum, l'Institut de France, le Conservatoire des arts et métiers. Là qu'ont été consacrés le système décimal et le système métrique.

Là que l'on a voté la suppression de l'esclavage dans nos colonies.

La Convention avait décrété que toutes ces innovations étaient valables « dans toute la République ». Elles sont allées bien au-delà. Elles ont conquis l'Europe.

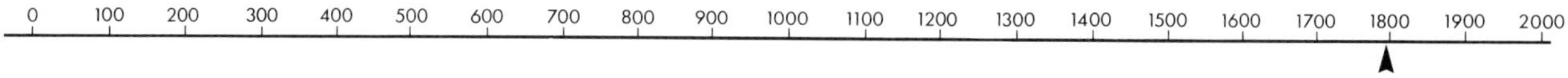

Avant de se séparer, la Convention a mis en place un nouveau régime qu'elle croyait durable : le Directoire, ainsi nommé parce que cinq « directeurs » gouvernent la République.

En fait, il ne va survivre que cinq ans, incapable de dominer les crises qui ne cessent de secouer le pays. Tantôt ce sont les anciens Jacobins qui tentent de reconquérir leur pouvoir perdu, tantôt les royalistes qui veulent rappeler le frère de Louis XVI. Celui-ci, après la mort — ou la disparition, le mystère demeure — du petit Louis XVII, s'est proclamé en exil Louis XVIII.

Une effroyable crise financière ruine les Français. L'assignat ne vaut plus rien. Des brigands ravagent les campagnes et arrêtent les voitures sur les routes pour les piller. On ne paie plus les fonctionnaires ni les troupes.

Les hommes politiques les plus sages comprennent qu'il faut mettre fin à ce désordre qui épuise le pays.

Pour obtenir des représentants des deux assemblées — le Conseil des Cinq-Cents et le Conseil des Anciens — le vote d'une nouvelle constitution, on les convoque le 18 brumaire an VIII (9 novembre 1799) pour le lendemain à Saint-Cloud et l'on demande à un jeune général, Napoléon Bonaparte, de veiller au bon déroulement de l'opération.

Il l'assure si bien qu'il fait appel à des soldats qui lui sont dévoués corps et âme. Ceux-ci envahissent la salle des séances en criant :

— Citoyens, vous êtes dissous !

Un jeune officier, Murat — qui deviendra maréchal, prince et roi — hurle :

— Foutez-moi ces gens-là dehors !

Les députés, leurs toges rouges flottant derrière eux, sautent par les fenêtres. Ils fuient dans le parc et s'éparpillent, éperdus, dans les rues de Saint-Cloud.

Le soir, quelques-uns d'entre eux, rassemblés à la hâte — une trentaine ! — voteront la constitution d'un *Consulat* provisoire, confié à trois consuls.

L'un d'eux sera précisément le général Bonaparte. Ce pouvoir dont il vient de s'emparer, il le gardera pendant quinze ans. Ce qui commence, c'est la plus fabuleuse des épopées : celle de Napoléon.

D'où vient-il, ce petit général à la volonté d'acier ? Quel a été et quel sera son itinéraire ? Le chapitre qui suit va vous le dire.

Un député au conseil des Cinq-Cents doit être âgé d'au moins trente ans. Il discute et il vote les lois. Il a un uniforme ; une toge blanche ceinturée de bleu et un manteau écarlate.

NAPOLÉON

84
VALEUR
ET DISCIPLINE
1er BATAILLON
84

Un jeune Corse étudie l'art de la guerre à Brienne

L'épopée impériale est rassemblée ici : des pyramides où Napoléon n'est encore que Bonaparte jusqu'à l'incendie de Moscou pendant la campagne de Russie qui marque le déclin de l'Empire.

Napoléon est là, monté sur son étalon blanc Vizir, l'un des chevaux que lui a envoyés le roi d'Espagne. Tout le harnachement est en or : les mors, les étriers. L'Empereur porte une simple redingote verte. Derrière lui, le drapeau, surmonté de l'aigle impérial d'un régiment d'infanterie. L'aigle aux ailes déployées est le symbole de l'Empire.

Trois monuments résument la carrière de Napoléon, dans trois pays bien loin les uns des autres. Vous reconnaissez ces trois triangles, les pyramides d'Egypte.

Bientôt à Paris, l'Arc de Triomphe — terminé dans les années 1840 — s'élèvera à la gloire de l'Empereur. Le nom des quarante victoires sera gravé dans la pierre.

Enfin, dans l'immense Russie sous la neige, Moscou brûle, avec ses églises à bulbes. Et Napoléon devra battre en retraite, perdant des milliers d'hommes.

Deux de ses soldats figurent ici. D'abord un grenadier à pied, en uniforme bleu marine et blanc. Il fait partie de la garde impériale. Son grand bonnet à poil est agrandi au premier plan ainsi que son fusil à baïonnette. Il appartient à l'infanterie de ligne.

L'autre soldat est un cuirassier. Son régiment est conçu pour la charge à cheval. Son casque, ici agrandi, comprend un turban de fourrure noire, un plumet rouge. Il est en cuivre jaune avec une jugulaire. Le sabre couché au travers est un sabre de cavalerie lourde.

Une figure douce et frivole dans ces temps de guerre : l'impératrice Joséphine, première femme de Napoléon.

Dans le parloir de l'école militaire de Brienne, l'enfant attend, debout. Il a une dizaine d'années, il paraît chétif. Sous les cheveux noirs, raides et rebelles, le visage est jaune, avec une expression farouche.

La porte s'ouvre. Un abbé entre. Il s'adresse au jeune garçon :

— Allez rejoindre vos petits camarades. Ils sont en récréation.

L'enfant pousse la porte, gagne la cour où les élèves jouent. Dès qu'ils l'aperçoivent, ils accourent, l'entourent, lui demandent son prénom. Il répond entre ses dents :

— *Napoléoné !*

C'est ainsi qu'il prononce, ce petit Corse qui arrive de son île. Un accent terrible !

Un énorme éclat de rire ponctue cette déclaration. Les enfants ont compris qu'il a dit : *la paille au nez.* Et en bousculant, en houspillant le nouveau, ils répètent :

— La paille au nez ! La paille au nez !

Pendant des années, à Brienne, les camarades de Napoléon continueront à l'appeler *la paille au nez.* Et le jeune garçon s'enfermera toujours un peu plus dans la solitude des révoltés.

Fils d'un petit avocat d'Ajaccio, capitale de la Corse, il y a vu le jour le 15 août 1769, juste trois mois après que le roi Louis XV eut acheté l'île à la république de Gênes, à qui elle appartenait. Ainsi Napoléon est-il né français : il était temps !

Chez les Bonaparte, il y avait beaucoup d'enfants, mais peu d'argent. L'avocat pensait à l'avenir de ses fils. A force de démarches, il avait obtenu pour Napoléon une place à l'école de Brienne : le roi Louis XVI paierait pour lui. Ce bienfait comportait une terrible condition : durant des années, l'enfant ne reverrait plus sa famille. Il ne reviendrait pas même chez lui aux vacances ; les voyages étaient trop longs et trop coûteux.

Imaginez avec quel serrement de cœur le petit Napoléon a embrassé pour la dernière fois son père ! Il reste seul au milieu de professeurs et d'enfants dont il parle à peine la langue. Tout le déroute : le climat, si différent de celui de sa Corse ensoleillée, la nourriture. Les autres le tournent en ridicule. A chaque instant, les poings en avant, il doit se faire respecter.

Heureusement, il est bon élève. L'un de ses professeurs le dira :

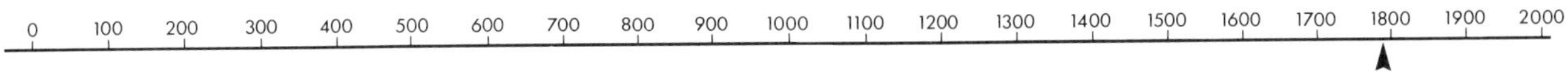

— Il avait beaucoup de dispositions, comprenait et apprenait facilement.

C'est cela, l'enfance de Napoléon. On dit que dans l'adversité se forgent les grands caractères. Le petit Corse va le prouver largement.

Général à vingt-quatre ans

Sur les hauteurs de Toulon, le général Carteaux se gratte la tête. Comment viendra-t-on à bout des formidables défenses édifiées par les Anglais qui, après avoir débarqué dans la ville, s'y sont installés depuis le 28 août 1793 ?

A vrai dire, ce général, ancien peintre, n'a pas la moindre idée de l'art de la guerre. Il a beau se montrer « doré des pieds jusqu'à la tête », c'est un incapable. Près de lui, le jeune capitaine Bonaparte se tient respectueusement. Mais il a fort à faire pour écouter sans broncher les rodomontades de ce général d'aventure.

Après cinq ans d'études à Brienne — pendant lesquelles son père est mort de maladie — et une année passée à l'Ecole militaire de Paris, Napoléon a été nommé lieutenant en second d'artillerie, à l'âge de seize ans et quinze jours, ce qui, il faut que vous le sachiez, n'arrive plus jamais aujourd'hui...

A cette époque, il est passionné de littérature. Il dévore notamment les livres de Jean-Jacques Rousseau : son idole. Il rêve lui-même d'être écrivain.

Quand la Révolution éclate, il l'accueille non seulement sans hostilité, mais avec faveur :

— Les révolutions, a-t-il dit à l'un de ses chefs, sont un bon temps pour les militaires qui ont de l'esprit et du courage.

Il a cru pouvoir faire carrière en Corse. Ses concitoyens, hostiles à la Révolution, ont chassé de l'île cet officier qui défendait trop ardemment les idées nouvelles.

Le voici donc devant Toulon. Reconnu par un député comme « capitaine instruit » — en pleine Révolution, ils ne courent pas les rues ! — il a été désigné pour commander l'artillerie. Ce n'est pas rien. Pour reprendre Toulon, l'artillerie devrait être la clé de tout.

Il en a assez, Bonaparte, d'entendre les sottises de ce braillard de Carteaux qui voudrait placer n'importe où et n'importe comment les rares canons dont il dispose.

En 1779, la grille grinçante de la modeste école militaire de Brienne est poussée par un prêtre que suit un enfant de dix ans, un petit Corse intimidé, farouche et maigre. Il est placé en classe de septième. Il restera cinq ans. Et en cinq ans, il recevra juste une visite, celle de son père. Il est bon élève, mais pas brillant ; il aime jouer à la guerre. L'hiver 1783 est très froid : avec ses camarades, il bâtit un fort en neige, il dirige l'attaque, il gagne ! Cet enfant s'appelle Napoléon Bonaparte.

Le général Bonaparte affirme son autorité...

Le « capitaine instruit » éclate :

— Il y a des règles ! Concentrer le feu de tous les canons contre un seul point en est une, et essentielle !

Carteaux le regarde, interloqué. Par chance il sera remplacé et son successeur, le général Dugommier, s'émerveille à entendre parler Bonaparte :

— Il faut... On doit... J'affirme...

Désormais le capitaine exige — et obtient. Il a reçu en partage un don exceptionnel : il sait obtenir des hommes le meilleur d'eux-mêmes. Face aux Anglais, il réunit ses canons en un lieu particulièrement exposé et il l'appelle : « batterie des hommes sans peur ». Aussitôt, tous les soldats veulent figurer parmi les hommes sans peur ! Lorsque les Anglais attaquent, on les repousse avec une furie qui les stupéfie : Bonaparte est passé par là.

Il va foudroyer les positions anglaises sous le feu de son artillerie et les enlever ensuite à la baïonnette.

Grâce à lui, Toulon va être prise.

Il est arrivé à Toulon capitaine. Il quitte la ville général. Il a vingt-quatre ans.

1793. La jeune République française essaie de reprendre Toulon qui a ouvert ses portes aux Anglais et aux Espagnols. L'escadre anglaise occupe la grande et la petite rade. Bonaparte prend le commandement de l'artillerie comme capitaine, pendant le siège de la ville. Il établit sa batterie au-dessus des « Poudrières ». Ses canons bien placés empêchent les frégates d'entrer au port. Il tire à boulets rouges sur l'ennemi qui doit évacuer le quartier de La Seyne. Bonaparte ne quittera sa batterie qu'à la fin du siège. Bientôt, la rade, le port et la ville sont sous le feu de ses canons ; dans Toulon, c'est le sauve-qui-peut. Les Anglo-Espagnols se rembarquent ; Bonaparte est nommé général de brigade. Il a vingt-quatre ans.

« Soldats, vous êtes nus, mal nourris... »

Le 25 mars 1796, quatre généraux de division, en grand uniforme, le visage sombre, l'air furieux, des « vieux de la vieille » qui ont conquis leurs épaulettes à la pointe de leur sabre — ils s'appellent Masséna, Sérurier, Laharpe, Augereau — pénètrent à Nice chez le nouveau commandant en chef de l'Armée d'Italie, Bonaparte. Stupéfaits ils découvrent un tout jeune homme, presque encore un adolescent, petit, efflanqué, avec ses longs cheveux éparpillés. Un général en chef de vingt-six ans !

Méprisants, ils gardent sur la tête leur chapeau garni d'un plumet tricolore. Du coup, Bonaparte, qui s'était découvert, enfonce le sien d'un geste rageur. Ce qui les impressionne. Il parut, dit Masséna, « grandir de deux pieds ».

D'une voix coupante, il lance :

— Demain, je passerai l'inspection de tous les corps et après-demain je marcherai sur l'ennemi !

Ils l'ont raconté, tous les quatre : aussitôt ils ont senti, chez ce chef qu'on leur imposait, une autorité si écrasante qu'ils n'ont plus songé qu'à lui obéir aveuglément.

Bonaparte, baptisé par ses grenadiers « le petit caporal », s'empare d'un drapeau et s'engage tête nue sur le pont d'Arcole, en Italie, alors que la mitraille fait rage. « Suivez votre général » ! crie-t-il à ses hommes. Et les soldats galvanisés par l'élan de ce jeune chef de l'armée d'Italie retrouvent leur fougue et s'élancent à leur tour.

Ce portrait tout vibrant d'ardeur et de jeunesse a été peint par Gros et est exposé au Louvre.

D'emblée, quand on parle de Bonaparte, un mot vient à l'esprit : autorité. Ces généraux ne peuvent savoir que ce blanc-bec a aussi un cœur. En quittant Paris, il vient de s'arracher avec douleur aux bras de la jeune femme qu'il a épousée quelques jours plus tôt, une veuve originaire de la Martinique, Joséphine de Beauharnais. Tous les jours, depuis qu'il l'a quittée, il lui écrit des lettres passionnées. C'est d'ailleurs un ancien ami de Joséphine, Barras, membre du Directoire, qui a fait donner à Bonaparte le commandement de l'armée d'Italie.

Un singulier cadeau, vraiment !

Cette « armée d'Italie » n'est qu'un ramassis de gueux en haillons, dont on ne paye plus la solde depuis longtemps et qui meurent de faim. Le désordre est à son comble, on signale chaque jour des refus d'obéissance et des désertions. Ces soldats aigris, sans illusion, à l'esprit détestable, Bonaparte va les passer en revue. Du haut de son cheval, il lance une proclamation qui deviendra immortelle :

— Soldats, vous êtes nus, mal nourris. Le gouvernement vous doit beaucoup, il ne peut rien vous donner.... Votre patience à supporter toutes les privations, votre bravoure à affronter tous les dangers excitent l'admiration de la France ; elle a les yeux tournés sur vos misères. Vous n'avez ni souliers, ni habits, ni chemises, presque pas de pain, et nos magasins sont vides ; ceux de l'ennemi regorgent de tout ; c'est à vous de les conquérir. Vous le voulez, vous le pouvez, partons !

Ce qui lui répond, c'est une immense acclamation. Chacun en est désormais persuadé : ce gringalet est un homme. Avec lui, en Italie, non seulement on va pouvoir vaincre le roi de Piémont, mais l'empereur d'Autriche n'a plus qu'à bien se tenir !

Le 2 avril 1796, Bonaparte quitte Nice avec ses loqueteux. Le 12, à Montenotte, il fond sur l'ennemi — et l'écrase. La bataille de Millésimo lui ouvre le chemin de Turin et de Milan. Après Mondovi, il dicte ses conditions au roi de Piémont et la victoire de Lodi le rend maître de toute la Lombardie.

Un Italien, étonné, lui déclare :

— Vous êtes bien jeune, général.

Il répond :

— Demain, j'aurai mille ans.

Et il prend Milan ! Il annonce aux habitants bouleversés qu'il est venu les délivrer du joug autrichien et leur apporter la liberté. Follement, on l'acclame. Les jolies Italiennes lancent des brassées de fleurs aux Français qui croient rêver.

Ils jurent que Bonaparte est né sous une bonne étoile, serait-il possible autrement qu'il ait autant de chance ? Désormais, ils considéreront leur chef comme un personnage hors mesure, au-delà même de l'humanité. Ce qui ne les empêche pas de grogner à toute occasion contre les épreuves sans nom qu'il leur impose. Bonaparte s'en amuse :

— Ils grognent, mais ils marchent !

De là viendra l'expression : les *grognards* de Napoléon.

En attendant, tout plie devant lui. Le roi de Naples demande et obtient un armistice. Le pape s'incline. L'Europe s'étonne : qui est donc ce Bonaparte ?

Soixante-dix mille Autrichiens marchent contre lui. Il les bat à Castiglione, à Arcole, les écrase à Rivoli. Il marche sur Vienne, lorsque l'Autriche atterrée reconnaît sa défaite et sollicite la paix.

C'est à Campo-Formio, petite localité italienne, que, négociant avec le délégué de l'Empereur d'Autriche, Bonaparte va révéler des talents qu'on ne lui soupçonnait pas : ceux de négociateur. Il n'a sollicité aucune instruction du gouvernement du Directoire. Il suit ses propres impulsions, menaçant et cajolant tout à la fois les délégués autrichiens. A Campo-Formio, il arrache à l'Autriche pour la France une grande partie de l'Italie du Nord. Quelques jours plus tard, à Rastadt, il obtient encore Mayence et la rive gauche du Rhin. Incroyable, non ?

Il faut aller en Orient

Il sait maintenant — il l'a avoué plus tard — qu'il est du nombre de ces hommes si rares dans l'Histoire, à qui il appartient de changer le destin du monde.

Quand il rentre à Paris, toujours aussi efflanqué, serré dans le même uniforme usé par les campagnes, il est accueilli par des transports d'ivresse. On change en son honneur le nom de la rue Chantereine où il habite. Elle devient la rue de la Victoire.

— Soldats, du haut de ces Pyramides, quarante siècles vous contemplent !

Le jeune lieutenant Bonaparte, après avoir terminé son congé en Corse, avait regagné sa garnison à Auxonne et s'était installé avec son jeune frère Louis dans deux petites pièces louées. A deux, il leur fallait vivre avec trois francs par jour. Le musée napoléonien d'Auxonne conserve quelques émouvants souvenirs, entre autres la modeste table, la chaise et le tabouret qui servirent aux deux frères.

La bataille des Pyramides

Eté 1798. Bonaparte débarque à Aboukir, en Egypte, traverse le désert et, arrivé devant ces trois pyramides, engage la bataille contre les Mamelouks, Il harangue une dernière fois ses troupes fatiguées, il leur communique son enthousiasme. Au fond du tableau, on distingue les troupes de Desaix rassemblées en carré. Bonaparte est à droite, sur son cheval blanc. Les terribles Mamelouks sont repoussés jusqu'au Nil. Trente soldats français sont morts et deux mille ennemis jonchent le sol.

Elles sont là, cernées par une brume légère, les trois gigantesques pyramides surgies du désert, héritage des pharaons de l'ancienne Egypte. Le Nil, l'un des plus grands fleuves du monde, coule à peu de distance ses eaux fertiles. Et, dans la plaine, coupée seulement par de rares bosquets de palmiers, voici, écrasés de soleil et figés sous les plis du drapeau tricolore, les 38 000 hommes de Bonaparte.

C'est à cette armée que Bonaparte, dressé sur les étriers de son cheval blanc à selle rouge, vient de s'adresser. Il faut encourager ces hommes venus de si loin pour affronter les plus redoutables cavaliers de l'Islam, les Mameluks — ils sont 6 000 — renforcés par plusieurs dizaines de milliers de fantassins égyptiens.

La France de 1797 *avait annexé une grande partie de la Belgique, de la Hollande, du Luxembourg et avait un peu empiété sur l'Allemagne.*

Déjà, le canon tonne, les cavaliers chargent, la fusillade crépite. Pourquoi ces Français se battent-ils en Afrique ? Bonaparte le leur a expliqué : il faut vaincre l'Angleterre qui se refuse à admettre les conquêtes de la France. Pour lui faire ployer les épaules, Bonaparte a conçu une idée fantastique : battre les Anglais non chez eux — il sait que franchir la Manche se révèle pour le moment quasi impossible —, mais sur la route de cet Empire des Indes qui leur est si cher.

Bonaparte, Premier consul, est devenu le maître de la France après le coup d'État du 18 Brumaire. Il pose ici devant le peintre Gros dans un superbe costume, pourpre pour la tunique brodée, blanc pour la culotte également brodée, sabre au côté gauche, gants dans une main, l'autre main s'appuyant sur la liste des traités de paix qu'il a imposés à ses adversaires. En bas de la liste : le mot Amiens, nom du traité de paix avec l'Angleterre (1802).

Cette route, si l'on tient Le Caire, on pourra la leur barrer. Allons conquérir l'Égypte !

Quand Bonaparte a présenté au Directoire le plan de l'expédition, il a précisé qu'il emmènerait avec lui des « savants ». Stupeur des directeurs : des savants ? Bonaparte a expliqué que c'était en Égypte que s'était épanouie, cinq mille ans auparavant, l'une des plus ébouissantes civilisations de l'Histoire, qu'on la connaissait mal et que l'on ne retrouverait pas une telle occasion de l'étudier. Les directeurs sont restés sans voix mais lui ont accordé l'autorisation d'engager des géographes, des mathématiciens, des historiens, des spécialistes des langues, des peintres, etc. Grâce à eux et à leurs travaux le monde découvrira les secrets de l'ancienne Égypte.

C'est pour cela que Bonaparte n'est pas un conquérant comme les autres.

En Égypte, son capital de gloire va s'accroître encore. Il bat les Mameluks aux Pyramides, remporte victoire sur victoire, s'avance jusqu'en Syrie. Prodigieuse aventure ! Il est vainqueur sur terre, mais la flotte anglaise détruit la sienne à Aboukir. Va-t-il rester prisonnier en Égypte avec son armée ? Il apprend que l'incapable gouvernement du Directoire s'est laissé battre par ces mêmes ennemis qu'il avait écrasés.

— Les misérables ! s'écrie-t-il. Tout le fruit de nos victoires a disparu. Il faut que je parte !

Retour en France

Sur l'un des rares bateaux qui lui reste, il s'embarque en effet, parvient à déjouer la surveillance de la flotte anglaise, débarque à Fréjus, gagne Paris au grand galop des chevaux de sa berline de voyage.

Il trouve une France accablée, ruinée, des Français qui doutent de tout. Dès le premier jour, il a compris : ce que chacun souhaite, c'est un gouvernement solide, confié à un homme à qui l'on pourra accorder une totale confiance.

Et c'est le coup d'État. Un nouveau régime — on l'appelle le Consulat — est mis en place. Bientôt on proclame aux carrefours de Paris la nouvelle Constitution. Le peuple se presse pour en écouter la lecture, ponctuée par des roulements de tambour. Une femme dit à sa voisine :

— Je n'ai rien entendu !
— Moi, répond l'autre, je n'ai pas perdu mot.
— Eh bien, qu'y a-t-il dans la Constitution ?
— Il y a Bonaparte.

Bonaparte, Premier Consul

Les flammes des bougies fument. La nuit s'avance. Les hommes qui se trouvent au palais des Tuileries, de part et d'autre de la longue table, luttent difficilement contre le sommeil. Certains dodelinent de la tête, d'autres sont incapables de garder leurs yeux ouverts. Il y a de si longues heures que l'on travaille !

Au bout de la table, le petit homme qui préside s'écrie :

— Allons, citoyens ! Il faut mériter l'argent que le gouvernement nous paye !

Ainsi Bonaparte, qu'aucune fatigue ne semble atteindre jamais, tient-il ses ministres en haleine.

Il est vrai qu'il y a tant à faire dans cette France reprise en main, et qu'il a tant fait déjà !

En franchissant les Alpes avec son artillerie — exploit que l'on jugeait impossible — et en remportant la victoire de Marengo, Bonaparte a rendu l'Italie à la France. Après quoi, il a pu oublier la guerre et se consacrer — ce qu'il préférait — aux grandes tâches qui l'attendaient dans la paix.

Les Français, divisés en républicains et royalistes, se haïssaient. Bonaparte, appelant les uns et les autres à servir l'État avec lui, les a réconciliés. Il a restauré les finances, créé la Banque de France, fondé une monnaie nouvelle — le franc germinal — qui fera la conquête de l'Europe et durera cent vingt ans. Il va créer l'Université, ouvrir les premiers lycées. Il fait rédiger un code civil qui renferme toutes les lois de la nation. La Légion d'honneur est son œuvre. Il met sur pied une organisation administrative et judiciaire — conseil d'État, tribunaux, préfets, maires, etc. — qui existe encore aujourd'hui.

La Révolution avait voulu anéantir cette religion catholique à laquelle les Français, depuis des siècles, étaient attachés. Bonaparte rouvre les églises et rétablit le catholicisme, « religion de la majorité des Français », dans tous ses droits en signant avec le pape un traité appelé « Concordat ».

Un formidable bourreau de travail

Tous ceux qui l'ont vu au travail se sont émerveillés : il dicte parfois à quatre secrétaires en même temps. Il s'éveille en pleine nuit pour appeler auprès de lui l'un de ses conseillers et travailler des heures durant. Sa mémoire est fabuleuse.

Bonaparte est maintenant président de la République italienne. La Suisse l'a désigné comme son « médiateur » et les États allemands qui bornent le Rhin, réunis en Confédération, l'ont appelé comme « protecteur ».

Une nouvelle dynastie

Ce jour-là, 2 décembre 1804, un peu avant midi, par un froid de moins 3° et cependant qu'un soleil pâle perce avec difficulté les nuages, un énorme carrosse, étincelant d'or, tiré par huit chevaux empanachés de blanc, escorté par sept mille cavaliers — sept mille ! — s'arrête devant Notre-Dame-de-Paris. Sur le parvis, dans toutes les rues et avenues avoisinantes, attendent plus de cent mille Parisiens qui, au son du canon et des cloches sonnant à la volée, trépignent et hurlent.

Un homme et une femme, enveloppés dans des manteaux de velours pourpre, descendent de ce carrosse. Ce sont Napoléon et

Le 2 décembre 1805, premier anniversaire du sacre, Napoléon remporte sa plus prestigieuse victoire près du petit village d'Austerlitz. L'armée française pourchasse les Autrichiens et les Russes au sud-est de Prague. Après les brouillards matinaux, le soleil éclatant se lève sur le plateau. Soult et Bernadotte donnent l'assaut ; les cavaliers de Lannes et de Murat sèment la déroute. Au soir, les Austro-Russes ont perdu 15 000 hommes et 20 000 prisonniers. Les Français ont 8 000 morts ou blessés. A son retour en France, la ville de Paris donne à Napoléon le titre de « Grand ».

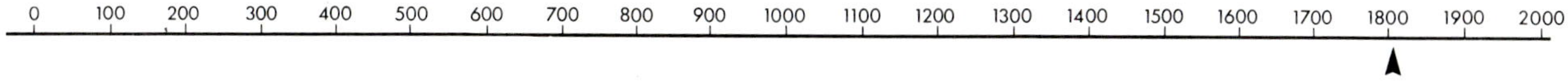

Joséphine. Ils pénètrent dans la nef de la basilique, où se presse une cohue si dense que sûrement on n'y ajouterait pas sans risque dix personnes de plus. Quand ils paraissent, cette foule se dresse, d'un seul élan, et pousse la même acclamation qui fait trembler les vitraux :

— Vive l'Empereur !

Ce jour-là, Napoléon vit l'heure la plus exaltante d'une carrière sans exemple. Sept mois plus tôt, le Sénat a proclamé que, désormais, un Empereur régnerait en France et que la dignité impériale s'exercerait, au sein de la famille Bonaparte, de père en fils. Les Français avaient jusque-là vécu sous trois dynasties : les Mérovingiens, les Carolingiens, les Capétiens. Une quatrième leur est offerte : les napoléoniens. Appelés à voter, ils vont l'accepter à une énorme majorité. Pour couronner le nouvel Empereur, le pape Pie VII est venu de Rome.

Empereur et roi

Des fanfares triomphales retentissent. Très pâle, Napoléon s'avance vers le trône qui l'attend, face à celui du pape.

Quand l'instant sera venu du couronnement, au moment où Pie VII s'apprêtera à poser la couronne sur la tête du nouvel Empe-

Le peintre David dans sa reconstitution de la scène du sacre a choisi le moment où l'empereur ayant pris la couronne des mains du pape l'élève et la dépose sur la tête de Joséphine, vêtue de brocart d'argent, « resplendissante de diamants ». Lui-même, couronné de feuilles de laurier en or, porte le grand collier de la Légion d'honneur. Son sceptre est surmonté d'un aigle. Le manteau du sacre est de velours pourpre doublé d'hermine.

reur, Napoléon la lui prendra des mains et s'en couvrira seul. A la face de tous il a voulu montrer qu'il ne doit l'Empire qu'à lui-même.

Il se penche vers son frère aîné et murmure :

— Joseph, si notre père nous voyait !

Cet Empire qui vient de naître sera plus encore que le Consulat centré sur la personne de Napoléon. Celui-ci exige des citoyens, civils et militaires, une obéissance absolue. Les années passant, l'État donne une place toujours plus grande à la police. Les journaux n'impriment que ce que permet le gouvernement. Le jour viendra même où la seule signature de l'Empereur suffira pour jeter quelqu'un en prison. On est revenu à ces abus que les Français condamnaient si fort en 1789.

Pourtant Napoléon restera longtemps populaire. Comment l'expliquer ? Une petite histoire suffit peut-être.

Un jour que Napoléon passe au milieu de la foule qui l'acclame, une femme du peuple crie plus fort que les autres :

— Vive l'Empereur !

Un aristocrate, agacé, lui dit :

— Pourquoi êtes-vous si contente ? Il est devenu pareil à ce roi que vous avez envoyé à la guillotine.

— Non, répond la femme, celui-ci est des nôtres !

Une France de 130 départements

« Monsieur mon Frère, appelé au trône de France par la Providence et par les suffrages du Sénat, du peuple et de l'armée, mon premier sentiment est un vœu de paix. »

C'est au roi George d'Angleterre que Napoléon, un mois jour pour jour après avoir été couronné empereur, offre de mettre fin à la guerre qui sévit toujours entre les deux pays. L'Angleterre va refuser. Elle ne supporte pas qu'une trop grande puissance s'établisse sur le continent et en vienne à menacer la sienne.

Le rêve de Napoléon serait de pouvoir unifier l'Europe et d'en faire une union — on dit : confédération — d'États. Il voudrait l'organiser comme il a organisé la France.

Toujours l'Angleterre s'acharnera à l'en empêcher. Comme elle sait que seule elle ne peut vaincre Napoléon, elle va sans cesse susciter contre lui des associations — on dit : coalitions — de pays qui vont lui faire la guerre et contre lesquels il devra pendant dix ans exercer son incomparable génie militaire.

Au moment même où, à Boulogne-sur-Mer, il réunit des forces considérables dans le but d'envahir enfin cette irréductible Angleterre, les Russes et les Autrichiens, encouragés par la même Angleterre — comme c'est curieux ! — l'attaquent au centre de l'Europe, cependant que l'amiral anglais Nelson anéantit sa flotte à Trafalgar. En quelques jours, l'armée française — marchant parfois 80 km par jour — va se retrouver dans ce qui est aujourd'hui la Tchécoslovaquie. Pour l'anniversaire de son sacre, Napoléon écrase ses ennemis à Austerlitz (2 décembre 1805). Il en sera de même des Prussiens à Iéna (14 octobre 1806), des Russes à Friedland (14 juin 1807).

A chacune de ses victoires, Napoléon arrache de nouveaux lambeaux des pays vaincus, ce qui lui permet d'agrandir l'empire français. Celui-ci finira, en 1811, par compter 130 départements !

De ses frères et sœurs, Napoléon a dit :

— J'en fais une famille de rois qui se rattacheront à mon système fédératif.

L'impératrice Joséphine, première femme de Napoléon.

Marie-Louise, seconde femme de Napoléon.

Le peintre Isabey a représenté le petit « roi de Rome », fils de Napoléon et de Marie-Louise, à un an.

600 000 hommes à l'assaut de Moscou

C'est ainsi que Joseph sera roi d'Espagne, Louis roi de Hollande, Jérôme roi de Westphalie, Murat — époux de Caroline Bonaparte — roi de Naples ; que ses autres sœurs recevront des principautés et des duchés. Napoléon pratiquera aussi la politique des mariages de famille : son frère Jérôme épouse la fille du roi de Wurtemberg, son beau-fils Eugène de Beauharnais devient le gendre du roi de Bavière et lui-même, divorçant de Joséphine qui ne lui a pas donné de fils, se mariera avec la fille de l'empereur d'Autriche, Marie-Louise.

Le fils de l'avocat d'Ajaccio a donc épousé la descendante de Charles Quint, de Louis XIV, de Marie-Thérèse — la nièce, aussi, de Marie-Antoinette, de sorte que l'Empereur pourra désormais répéter, non sans une satisfaction évidente :

— Mon pauvre oncle Louis XVI !...

Quand le canon se met à tonner sur Paris, le 20 mars 1811, un million de Parisiens retiennent leur souffle. Tout le monde sait que l'impératrice Marie-Louise attend un enfant. Nul n'ignore que,

Napoléon, quand il est à la guerre, est suivi d'une voiture contenant ses affaires personnelles : vaisselle, habits, livres, nécessaire de toilette, meubles. Ici, nous voyons une fidèle reconstitution, sous une tente, de son mobilier, très simple. Pour tenir moins de place, le lit, le fauteuil, le tabouret, la table peuvent se plier. Ils se montent et se démontent facilement. Les pieds du lit sont prolongés par des montants qui peuvent soutenir des rideaux. Le matelas est mince. L'Empereur a une puissance de travail extraordinaire et ce lit ne lui sert que quelques heures par nuit. Parfois, dans la journée, il dormait un quart d'heure et se retrouvait en pleine forme.

lorsqu'elle aura accouché, on tirera le canon : vingt et un coups pour annoncer la naissance d'une fille, cent un pour un fils.

Un million de Parisiens comptent :

— Dix-huit... dix-neuf... vingt... vingt et un...

A-t-on fini ? Est-ce une fille ? Non ! Voici que l'on tire le vingt-deuxième coup. C'est un fils ! A l'instant, les Parisiens jaillissent dans les rues, ils lancent leurs chapeaux en l'air, c'est, constate un témoin, « un long cri de joie qui part comme un mouvement électrique ».

Au château des Tuileries, dans le grand salon où la cour impériale attend autour de Napoléon, soudain la porte s'est ouverte et Mme de Montesquiou, gouvernante du jeune prince, est apparue, portant précieusement dans ses bras le minuscule nouveau-né.

Alors, le chambellan, d'une voix forte, a annoncé :

— Le roi de Rome !

Tel est le titre que Napoléon a décerné à son fils, à celui qui doit hériter un jour son immense empire. Plus tard, le poète Victor Hugo, en d'inoubliables vers, ressuscitera le tumulte d'orgueil qui a dû ce jour-là soulever l'esprit de Napoléon :

— L'avenir est à moi ! répétait-il.

Le poète lui a répondu :

— Sire, l'avenir est à Dieu !

Ici, c'est le poète qui voit juste. La guerre d'Espagne a ouvert une blessure au flanc de l'Empire. Le peuple espagnol tout entier s'est révolté contre celui qui a voulu l'asservir : c'est la *guerilla* dont Napoléon ne viendra jamais à bout.

En 1807, le tsar de Russie, Alexandre, a signé un traité d'alliance avec Napoléon. Depuis, il ne pense qu'à prendre sa revanche. Pour frapper l'Angleterre — toujours elle — Napoléon a voulu la ruiner en décrétant le *blocus continental :* il est interdit aux nations européennes d'acheter et de vendre des marchandises aux Anglais. Le tsar refuse de se plier à ce blocus.

Napoléon, pour l'y contraindre, mobilise plus de soldats qu'on n'en a jamais commandé : tous ceux de l'Empire et de ses alliés, 600 000 hommes. C'est la Grande Armée. Elle pénètre en Russie, bat Alexandre, parvient à Moscou. L'incendie allumé par le comte Rostopchine livre la Grande Armée, perdue dans les steppes, au terrible hiver russe.

Qui pourrait oublier l'effroyable retraite de Russie et le passage par les soldats en retraite de la Bérézina prise par les glaces ? La neige est semée de cadavres. Il n'y a plus de Grande Armée.

Les soldats le touchaient comme une idole

La France est lasse de la guerre. Comment ne le serait-elle pas ? Cette guerre dure depuis 1792 ! Beaucoup de jeunes Français désertent ou se mutilent volontairement. En 1813, Napoléon parvient malgré tout à reconstituer une nouvelle armée. Les nouveaux conscrits sont d'âge si tendre qu'ils font penser à des jeunes filles : on va les surnommer les « Marie-Louise ».

Malgré leur inexpérience, ils vont pourtant participer victorieusement aux deux batailles gagnées en Allemagne par Napoléon, à Lutzen et Bautzen. Ils n'en seront pas moins écrasés avec lui à Leipzig (16-18 octobre 1813), défaite qui sonne le glas des espoirs de l'Empereur.

Autrichiens, Russes, Prussiens, Anglais — les Alliés — envahissent la France. Napoléon met tout son génie à leur livrer bataille séparément. Il les bat à plusieurs reprises. Cet homme qui a vieilli et pris du ventre retrouve tout à coup les bottes du jeune Bonaparte. Sur le plan straté-

Nous sommes en 1814 dans la cour du château de Fontainebleau. Napoléon, vaincu, fait ses adieux à la garde : « Je pars, vous mes amis, continuez à servir la France... » Certains vieux compagnons sanglotent. L'Empereur embrasse le général et le drapeau avant de partir pour l'île d'Elbe où le suivront quelques fidèles et mille hommes de sa garde. Le peintre Horace Vernet a immortalisé cette scène.

gique la campagne de France reste comme un chef-d'œuvre. Hélas, le rapport des forces se révèle presque de un à dix.

Quand les Alliés s'emparent de Paris, l'Empereur abdique à Fontainebleau (31 mars 1814). Ce sont les fameux « adieux ». Au moment où celui que l'on appelle le *petit caporal* embrasse le drapeau tricolore, ses « grognards » qui l'ont suivi jusqu'aux Pyramides, à Berlin, à Madrid, à Moscou pleurent...

Les Alliés lui ont conservé son titre et accordé un royaume dérisoire : l'île d'Elbe, entre la Corse et l'Italie. L'homme qui avait fait trembler l'Europe ne règne plus que sur quelques kilomètres carrés !

Les Cent Jours

On pourrait croire que l'épopée est achevée. Pas du tout. Napoléon sait que les Français le regrettent. Avec la poignée de grenadiers que lui ont laissée ses vainqueurs il s'évade de l'île d'Elbe, débarque en France entre Antibes et Cannes, à Golfe-Juan, marche sur Paris.

Il est seul contre le roi Louis XVIII rétabli sur son trône par les Alliés, seul contre l'armée, la gendarmerie, la police, l'administration. Seul contre un peuple de 25 millions d'habitants.

Il s'écrie, faisant allusion à l'emblème qu'il s'est choisi, l'aigle :

— Les aigles impériales voleront, de clocher en clocher, jusqu'aux tours de Notre-Dame !

Il tient parole.

Dès qu'il a été prévenu du débarquement de « l'usurpateur », Louis XVIII a envoyé des troupes contre lui. Le général Marchand, qui défend Grenoble, a reçu l'ordre d'arrêter la marche des « brigands de Buonaparte ». Napoléon n'ignore pas que c'est son sort qui va se jouer.

A Laffrey, un bourg de montagne, va se situer la rencontre historique. Sous le commandement du capitaine Randon les soldats du 5e régiment de ligne s'avancent pour barrer la route à la petite armée elboise.

— Halte ! Faire face ! ordonne Randon à des hommes « pâles comme la mort ».

Un homme seul marche vers eux : Napoléon, revêtu de la fameuse redingote grise et du non moins célèbre petit chapeau.

Fou d'angoisse, Randon hurle :

— Le voilà ! Feu !

Pas un homme n'obéit. L'Empereur, à son tour, s'est arrêté. Il dit, « d'une voix forte » :

— Soldats du 5ᵉ, je suis votre empereur. Reconnaissez-moi.

Il reprend sa marche, fait deux ou trois pas, entrouvre les pans de sa redingote et crie :

— S'il est parmi vous un soldat qui veuille tuer son empereur, me voilà !

Ce qui lui répond, c'est un immense cri de *Vive l'Empereur !* Les hommes du 5ᵉ brisent les rangs, se ruent en désordre vers Napoléon, l'entourent, l'acclament, s'agenouillent. Certains touchent ses bottes, son épée, sa redingote, comme ils le feraient d'une idole.

A chaque rencontre la scène se reproduira. Un plaisantin affichera aux grilles des Tuileries, à Paris, ce soi-disant message de Napoléon à Louis XVIII : « Mon bon frère, il est inutile de m'envoyer encore des soldats. J'en ai assez. »

L'Empereur, acclamé surtout par les ouvriers et les paysans qui voient en lui l'héritier des idées de la Révolution, va rentrer dans Paris et retrouver son trône sans qu'ait été tiré un seul coup de fusil. Jamais dans l'histoire on n'avait vu rien de comparable au « vol de l'aigle ». Sans doute ne le reverra-t-on jamais.

Ce nouveau règne n'en restera pas moins sans lendemain : il ne durera que cent jours. L'Europe ne veut décidément plus de Napoléon. Contre lui, elle mobilise de nouvelles armées que l'Empereur rencontrera en Belgique, à Waterloo. Un affrontement gigantesque qui, tout au long de la journée du 18 juin 1815, restera indécis.

Malgré des prodiges d'héroïsme — tels que les charges de cavalerie du maréchal Ney — Napoléon perd la bataille.

Il se livrera aux Anglais qui l'enfermeront dans une île de l'Atlantique Sud, à soixante douze jours de mer de l'Europe : Sainte-Hélène. Il y mourra le 5 mai 1821.

Quand il était écolier à Brienne, il avait de sa main, dans son cahier de géographie, énuméré les possessions anglaises. A la dernière ligne, il avait écrit :

« Sainte-Hélène, petite isle. »

Après quoi il avait fermé le cahier pour ne plus jamais l'ouvrir. Comme s'il avait deviné que, pour lui, la dernière page serait toujours Sainte-Hélène.

Napoléon a vieilli. Dans son exil de Sainte-Hélène, toute petite île anglaise perdue dans le sud de l'Atlantique, il s'ennuie. Il dicte ses mémoires, il joue avec les enfants de ceux qui l'on suivi si loin. Il se sent las et malade. Chaque jour, il fait la même courte promenade. Habillé simplement, coiffé d'un chapeau de paille, il songe à sa France lointaine qu'il ne reverra plus et à son fils qui grandit loin de lui et dont il ne reçoit plus de nouvelles.

LE SIÈCLE DE VICTOR HUGO

N°33
St PIERRE

Le retour de la monarchie

Après Napoléon, les Français connaissent la plus longue période sans guerre de leur histoire. Mais les rues de Paris, périodiquement, se hérissent de barricades, d'où la scène que vous voyez à droite. Les rois Charles X en 1830, et Louis Philippe en février 1848 abdiquent devant les révoltés. En juin 1848, les républicains eux, résistent à l'émeute.

On voit, à gauche, Louis XVIII (1814-1824), frère cadet de Louis XVI, accueilli par ses fidèles quand il revient pour régner à la place de Napoléon. Près de lui, son cousin Louis Philippe (1830-1848), porté sur le trône par la révolution de 1830 et renversé par celle de 1848. Son épouse, la bonne reine Marie-Amélie et lui ressemblent à des bourgeois. On appelle son règne la « monarchie bourgeoise ». Au-dessus de lui, à cheval, Napoléon III. D'abord élu président de la République en 1848, fait un coup d'État et rétablit l'Empire.

Mais ce qui caractérise l'époque, c'est ce qu'on appelle « la révolution industrielle » et l'apparition du chemin de fer (1837) dont vous imaginez quel extraordinaire changement il va apporter dans la circulation des hommes et des marchandises. Regardez le couple qui admire la locomotive. La femme est à la mode Second Empire. Tandis qu'une partie des Français s'enrichit, le développement industriel a entraîné l'urbanisation, la multiplication des ouvriers, mal payés et déracinés et, parfois chômeurs. De là découleront des émeutes.

Si le visage de Victor Hugo domine toutes ces scènes, c'est que le grand poète, ce grand romancier, cet homme politique (1802-1885), a reflété intensément par sa vie et ses écrits les grandeurs et les injustices de son siècle.

Dans la calèche découverte tirée par huit chevaux qui, le 3 mai 1814, s'avance lentement par la rue Saint-Honoré vers le palais des Tuileries, le roi Louis XVIII — le frère cadet de Louis XVI revenu d'un exil de vingt-trois années — salue largement la foule dont les acclamations font s'envoler haut vers le ciel les pigeons de Paris.

Le long du parcours, la garde qui, hier encore, était celle de Napoléon fait la haie. Mais beaucoup de « grognards » fidèles à leur empereur, ont rabattu leur bonnet à poil jusque sur leurs yeux : ils estiment que mieux vaut ne rien voir du tout que d'avoir à subir un tel spectacle !

Au milieu de la foule, voici, près de sa mère, un garçon de douze ans qui trépigne et crie plus fort encore que les autres :

— Vive le roi !

Cet enfant est pourtant fils d'un général de Napoléon, ancien volontaire de la République, le général Hugo. Il se prénomme Victor et deviendra notre plus grand poète. Mais, entre l'opinion de son père bonapartiste et celle de sa mère, il a choisi le royalisme de Mme Hugo. Et il s'égosille à crier derechef :

— Vive le roi !

L'année suivante, un autre petit garçon va, du sud au nord, traverser la France. Il a dix ans et il est fils d'un ancien député à la Convention que Napoléon avait nommé sous-préfet. Il s'appelle Auguste Blanqui et sera un jour un homme politique célèbre. Avec une vieille tante et ses quatre frères et sœurs, il va se mettre en route au moment où Napoléon, vaincu à Waterloo, est emmené à Sainte-Hélène.

La France que parcourt Auguste est occupée par les vainqueurs qui étalent partout leur orgueil et leur mépris. Dans le Midi, les royalistes massacrent ceux — tel le maréchal Brune — qui ont servi la Révolution ou l'Empire : c'est la *Terreur blanche*.

Auguste Blanqui n'oubliera jamais ce double souvenir : les vengeances pratiquées par les royalistes et l'occupation humiliante de notre pays.

Victor Hugo et Auguste Blanqui ne se rencontreront qu'une seule fois, en 1848. Ils ne se parleront même pas. Si j'ai rapproché ici leurs noms, c'est parce que les réactions de ces deux enfants illustrent bien le fossé qui, au cours de tout le XIXe siècle, va séparer les Français. Le petit Victor Hugo est royaliste parce qu'il croit que les Bourbons vont rendre à la France la liberté que Napoléon lui a ôtée. Le petit Auguste Blanqui déteste Louis XVIII parce qu'il voit en lui l'homme qui est revenu en France grâce aux ennemis de notre pays et qui doit fatalement anéantir les conquêtes de la Révolution.

Pendant près de cent ans, les Français vont chercher éperdument quel est le meilleur régime, celui des amis de la Révolution ou celui des adversaires de la Révolution. Les uns, comme Blanqui, resteront toute leur vie fidèles à leurs idées. Les autres, comme Victor Hugo, évolueront. Ils seront les plus nombreux.

Victor Hugo jeune. Il est le chef de file d'une école nouvelle, le Romantisme. Il est à la fois poète, historien, homme de théâtre, romancier, homme politique. Il mourra en 1885.

Louis XVIII

Au palais des Tuileries, où chaque meuble, chaque tableau, chaque tapis rappelle le souvenir de « l'autre » — l'autre, c'est Napoléon — le roi Louis XVIII s'avance à petits pas hésitants vers ses fidèles.

Il n'est pas particulièrement exaltant, ce roi serré dans un habit bleu à boutons d'or. Il a soixante ans. Ses jambes, déformées par la goutte et protégées par de longues guêtres, se dérobent souvent sous le poids de son ventre énorme et il est presque incapable de marcher sans aide. Il y a longtemps qu'il ne peut plus monter à cheval. Pourtant, Louis XVIII va se montrer l'un de nos rois les plus intelligents. Parti pour l'exil dès les premiers temps de la Révolution, il a depuis lors vécu à l'étranger. Son grand mérite est d'avoir compris qu'on ne pouvait effacer d'un trait tout ce qui s'était passé dans notre pays de 1789 à 1815.

Son frère le comte d'Artois et sa nièce la duchesse d'Angoulême voudraient qu'on revienne tout simplement à la monarchie absolue. Louis XVIII s'y refuse. Il ne veut pas diviser les Français mais au contraire les réconcilier. C'est pourquoi il accorde une *Charte* qui reconnaît les conquêtes politiques et sociales de la Révolution : le Code civil, l'égalité de tous devant la loi, la possibilité d'accéder à tous les emplois, la liberté de pratiquer sa religion.

La Charte prévoit que deux chambres voteront les lois : une Chambre des députés, élue pour cinq ans par les citoyens qui payent 300 F d'impôt — seulement 100 000 dans tout le royaume — et une Chambre des pairs nommée par le roi. Louis XVIII va même plus loin. « Trop loin », disent certains royalistes. Sous la Révolution les biens des nobles émigrés et les propriétés de l'Eglise ont été vendus, la plupart du temps à des bourgeois : on les a appelés des *biens nationaux*. Louis XVIII décide que ces biens resteront à leurs nouveaux propriétaires.

Bref, le roi se montre sage et modéré. Un grand Premier ministre, le duc de Richelieu, ami du tsar de Russie, obtient que soient allégées les charges qui pèsent sur notre pays. Grâce à lui, les troupes étrangères évacuent rapidement le territoire ; la France, avec la paix, retrouve sa prospérité.

Le duc d'Angoulême prend le commandement d'une expédition en Espagne. C'est un bon chef militaire. A Cadix, il attaque et prend le fort avancé du Trocadéro, rétablit l'ordre et replace sur son trône Ferdinand VII, roi d'Espagne.

Nous le voyons ici baisant la main de son oncle Louis XVIII à qui il fait l'hommage de sa victoire. La scène se passe sur un balcon des Tuileries où ont pris place des membres de la famille royale. Au fond du tableau se dresse, au bout des Champs-Élysées, le jeune arc de triomphe (en cours de construction) qui faillit s'appeler Arc du Trocadéro.

L'assassinat du duc de Berry

Le dimanche 13 février 1820, à la nuit tombée, Paris disparaît sous un épais brouillard. Il fait humide et froid. Rue Rameau, un homme et une femme sortent de l'Opéra : le duc de Berry, neveu de Louis XVIII et héritier du trône, accompagné de son épouse Marie-Caroline.

La calèche de Leurs Altesses s'avance. Marie-Caroline y monte. Pendant le spectacle, elle s'est trouvée fatiguée et le duc lui a conseillé de ne pas attendre la fin de la pièce pour rentrer.

La voiture va s'ébranler ; le duc de Berry se retourne pour gagner le théâtre. A ce moment précis un homme passe comme une flèche entre la voiture et lui. Il tombe littéralement sur le duc.

— Voici un fameux brutal ! s'exclame l'héritier du trône.

— Prenez donc garde ! lance l'un de ceux qui accompagnent le coupe royal en tirant l'inconnu par son habit.

Mais l'homme s'est sauvé déjà et disparaît par la rue de Richelieu.

Soudain, le duc pousse un cri :

— Je suis assassiné ! Cet homme m'a tué !

La duchesse saute de voiture, se précipite, éperdue, vers son mari. Celui-ci, appuyé sur une borne, vient d'arracher de sa poitrine une lame aiguë, grossièrement emmanchée dans un morceau de bois.

Transporté dans un salon de l'Opéra, il y mourra dans la nuit.

On a arrêté son assassin, un certain Louvel. Il avoue avec cynisme qu'en tuant le duc de Berry il espérait anéantir la famille de Bourbon. Comment aurait-il su en effet que la duchesse de Berry attendait un enfant ? Quand celle-ci donnera naissance au duc de Bordeaux — plus tard comte de Chambord — les royalistes parleront de l'*enfant du miracle*.

Mais cet assassinat va marquer un tournant dans la politique française. Les Français qui souhaitent obtenir plus de libertés se révèlent de plus en plus nombreux : on les appelle les libéraux.

Un grand écrivain devenu ministre, Chateaubriand, va s'écrier :

— Le poignard qui a tué le duc de Berry est une idée libérale !

Louis XVIII se voit forcé de mettre fin à la politique modérée qu'incarnait le successeur de Richelieu, le duc Decazes. A sa mort (1824) son frère, qui n'est malheureusement pas doté de la finesse de son prédécesseur, devient roi sous le nom de Charles X. Trois frères, petits-fils de Louis XV, auront donc régné successivement : Louis XVI, Louis XVIII, Charles X. Charles X aggrave les mesures contre les libéraux.

En juin et juillet 1830, alors que l'armée française vient de prendre Alger et que logiquement le roi devrait bénéficier de ce grand succès, l'opposition envoie à la Chambre 274 députés contre seulement 143 représentants du parti gouvernemental. Charles X refuse de tenir compte de ce raz de marée.

Il va signer quatre *ordonnances* qui sont autant de provocations : il s'agit d'accroître le contrôle des journaux, de modifier le mode d'élection des députés, de dissoudre la Chambre et de fixer la date de nouvelles élections.

Le président du Conseil, prince de Polignac, affirme à Charles X que Paris ne bougera pas. Quelle erreur !

Les Trois Glorieuses

Dans les bureaux du *National* — un des principaux journaux libéraux — un tout petit homme hurle d'une voix suraiguë pour obtenir le silence. Il s'appelle Adolphe Thiers, il est marseillais, journaliste, et s'est fait connaître par l'énorme succès d'une *Histoire de la Révolution française*. A l'annonce de la publication des ordonnances, Thiers a convoqué au *National* les principales personnalités libérales : des journalistes, bien sûr, mais aussi des avocats, des écrivains.

De cette réunion va sortir un appel signé de quarante-quatre noms, invitant les députés à organiser la résistance : « Le régime légal est interrompu, celui de la force a commencé... L'obéissance cesse d'être un devoir ! »

Dans l'après-midi du 27 juillet 1830, les premières barricades s'élèvent, les premiers coups de feu sont tirés. Charles X remet le commandement des troupes — 10 000 hommes — au maréchal Marmont. Comme les Parisiens estiment que celui-ci, en 1814, a trahi Napoléon, leur colère s'en accroît d'autant. Ils s'enhardissent. Par les fenêtres ouvertes — il fait très chaud — des bûches de bois, de vieilles marmites, des pots de fleurs commencent à pleuvoir sur la troupe qui sillonne Paris. Bientôt, les soldats ouvrent le feu sur les manifestants.

Vers 5 heures de l'après-midi, on voit paraître un ouvrier boulanger, le torse nu, portant sur ses épaules le cadavre d'une femme. Il s'avance vers une compagnie de 5e régiment de ligne et dépose, devant les soldats, le corps ensanglanté, en hurlant :

— Voilà comment vos camarades arrangent nos femmes ! Allez-vous en faire autant ?

Un peu plus tard, deux compagnies du 5e de ligne passent à l'émeute. Dans la nuit, le peuple pille les boutiques des armuriers pour se procurer des armes. On dépave les rues.

Le 28 au matin, on voit flotter partout dans Paris le drapeau tricolore, celui de la Révolution et de l'Empire. A ce spectacle, Victor Hugo ne peut retenir son émotion : ce drapeau a été celui de son père. Beaucoup de Français vont réagir comme le poète qui, cette même année 1830, vient, en faisant jouer *Hernani,* d'assurer le triomphe d'un genre littéraire révolutionnaire : le *romantisme.*

Marmont tente une offensive. Ses soldats doivent se replier autour du Louvre et de la place Vendôme. A la fin de la journée, sa situation se révèle désespérée. Il fait dire à Charles X que le mieux serait de retirer les ordonnances. Le roi répond :

— Que les insurgés déposent les armes ! Ils connaissent assez ma bonté pour être sûrs du pardon le plus généreux.

Extraordinaire aveuglement ! Le 29, le peuple attaque et enlève le Palais-Bourbon, puis le Louvre. Marmont, reconnaissant sa défaite, évacue Paris. Dans la soirée, Charles X — enfin ! — fait savoir qu'il retire les ordonnances. Trop tard : le peuple ne veut plus des Bourbons. Charles X devra partir pour l'exil.

Pendant les journées d'insurrection — on les appellera les *Trois Glorieuses* — certains émeutiers avaient crié : « Vive la République ! », d'autres : « Vive Napoléon II ! ». Ils n'obtiendront ni l'un ni l'autre. Thiers présente la candidature du duc d'Orléans, cousin de Charles X, dont les opinions libérales sont connues.

Nos trois derniers rois : Louis XVIII en costume de sacre et son frère Charles X qui n'est encore que comte d'Artois sur ce portrait, sont tous deux frères de Louis XVI. Quant à Louis-Philippe Ier, roi des Français et cousin des deux précédents, il a choisi la tenue militaire au pantalon rouge.

1830, une révolution qui n'a pas changé grand-chose

Nous sommes le 27 juillet 1830, première journée des Trois Glorieuses *; le roi Charles X vit les derniers moments de son règne. L'auteur de ce tableau, Édouard Detaille, n'est pas né au moment de cette courte révolution. Il a donc imaginé la scène en recueillant des témoignages. A Paris, rive gauche, près de la Seine, plusieurs barricades s'élèvent. Les tonneaux du débit de vin ont été amoncelés dans la rue et des pavés sortis de la chaussée. Au premier plan, deux hommes chargent un blessé sur un matelas. D'autres blessés tombent en haut de la barricade. Des gardes nationaux ont rejoint les rangs des insurgés tandis que, debout, au sommet, un polytechnicien salue avec son sabre.*

Au balcon de l'Hôtel de Ville, le vieux La Fayette paraît aux côtés du duc et s'écrie :

— Le duc d'Orléans, c'est la meilleure des républiques !

Ainsi le duc devient-il roi sous le nom de Louis-Philippe Ier.

Le parapluie de Louis-Philippe

Cet homme de cinquante-sept ans qui, le parapluie à la main, s'avance dans les rues de Paris en saluant largement et en s'arrêtant pour parler aux ouvriers, c'est le nouveau roi des Français.

Roi des Français, et non, comme tous ses prédécesseurs, roi de France. Par cette différence, Louis-Philippe tient à marquer son attachement à la *démocratie,* c'est-à-dire le gouvernement du peuple par lui-même. Il règne sur les Français qui l'ont choisi et non sur une France qui serait sa propriété. Délibérément, il accentue son apparence de « Français moyen ». D'où son surnom de *roi bourgeois.*

Ne croyez pas que ce soit là de l'*opportunisme,* autrement dit la volonté de se plier à une situation donnée. A dix-sept ans, sous la Révolution, Louis-Philippe d'Orléans a fait partie du club des Jacobins. Il s'est battu dans l'armée révolutionnaire à Valmy et à Jemmapes. La désertion de son chef, Dumouriez, l'a contraint à l'exil. Comme son père, Philippe-Egalité, a voté la mort de Louis XVI, les rois de l'Europe lui en ont voulu. Il n'avait rien, il était pauvre. Pour gagner sa vie, il est devenu précepteur. Ce sont là des expériences qui marquent un homme.

Sa femme, Marie-Amélie, lui a donné neuf enfants dont huit ont survécu, cinq garçons et trois filles, tous beaux et intelligents. Il envoie ses fils au lycée. Cette famille mène une vie d'une grande simplicité. Devenu roi, Louis-Philippe n'y changera rien.

Plus les années passent et plus se révèle pourtant son goût profond pour le pouvoir. Il n'aime que les ministres qui lui obéissent et fait en sorte d'imposer à tous ses vues.

En fait, la révolution de 1830 n'a presque rien modifié en France. On s'est borné à augmenter le nombre de ceux qui votent : ils étaient 100 000, ils deviennent 168 000 puis, à la fin du règne, 240 000. Ce qui, sur près de 32 millions et demi d'habitants, reste fort peu !

C'est pourquoi Louis-Philippe devra faire face, sur sa droite et sur sa gauche, à une double opposition qui n'hésitera pas à employer la violence contre lui : les *légitimistes,* fidèles à Charles X, qui tentent, avec la duchesse de Berry, d'amener la Vendée à s'insurger ; les *républicains* qui, avec Blanqui — nous le retrouvons —, cherchent à soulever Paris à plusieurs reprises, ou encore organisent des attentats contre le roi.

Louis-Philippe a poursuivi l'œuvre commencée par Charles X en Algérie. Une colonie prospère est en train de naître. On pourrait en être reconnaissant au roi. Ce n'est pas le cas. Les oppositions poursuivent leur harcèlement.

Victor Hugo, après avoir boudé pendant sept ans la « monarchie de juillet », finira par s'y rallier. Sa gloire de poète *(Les Chants du Crépuscule),* de romancier *(Notre-Dame de Paris)*, d'auteur dramatique *(Ruy Blas)* est devenue éclatante. Louis-Philippe lui demande des conseils et Hugo s'avoue séduit par ce souverain.

Pour Victor Hugo, la principale faute de Louis-Philippe, c'est d'avoir été « modeste au nom de la France ».

Il veut dire par là que, sous ce règne, la politique de la France a manqué de grandeur. C'est pourquoi les Français se sont mis à regarder vers un passé encore récent : peu à peu ils ont édifié, autour des souvenirs de l'Empire, la *légende de Napoléon.* Des marchands ambulants vendent partout le portrait de l'Empereur, on chante les chansons de Béranger qui exaltent sa mémoire et les vieux soldats, dans les villages, racontent les prodiges du « Petit Caporal » aux paysans émerveillés.

Louis-Philippe est un roi habile : il comprend le sentiment populaire et cherche à le mobiliser à son profit. Il envoie son fils le prince de Joinville à Sainte-Hélène chercher la dépouille mortelle de Napoléon : c'est le *retour des Cendres* qui bouleverse la France (décembre 1840).

Maquette d'une locomotive construite en 1829 pour un chemin de fer destiné à aller de Saint-Étienne à Lyon.

Le petit train de Saint-Germain

Ces voitures qui ressemblent les unes à des diligences, les autres à des plates-formes sur roues, cette locomotive qui crache à grand bruit la vapeur, c'est la plus extraordinaire des nouveautés à l'époque : un train.

Ce jour-là, 24 août 1837, la troupe garde l'embarcadère — on ne dit pas encore la gare — de la rue de Londres à Paris. D'une calèche escortée par la cavalerie descend une femme que l'on applaudit très fort ; c'est la reine Marie-Amélie. Si elle est là, c'est pour accomplir une mission : elle va inaugurer la première ligne de chemin de fer qui, en France, ait jamais emporté des voyageurs, celle de Paris à Saint-Germain.

On a discuté longuement avant de se décider à construire cette ligne. Les savants ont observé qu'une vitesse de 40 kilomètres à l'heure ne manquerait pas de susciter de graves troubles de santé chez les personnes transportées. L'audace l'a emporté. Les frères Péreire et le baron de Rothschild ont fourni les capitaux. La ligne achevée, encore fallait-il trouver des voyageurs ! Pour les encourager à emprunter le nouveau moyen de transport, les constructeurs ont demandé au roi d'inaugurer le nouveau chemin de fer. Les ministres ont répondu que le chef de l'Etat n'avait pas le droit de risquer sa vie. La reine Marie-Amélie et ses filles, avec un dévouement et un courage qui ont suscité l'admiration des Français, ont accepté de remplacer le roi.

La reine et les princesses montent dans un wagon en forme de « berline » où elles s'estiment fort à l'aise et confortablement assises. Avec beaucoup de dignité, elles tâchent de dominer leur angoisse. Six cents personnes s'entassent dans les autres voitures. On sonne du cor : c'est le signal du départ. Une légère secousse : on part !

Il ne faut que vingt-huit minutes pour arriver au Pecq, terminus provisoire de la ligne. Une voyageuse, Mme de Girardin, s'est montrée ravie d'un tel voyage : « On va avec une rapidité foudroyante, et cependant on ne sent pas tout l'effroi de cette rapidité. »

La reine et ses filles, arrivées et revenues saines et sauves du voyage, deviendront comme la publicité vivante du nouveau moyen de transport.

La grande conquête du siècle vient de prendre son élan. A vrai dire, la France doit reconnaître un sérieux retard dans ce domaine. Au 1er janvier 1848, quand l'Angleterre possédera 5 000 km de voies ferrées, notre pays n'en comptera que 1 800. Cependant, le mouvement va devenir irrésistible. En 1870, le réseau français comportera 17 440 km et, à la fin du siècle, la France dépassera l'Angleterre avec 42 000 km contre 37 000.

Grâce aux chemins de fer, les hommes et les marchandises circulent désormais facilement. Le chemin de fer est à l'origine du prodi-

Les premiers chemins de fer sont tirés par des chevaux qui sont évincés dès l'invention de la locomotive. Parfois on fixe la caisse d'une diligence sur une plate-forme de wagon, ce qui est assez pénible pour les voyageurs d'en haut lorsqu'un tunnel se présente. C'est pourquoi le chef du train de cette caricature de Daumier annonce : « Ne bougez pas pendant tout le trajet... il n'y a pas de voyage qu'il ne se perde ici un bras, une jambe ou un nez... et vous comprenez qu'il est impossible de les retrouver dans un souterrain tout noir qui a deux lieues de long ! ».

La vapeur révolutionne la navigation

Un bateau à roues actionné par la vapeur vient de s'arrimer au port. Il s'agit du premier paquebot France *mis en service en 1865 ; il mesure 105 m de long. Il arrive de New York chargé de voyageurs et de marchandises. Le bateau à vapeur va bien plus vite que le coche d'eau. Des enfants, courbés sous le poids des ballots, sont en train de le décharger. Bien que la loi de 1841 dise que : « de 8 à 12 ans, les enfants ne pourront être employés au travail plus de 8 heures sur 24, divisées par des repos. », ou encore ; « tout travail de nuit est interdit pour les enfants au-dessous de 13 ans », de nombreux enfants continuent de travailler durement car la loi est rarement respectée.*

gieux développement industriel qui va caractériser tout le XIXe siècle. Un bond en avant comme notre pays n'en a jamais connu et qui trouvera son apothéose, quelques années plus tard, sous le Second Empire. Mais l'aventure industrielle va aussi broyer les faibles : ceux qui travaillent de leurs mains.

Le travail des enfants

L'aube n'est pas encore levée. Il fait froid. Le petit Jacques, six ans, tremble dans son habit trop mince. Chaque matin, il parcourt la longue distance qui sépare son domicile de la *manufacture* : le nom que l'on donne alors aux usines. Il faut qu'il soit là avant 5 heures du matin. Il peine, car il n'a pas de forces : il ne mange pas à sa faim.

Partout en France des manufactures se sont construites. Il y a maintenant 6 millions d'ouvriers dans notre pays dont 1 300 000 travaillent dans les fabriques. Beaucoup de paysans ont quitté leurs champs pour chercher du travail à la ville. Comme il y a plus de demandes d'emploi que d'offres, les salaires sont restés très bas : un homme gagne 2 F par jour, une femme 1 F, un enfant 0,50 F. Sachez qu'un pain d'un kilo coûte 0,30 F, un costume d'homme 80 F et vous mesurerez la misère qui s'est abattue sur le monde du travail.

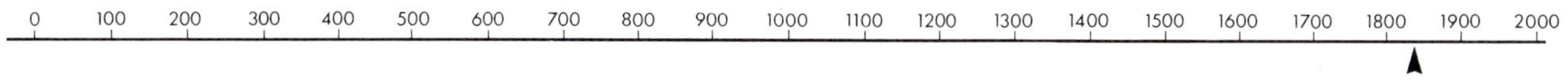

Le sort infligé à des enfants dès l'âge de cinq ans a ému beaucoup de gens compatissants — on les appelle des *philanthropes* — qui ont publié des livres remplis de détails qui nous bouleversent. De ces enfants, le docteur Villermé écrit : « Ils restent seize à dix-sept heures debout chaque jour, dont treize au moins dans une pièce fermée, sans presque changer de place ni d'attitude. Ce n'est pas là un travail, une tâche, c'est une torture. » Il dépeint le petit Jacques et ses compagnons d'infortune : « Ils sont maigres, chétifs, vieux, oui, vieux et ridés ; leur ventre est gros et leurs membres émaciés ; leur colonne vertébrale est courbée ou leurs jambes sont torses ; leur cou est couturé ou garni de glandes ; leurs doigts sont ulcérés et leurs os gonflés ou ramollis ; enfin ces petits malheureux sont tourmentés, dévorés par les insectes. »

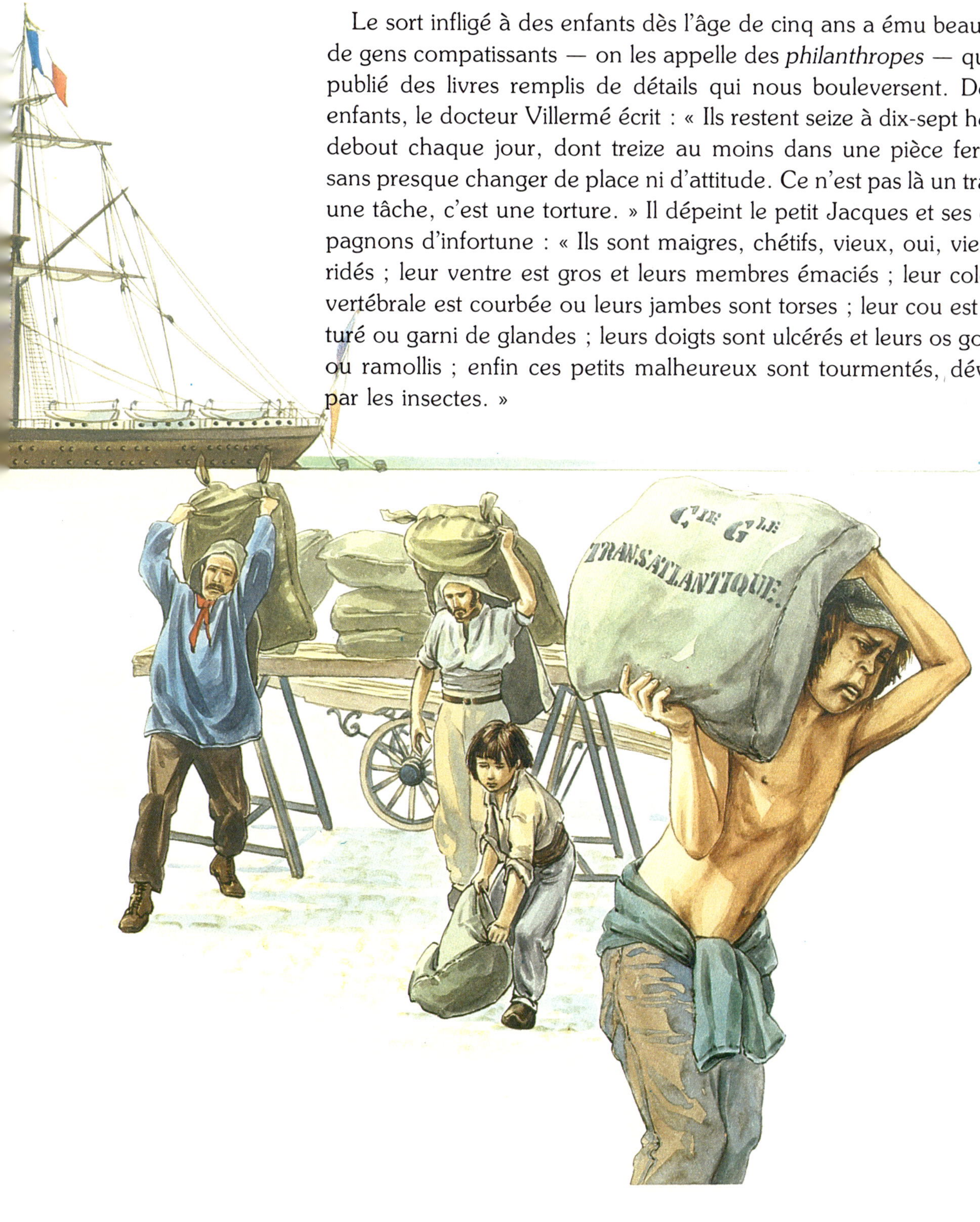

Ces ouvriers du milieu du XIXe siècle, l'un en casquette, large blouse, pantalon à carreaux, l'autre au gilet à damiers et à gros foulard, sont la vivante illustration de personnages de romans de Zola. Cet auteur a beaucoup écrit sur le monde ouvrier du XIXe.

En 1841, une loi va interdire de faire travailler les enfants de moins de huit ans et limiter la durée de la journée de travail. Ce qui veut dire que des milliers d'enfants comme vous ont connu, dès l'âge de huit ans et pour huit heures par jour, le travail tel qu'il se pratiquait alors en usine.

Souvenez-vous de ceci : jamais en France les ouvriers n'ont été aussi malheureux que dans la période qui va de 1815 à 1848. D'autant que, depuis la Révolution il leur est interdit de s'associer pour se défendre. Pas de syndicat. Toute grève est sanctionnée par des peines de prison.

Vous comprendrez que beaucoup d'hommes politiques, beaucoup d'écrivains aient demandé avec force que l'on s'occupe du sort des ouvriers. Pierre Leroux réclame le « socialisme », c'est-à-dire une plus grande égalité. Louis Blanc souhaite que l'on crée des « ateliers sociaux ». Cabet parle d'une société « collectiviste » où tout serait en commun. Des chrétiens tels qu'Ozanam appellent la société à un immense élan de charité, cependant que naît le « catholicisme social » (Montalembert, Lamennais).

En revanche, d'autres Français ne veulent pas que l'on mette en danger ce qu'ils appellent *l'ordre.*

Ceux-là se refuseront à comprendre l'insurrection des *canuts* (ouvriers en soie) qui éclate à Lyon, en 1834, parce que le travail manque et que les salaires sont trop bas. Le maréchal Soult, qui préside le gouvernement, la fait écraser par l'armée. Il y a beaucoup de morts. De même, quand une révolte semblable éclate la même année à Paris sous l'inspiration des républicains, on la réprime sans pitié : on massacre, rue Transnonain, tous ceux qui s'y sont retranchés.

Vous devez connaître de tels états d'esprit. Parce que les idées nées au XIXe siècle sont à l'origine de celles que défendent aujourd'hui nos différents courants politiques.

Révolution en 1848

Tout à coup, le 23 février 1848, à 10 heures du soir, un coup de feu part.

Une colonne de manifestants s'avance dans le boulevard des Capucines, brandissant des torches et agitant un drapeau rouge. A cette époque, c'est là que se trouve le ministère des Affaires étrangères sur lequel veille un détachement du 14e régiment de ligne. Qui a tiré ? Un sergent, semble-t-il.

Ce premier coup de feu est comme un signal : tous les fusils partent. Dans l'instant, des cadavres jonchent la chaussée, une quarantaine. Et aussi des blessés qui hurlent.

C'est ainsi qu'a éclaté la révolution de 1848. Depuis deux ans, un puissant mouvement réclamait en France une véritable *réforme* qui devrait faire « bouger » enfin la société que Louis-Philippe et son Premier ministre Guizot gardaient immobile. On réclamait le droit de vote pour tous les Français : le *suffrage universel.*

A la fin de 1847, le mouvement a pris d'autant plus d'ampleur que, cette année-là, la récolte — dans toute l'Europe — a été très mauvaise. Dans l'hiver 1847-1848, un million d'Irlandais sont morts de faim ! En France, on a manqué de blé et surtout de pommes de terre. Les paysans appauvris n'ont plus rien acheté et les industries ont fermé leurs portes : quatre ouvriers du textile sur dix ont perdu leur travail, deux mineurs sur dix. On a dû arrêter les chantiers des chemins de fer.

Faute de pouvoir se faire entendre, les « réformistes » organisent des banquets qui remportent un énorme succès. L'annulation par le gouvernement, le 22 février 1848, de l'un d'eux, annoncé aux Champs-Elysées, soulève la colère des Parisiens. D'où la manifestation, d'où la fusillade du 23.

En quelques heures, Paris se couvre de barricades. Louis-Philippe renvoie Guizot, mais la garde nationale bourgeoise et les troupes commandées par le général Bugeaud sont peu à peu gagnées par l'insurrection qui s'empare de l'Hôtel de Ville et marche sur les Tuileries.

Louis-Philippe comprend qu'il ne lui reste qu'une solution : il abdique en faveur de son petits-fils, le comte de Paris (24 février). Après quoi, avec Marie-Amélie, il doit fuir Paris. En fiacre.

A l'Hôtel de Ville, le poète Lamartine prend la tête d'un gouvernement provisoire et proclame la république. La formidable acclamation qui salue l'annonce du poète au balcon reflète très exactement la réaction du peuple français. D'un seul coup, tous les Français — des légitimistes aux socialistes — se retrouvent unis pour acclamer le nouveau régime. Hugo et Blanqui sont de ceux qui s'y rallient.

La constitution qui va être votée prévoit l'élection au suffrage uni-

Cet homme porté en triomphe symbolise la révolution de février 1848. Il cède la place à un gouvernement provisoire de la république, mais en juin 1848 il y a une tentative de révolution ouvrière. Elle est très sévèrement réprimée. C'est alors que va naître la Deuxième République.

versel d'une Assemblée nationale et d'un président de la République. Le 10 décembre 1848, Louis-Napoléon Bonaparte, neveu de l'Empereur, est élu pour quatre ans par une énorme majorité : 5 millions et demi de voix, 74,2 % des suffrages. Trois ans plus tard (2 décembre 1851), Louis-Napoléon, par un coup d'État, s'empare de la totalité du pouvoir et, l'année suivante, rétablit l'Empire. Ne voulant pas oublier que le roi de Rome a été proclamé empereur par les Chambres en 1815, il devient Napoléon III.

Blanqui, qui a voulu rendre plus révolutionnaire la Seconde République, est en prison. Hugo, qui s'est opposé au coup d'État, est en exil.

Le Second Empire

De la rue de Rivoli montent des acclamations frénétiques. Il est 6 heures du soir, ce 14 juin 1856.

Une haie ininterrompue de spectateurs enthousiastes garnit les trottoirs, des Tuileries jusqu'à Notre-Dame. Voici que s'approche le cortège, une longue file de carrosses. Dans une première voiture, on peut deviner, dans les bras de sa nourrice, un bébé en forme de petit paquet blanc. Ce n'est autre que le fils de l'Empereur, le Prince impérial, celui qui, pour les Parisiens, sera toujours « le petit prince ».

Des maréchaux aux uniformes brodés d'or cavalcadent aux portières du carrosse impérial. Napoléon III salue la foule et, à côté de lui, l'impératrice Eugénie, une Espagnole, en fait autant. Plus tard celle-ci confiera que de toutes les heures qui ont jalonné son règne, la plus radieuse, la plus éblouissante a été celle où, à Notre-Dame, son fils avait reçu le baptême.

Quant aux Parisiens, le même jour, ils n'ont cessé de répéter, parlant de Napoléon III :

— Quelle chance il a !

Rien de plus vrai. La France, engagée en Crimée avec l'Angleterre, vient de gagner la guerre contre la Russie. L'Europe entière se réunit en congrès à Paris pour signer la paix. La France retrouve sa primauté et les traités humiliants qui avaient marqué la défaite de Napoléon sont abolis. Le neveu a vengé l'oncle !

Une exposition internationale (1855) vient de démontrer avec éclat que notre pays a retrouvé sa prospérité. Une extraordinaire expan-

sion est en marche. Sous Napoléon III, la France moderne — la nôtre — est en train de naître.

La France de Napoléon III porte secours au royaume du Piémont, au nord de l'Italie. Ce royaume est attaqué par les Autrichiens. Ici la bataille de Solferino. Elle fut si sanglante (plus de 40 000 morts et blessés), qu'elle donna l'idée à un homme nommé Henri Dunant de fonder la Croix-Rouge. On voit ici l'Empereur, sur le champ de bataille, qui dirige lui-même les opérations. Il est à cheval au centre du tableau, il désigne la tour qui est le but à atteindre.

La fortune de la France

La France de Napoléon III vit sous ce que l'on appelle un régime autoritaire. Les députés sont élus au suffrage universel, mais ce qui l'emporte toujours, c'est la volonté de l'empereur. Celui-ci qui, tout jeune, n'a pas caché ses sympathies pour le socialisme, a remis en usage la constitution du premier Empire pour mieux assurer son pouvoir. Après le coup d'État de 1851, beaucoup d'opposants ont été arrêtés et envoyés de force en Algérie. Mais, à mesure que les années passent, l'empereur va chercher à rendre aux Français leurs libertés. Il y parviendra dans la dernière partie de son règne, lorsqu'il établira un véritable régime constitutionnel, l'*Empire libéral.*

La France est un pays centralisé, ce qui veut dire que le pouvoir s'exerce à Paris, aux Tuileries où résident l'empereur et l'impératrice.

Les débuts de la société de consommation

La France des chemins de fer, des banques, du télégraphe électrique devient aussi la France des grands magasins. Aristide Boucicaut fonde le Bon Marché, *« toute une rue du commerce à lui seul ». Avec* La Belle Jardinière, *c'est le plus vieux grand magasin de Paris.*

Sous le préfet Haussmann, Paris prend un nouveau visage. On démolit, comme ici Saint-Germain-des-Prés. On perce de larges rues, on achève le Louvre, on aménage des squares. Les rues sont éclairées au gaz et on crée un grand réseau d'égouts.

Napoléon III y a réuni la cour la plus brillante d'Europe. Il faut remonter au règne de Louis XV pour découvrir autant de faste autour du souverain. Les soirs de bals, trois à quatre mille danseurs et danseuses évoluent dans la salle des Maréchaux au rythme de la musique d'Offenbach et de l'orchestre de Strauss. Les tenues des invités, les robes et les bijoux de leur épouses, tout cela démontre que l'élégance peut faire bon ménage avec la richesse. D'un tel bal, le grand écrivain Flaubert sort en s'écriant :

— Sans blague, c'était splendide !

Il faut dire que des fortunes immenses se sont édifiées en peu d'années. C'est le triomphe définitif de la grande industrie, celui de la machine, de la vapeur. Il y avait en France 973 locomotives en 1850, il y en aura 4 855 en 1870. Les machines utilisées dans l'industrie passent de 5 322 à 27 958 !

La construction bénéficie de l'invention du ciment. On met au point l'éclairage au gaz. La première lampe à pétrole apparaît en 1851. Et aussi les premiers fourneaux à gaz utilisés par les particuliers. La machine à coudre pénètre dans les foyers.

Dans les mines, la production augmente de 160 %. De plus en plus le fer remplace le bois. Et l'aluminium devient un métal industriel. En 1861, la Roche-sur-Foron peut s'enorgueillir d'être la première localité française éclairée par l'électricité.

Avec le développement de l'industrie, du commerce, des travaux publics, des chemins de fer, il faut faire appel à des capitaux de plus en plus importants. L'activité de la Bourse s'accroît sans cesse. Plusieurs grandes banques sont créées, telles que la Société Générale et le Crédit Lyonnais.

Paris est remodelé de fond en comble sous l'inspiration du préfet Haussmann. C'est grâce à lui que nous pouvons circuler aujourd'hui. Des *grands magasins* tels que le Bon Marché facilitent les achats et contribuent à faire baisser les prix.

La fortune de la France est en train de s'édifier. Nous allons peu à peu prêter à tant de pays étrangers que l'on pourra dire que nous sommes devenus les banquiers du monde entier. Cela durera jusqu'en 1914.

Tous ces succès expliquent que la popularité de Napoléon III soit longtemps restée grande : à la suite d'une guerre victorieuse en Italie (1859) n'a-t-il pas agrandi la France de Nice et de la Savoie ?

Le 8 mars 1870, un plébiscite — vote par lequel le corps électoral répond à une question — accorde encore une fois à Napoléon III une majorité considérable : 7 358 000 *oui* contre 1 572 000 *non*. Ceci malgré une guerre désastreuse au Mexique et malgré les assauts de plus en plus violents des républicains. A l'annonce de cette victoire — c'en est une — Napoléon III élève le prince impérial dans ses bras :

— Mon enfant, tu es sacré par ce plébiscite !

Deux mois plus tard, la France déclare la guerre à la Prusse qui a voulu placer un souverain allemand sur le trône d'Espagne, mais qui y a renoncé. Il n'y aura jamais de Napoléon IV.

La guerre de 1870

Debout dans son grand atelier vitré établi au sommet de sa maison de Guernesey — une île anglaise de la Manche — Victor Hugo domine la mer.

Depuis le coup d'État du 2 décembre 1851, il s'est exilé. Là, dans son atelier de Guernesey, il a écrit de nouveaux chefs-d'œuvre : *la Légende des siècles, les Misérables.* Et il n'a cessé de condamner le pouvoir de celui qu'il appelle *Napoléon le Petit.*

Il a vieilli, sa barbe est maintenant toute blanche. Comme il a l'air soucieux, en lisant les journaux venus de France ! La guerre a mal commencé. Les armées françaises, malgré des combats héroïques — comme la charge de Reichshoffen — se font battre par les Prussiens.

Victor Hugo a toujours dit qu'il ne rentrerait en France que lorsque Napoléon III en serait chassé. L'heure va-t-elle sonner ? Le grand poète part pour Bruxelles.

Une terrible nouvelle parvient jusqu'à lui : Napoléon III, battu à Sedan, a été fait prisonnier. Mais voici ce qu'apprend bientôt le poète : le peuple de Paris a marché sur le Palais-Bourbon, s'en est emparé et a proclamé la *déchéance* de Napoléon III (4 septembre 1870).

Le lendemain, avec toute sa famille — dont ses deux petits-enfants Georges et Jeanne — Victor Hugo prend à Bruxelles le train pour Paris. Quand il arrive à la gare du Nord, 100 000 personnes l'attendent. Un immense cri s'élève : « Vive Victor Hugo ! » Mais une autre acclamation lui succède aussitôt :

— Vive la République !

6 août 1870 - 2 septembre 1870 : la guerre franco-allemande s'achèvera vite par le désastre de Sedan. Mac-Mahon doit se retrancher dans la ville. L'étau se resserre, les troupes françaises luttent jusqu'à leurs dernières cartouches. Et bientôt, sur l'ordre de l'empereur, le drapeau tricolore que l'on voit ici sera remplacé par le drapeau blanc de la reddition.

LA RÉPUBLIQUE

ARMÉE DE TERRE ET ARMÉE DE MER
ORDRE
DE MOBILISATION GÉNÉRALE

Las de manger du rat, les Parisiens veulent la paix

Soixante-dix-sept ans après l'exécution de Louis XVI, la France a enfin un régime qui va durer : c'est la République. Aussi avons-nous mis en vedette un président de la République. Ce président, c'est Raymond Poincaré (1913-1920), l'un des plus grands hommes de la 3e République. Derrière lui, l'entrée de l'Élysée devenu, en 1874, la résidence officielle du chef de l'État.

Les autres dessins illustrent les événements les plus considérables de cette période 1870-1918. En haut à gauche, vous voyez un homme en casque colonial marchant dans la savane escorté de porteurs noirs. C'est qu'à partir de 1880, les Français étendent énormément leur empire colonial, notamment en Afrique noire et en Indochine.

Les automobiles apparaissent dans les rues. Il n'y en a pas encore beaucoup et elles tombent souvent en panne, mais tout le monde mesure quel changement elles vont apporter dans la vie quotidienne. Et puis, il y a l'avion. Le premier, celui d'Ader, s'est élevé de quelques centimètres sur 50 mètres (1890). Ceux que vous voyez au-dessus de l'Élysée sont des avions français et allemands qui livrent un combat pendant la guerre de 1914-1918 (le premier combat aérien date d'octobre 1914). Cette « Grande Guerre » — domine toute l'époque. Des millions d'hommes vivent pendant quatre ans avec la boue, le froid, la chaleur, la soif, la mort : 1 310 000 Français tués en quatre ans, 16 % des hommes mobilisés ! Jamais la France n'avait connu de telles pertes. Un homme a joué un grand rôle pour donner aux Français le courage de continuer la lutte, c'est Clemenceau (en bas) avec sa grosse moustache. On l'appellera « le Père la Victoire ».

Place de l'Hôtel de Ville, durant cette froide journée de décembre 1870, la foule des Parisiens piétine autour de planches posées sur des tréteaux. Un marché ? Oui. Le plus étrange sans doute que l'on ait vu jamais dans la capitale.

Sur ces tables improvisées se trouvent en effet de grandes cages. Et, à l'intérieur de celles-ci, s'agitent des rats. Des centaines de rats. Ils sont à vendre.

Hommes et femmes se penchent, regardent attentivement, font leur choix, désignent au marchand l'un des rats. L'homme, à l'aide d'une baguette, pousse l'animal dans une cage plus petite. Attaché à la table, un énorme dogue attend, grognant et grondant. Brusquement, sous son nez, le marchand lâche le rat. Avec une extraordinaire rapidité, le dogue l'attrape et, d'un seul coup de dents, l'étrangle.

Il ne reste plus au marchand qu'à ramasser le rat mort, à l'envelopper, à le tendre à l'acheteur.

— Douze sous, s'il vous plaît.

L'acheteur paye et s'en va. Le soir, à la maison, le rat, tantôt rôti au four, tantôt cuit en cocotte, fera la joie de toute une famille.

Ne sursautez pas : durant l'hiver de 1870-1871, le rat est devenu un mets de choix.

Après la captivité de Napoléon III et la proclamation de la République, la guerre a continué. Les Prussiens sont venus mettre le siège devant Paris. Impossible d'y entrer, impossible d'en sortir. Bientôt, les vivres manquent. Les Parisiens ont faim. Que manger ? On commence par du cheval. Jusque-là on considérait comme un crime d'inscrire ce noble animal à un menu. On a dû s'y faire — et on s'y est très bien fait.

Quand les chevaux disparaissent à leur tour, on se jette sur toutes les autres bêtes comestibles : le chien, le chat, le rat. Jusqu'aux animaux du jardin des Plantes que l'on doit sacrifier. On mange du zèbre, du casoar, du kangourou, du renne, de l'éléphant.

Paris, à bout de forces, de munitions, de victuailles, doit capituler. Les Parisiens, hâves, amaigris, se ruent vers les banlieues les plus proches. On pleure, mais on mange.

Le 28 janvier 1871, un armistice est signé avec les Prussiens. Les Français élisent une Assemblée nationale qui va se réunir à Bordeaux.

Surprise ! Alors que, depuis le 4 septembre précédent, on vit officiellement en république, ces députés, dans leur grande majorité, ne sont pas républicains. La raison en est simple : les hommes d'État favorables à la république, tels que Gambetta, se déclarent pour la poursuite de la guerre. Ils jurent que l'on peut encore se battre et — qui sait ? — vaincre les Allemands. Les Français sont las de la guerre. Ils ont voté pour les candidats royalistes qui, eux, ont promis de signer la paix.

Nous avons déjà rencontré Adolphe Thiers en 1830. Depuis il a été président du Conseil de Louis-Philippe et, sous Napoléon III, s'est montré un opposant acharné. Élu « chef du pouvoir exécutif » par l'Assemblée, il négocie avec le Prussien Bismarck le traité de paix qui comporte, hélas, la cession à l'Allemagne de l'Alsace (sauf Belfort) et d'une partie de la Lorraine. La France doit payer à son vainqueur une somme énorme : 5 milliards.

Va-t-on voir renaître enfin cette paix qui permettra de panser les plaies innombrables dues à la guerre ?

Ce petit monsieur rond à cheveux blancs, col dur et air ironique derrière ses fines lunettes cerclées de fer, c'est Monsieur Thiers. Il a environ soixante-dix ans. Il a été avocat, député, ministre plusieurs fois, il a écrit une histoire du Consulat et de l'Empire, il est académicien … il sera bientôt chef du pouvoir exécutif. En quittant brusquement Paris en mars 1871, il sera à l'origine de la Commune.

Enivré par ses succès à la fois dans la répression de celle-ci et dans ses rapports avec le Prussien Bismark, il va se croire irremplaçable… et en 1873 il est renversé brutalement.

Les canons de Montmartre

Cette année-là, le printemps est précoce. Le 18 mars 1871, un samedi, à 3 heures du matin, le clairon sonne dans les casernes de Paris. Les soldats, mal réveillés et maugréant, se rassemblent dans les cours. En bon ordre, ils sortent des casernes.

L'opération voulue par M. Thiers est commencée.

M. Thiers sait que les républicains sont plus nombreux à Paris qu'en province. Et que les Parisiens craignent une restauration de la monarchie par l'Assemblée nationale, laquelle vient de se transporter à Versailles. Qu'arrivera-t-il si Paris se soulève contre l'Assemblée ?

Or les Parisiens possèdent des canons. Ils les ont payés eux-mêmes, par souscription publique, pendant le siège. Pour éviter que ces canons ne tombent entre les mains des Prussiens, ils les ont transportés à Montmartre et à Belleville. Ces canons rendent les Parisiens redoutables. Ils sont pour M. Thiers une véritable obsession.

Il s'est donc décidé : il les fera enlever. De force. Voilà pourquoi, dans la nuit, la troupe marche vers Belleville et Montmartre.

Si vous montez un jour à Montmartre, on vous montrera la basilique du Sacré-Cœur qui, toute blanche, ressemble à une gigantesque pâtisserie. A l'endroit même où elle s'élève, se trouvait en 1871 le parc où l'on avait rassemblé les fameux canons.

Voici les troupes de M. Thiers. Elles s'élancent baïonnette en avant. Les gardes nationaux qui surveillent le parc prennent les armes, accourent. Ils sont accueillis à coups de fusil et se rendent. Les canons sont pris. M. Thiers peut être satisfait.

Pour emporter ces canons, il faut des chevaux. Ils devraient être là. A la suite de quelle négligence, de quelle incurie, l'ordre n'a-t-il pas été donné ? On ne l'a jamais su. Toujours est-il que les chevaux n'arrivent pas. On va les attendre pendant quatre heures ! Pendant tout ce temps, les troupes demeurent l'arme au pied — sans avoir bu ni mangé.

Les habitants de Montmartre se sont éveillés. Ils ont appris la nouvelle :

— On enlève nos canons !

Toute la population — jeunes et vieux, hommes et femmes — est dans la rue. Certains crachent des insultes à la face des soldats, mais les autres leur demandent seulement ce qu'ils font là. On leur rappelle que les canons appartiennent au peuple et qu'eux, les soldats, sont aussi du peuple. On les invite à prendre un verre. Des femmes leur apportent du café.

Soudain les cloches sonnent le tocsin, les tambours battent le rap-

Mai 1871. Paris brûle. C'est la guerre civile : des Français contre des Français, c'est-à-dire les Versaillais contre les Fédérés. On se bat avec haine pour défendre ou attaquer les barricades. Les Communards sont courageux, mais ils auront le dessous.

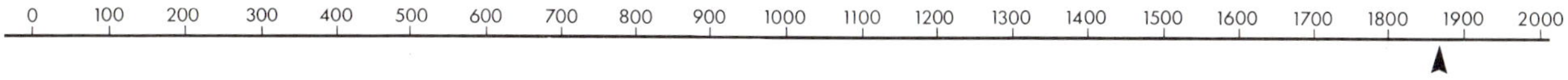

De grands monuments sont en flammes dans le centre de Paris. Ici le Palais Royal (près des Tuileries également en feu) brûle. Ainsi l'ont voulu certains chefs de la Commune. Mais les troupes régulières vont dégager peu à peu tous les quartiers de la capitale et les premières représailles vont commencer.

pel. Les chefs de la garde nationale du quartier convoquent leurs hommes.

Quand le général Lecomte, qui commande la troupe, voit surgir les gardes nationaux en groupe compact, il perd la tête. Il hurle :

— Feu !

Le malheureux ! Depuis des heures, ses soldats rient, plaisantent avec les badauds. Comment tireraient-ils maintenant sur la foule ?

Au lieu d'obéir à leur général, les soldats mettent la crosse en l'air ou jettent leurs fusils. La troupe et la garde nationale, dans une immense acclamation, fraternisent.

Quelques heures plus tard, dans la cour d'un bal public de la rue Clignancourt, le général Lecomte sera fusillé : la première victime d'un mouvement révolutionnaire que l'on appelle *la Commune*.

C'est ainsi, une nouvelle fois, que s'engage entre Français une de ces guerres civiles dont notre histoire se désole. Aux premières nouvelles de l'insurrection, M. Thiers s'affole. En agitant furieusement son toupet de cheveux blancs, il annonce aux ministres, stupéfaits, son intention de quitter Paris avec le gouvernement et l'armée. Ce

En tenue de maréchal avec trois rangées de feuilles de lauriers brodées en or sur son képi, voici le vainqueur de Magenta, bataille livrée sous Napoléon III : Mac-Mahon. C'est un soldat courageux, honnête, grand catholique, peu intéressé par la politique. En 1873, il accepte d'exercer la fonction de président de la République : « Vous faites appel à mon patriotisme... soit, j'accepte ! » Il est élu, il espère faciliter ainsi le retour d'un roi ... mais démissionnera bientôt.

qu'il fait, le jour même. Abandonnés à eux-mêmes, les Parisiens vont élire un Conseil de 86 membres et un gouvernement. Ils disent qu'ils veulent créer une *fédération* des communes de France.

La Commune ne vivra qu'un peu plus de deux mois. Le 21 mai, l'armée de M. Thiers — comme ces soldats viennent de Versailles, on les appelle les *Versaillais* — entre dans Paris. Les *Communards* leur opposent une résistance farouche. Les Versaillais fusillent tous ceux qu'ils font prisonniers. Les Communards ripostent en exécutant des otages.

Le bilan se révèle atroce. La Commune est responsable de 480 exécutions. M. Thiers a fait massacrer au moins 25 000 Parisiens. Douze fois plus de victimes en une semaine que la Terreur en avait fait à Paris en quinze mois !

Mais Adolphe Thiers restera encore trois ans à la tête de la France et sera proclamé « libérateur du territoire » parce qu'il a obtenu rapidement le départ des troupes allemandes.

Une voix de majorité

Le 29 janvier 1875, un député gravit les marches de la tribune de l'Assemblée nationale qui siège toujours à Versailles. Son visage rond est encadré d'un collier de barbe grise. Il se nomme Henri Wallon.

Sur les travées, on fait silence. Chacun sait que l'on traverse l'un de ces instants capitaux où l'Histoire peut basculer dans un sens ou dans un autre.

Il y a quatre ans que cette assemblée a été élue pour donner à la France un régime définitif et elle n'y est pas encore parvenue. Puisque la majorité est royaliste, pourquoi n'a-t-elle pas encore proclamé que la France était de nouveau en monarchie ? Même le maréchal de Mac Mahon, qui a succédé à Thiers à la tête de l'État, est royaliste ! Vous devez comprendre que cette majorité voulait un roi, en effet, mais que ses membres ne souhaitaient pas tous le même roi ! Certains se déclarent partisans du petit-fils de Charles X, le comte de Chambord — « l'enfant du miracle » —, et d'autres se veulent les fidèles du petit-fils de Louis-Philippe, le comte de Paris.

Depuis quatre ans, on court après un impossible accord. Il est clair que l'on ne peut laisser plus longtemps la France dans une telle incertitude.

A la tribune, Henri Wallon prend la parole. Il propose à l'assemblée de voter un texte qu'il se met à lire : « Le président de la République est élu à la majorité absolue des suffrages par le Sénat et par la Chambre des députés réunis en Assemblée nationale. Il est nommé pour sept ans ; il est rééligible. »

Vous trouvez probablement ce texte tout simple, sans importance particulière. Erreur. Il est essentiel. Car Henri Wallon, sans faire d'éclat et en douceur, parce qu'il a introduit dans son texte les mots *président de la République,* est en train de proposer à ses collègues de renoncer à cette monarchie à laquelle ils tiennent tant.

Le lendemain, on vote. A 6 h 45 de l'après-midi, le président proclame le résultat : par 353 voix contre 352 *l'amendement Wallon* est adopté. La République est fondée. Elle l'est par une voix de majorité ! Mais cette majorité va vite grossir.

Voilà pourquoi, aujourd'hui, vous vivez toujours en république. La France en a connu cinq : la 1re, née en 1792 ; la 2e, née en 1848 ; la 3e, née en 1875 ; la 4e, née en 1946 ; la 5e, née en 1958, qui est la nôtre.

L'Empire de la République

Un homme vêtu de blanc, la tête couverte d'un casque de liège également blanc — le « casque colonial » — s'avance dans la brousse africaine.

Devant lui, des Noirs à demi nus lui fraient le chemin, coupant les branches trop épaisses, écartant les lianes. Derrière, d'autres Noirs, marchant en file, portent sur leur tête les bagages de l'expédition. Des soldats noirs en uniforme — des « tirailleurs sénégalais » — fusils en bandoulière, forment l'escorte. Des sous-officiers blancs les commandent.

De loin en loin, dans la forêt hostile, retentit le tam-tam. Ses roulements expriment un message : l'homme blanc arrive.

Une telle scène s'est reproduite des centaines de fois à la fin du XIXe siècle et au début du XXe siècle. Pour une raison très précise : la IIIe République est en train de se constituer un *empire colonial.*

Un grand homme d'État l'a voulu. Il s'appelle Jules Ferry. Grâce à lui, la France prend pied à partir de 1880 en Tunisie, au Congo, en Afrique occidentale, en Algérie du Sud, à Madagascar, en Indochine.

Debout sur son char la jeune république auréolée de soleil s'avance tenant d'une main l'épée de justice, de l'autre un flambeau de lumière. Trois dates figurent sur le monument de droite : 1793, la première République, 1848 la deuxième, 1870 la troisième. Une population enthousiaste et unanime entoure la république. L'enfant noir sur le char et l'homme de couleur sous la banderole tricolore rappellent les explorations françaises en Afrique et bientôt la mise en valeur des nouveaux territoires. En bas à droite, les symboles de la royauté déchue gisent au sol.

Jules Ferry, champion du colonialisme

Jules Ferry est un Lorrain dont l'énergie et l'entêtement doivent susciter l'admiration. La France lui est redevable de l'école primaire, laïque — ce qui veut dire qu'elle est indépendante de toute religion — et obligatoire. Grâce à lui, tous les petits Français pourront apprendre à lire et à écrire. Mais le même Jules Ferry organise l'expansion française dans le monde, il assure de nouveaux débouchés à notre industrie et à notre commerce, il apporte la civilisation à des peuples primitifs.

Successivement, la Côte d'Ivoire, le Dahomey, le Sahara, la Mauritanie deviennent des colonies. Le gouverneur général de l'Afrique occidentale française réside à Dakar, nouvelle capitale de l'une de nos plus anciennes possessions, le Sénégal.

Dans les territoires colonisés, les institutions traditionnelles sont conservées. Mais les habitants d'origine — les *indigènes* — n'ont aucun droit politique. En revanche, l'enseignement pénètre partout et il est donné en français.

Midi, un jour d'hiver. C'est la sortie des grands élèves du Lycée Condorcet. Attention, jeunes gens qui traversez devant le cheval du fiacre ! Les filles ne fréquentent pas encore les mêmes écoles que les garçons, mais Victor Duruy a fait voter une loi qui organise l'enseignement secondaire des jeunes filles. En 1872, le budget de l'Instruction publique s'élève à 33 millions. En 1908, il montera à... 472 millions. Malgré tout, il y a encore bien des illettrés à la caserne, pendant le service militaire.

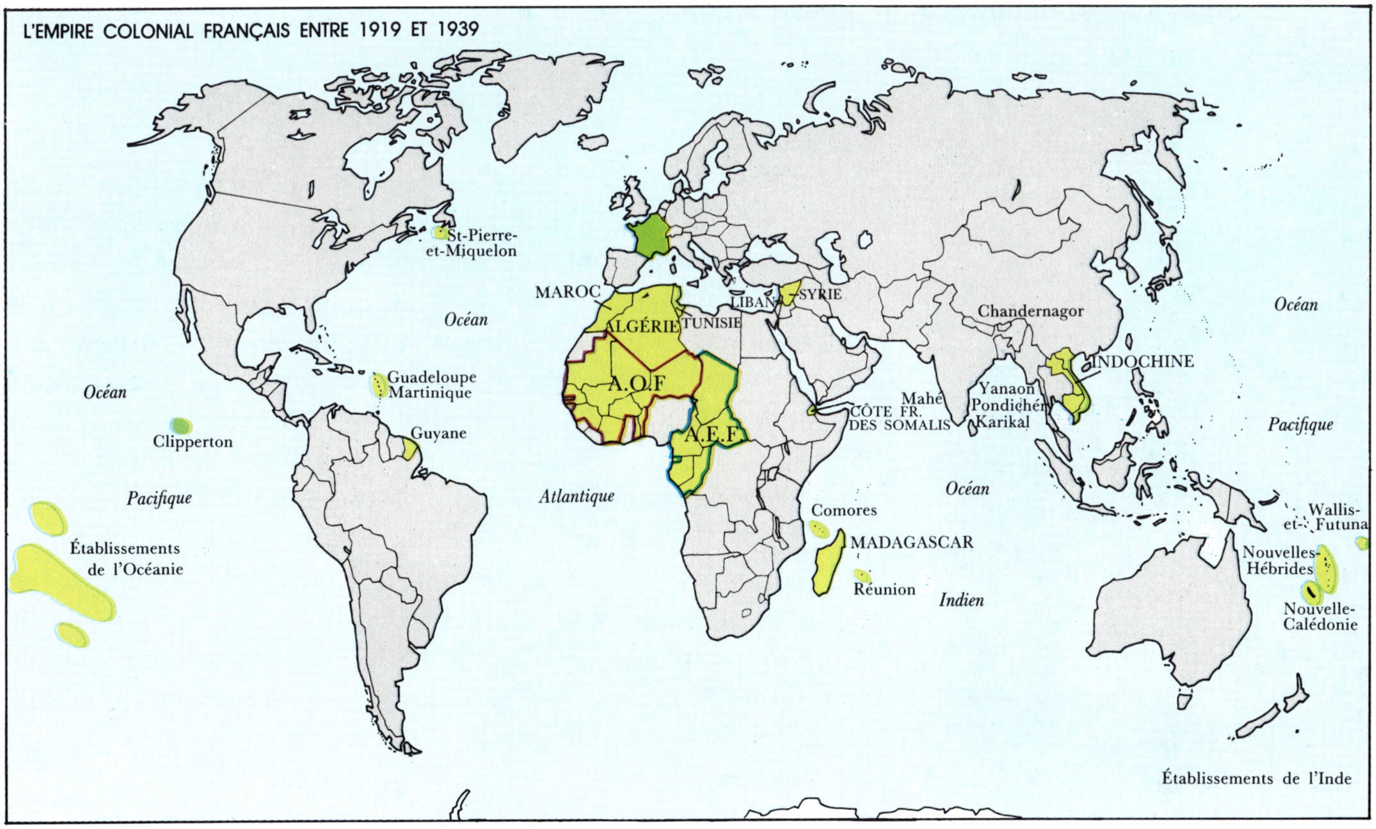

Comme le montre cette carte, l'Empire français s'est étendu sur tous les continents. Il ne nous reste plus maintenant que de petits territoires disséminés çà et là que l'on appelle la France d'Outremer. Ils ont pour nom Guyane, Antilles ou Polynésie…

L'histoire de cet empire d'outre-mer est jalonnée de noms dont vous devez vous souvenir : Gallieni qui pénètre dans le Haut-Niger, Savorgnan de Brazza qui conquiert le Congo sans faire couler une goutte de sang, Lyautey qui achève la conquête de Madagascar entreprise par Gallieni.

La France est également présente aux Antilles, en Guyane, en Nouvelle-Calédonie, en Polynésie, aux Nouvelles-Hébrides, aux Indes où elle possède cinq *comptoirs*.

Quand, en 1912, le général Lyautey est nommé Résident général de la République au Maroc, devenu *protectorat,* il a cinquante-huit ans. Il s'est juré de respecter la religion musulmane et les traditions locales. Au lieu d'abaisser le sultan — le nom que l'on donne au roi — il le fait respecter davantage. Il prend des mesures en faveur des pauvres, veut améliorer le niveau de vie, l'hygiène, la situation sanitaire.

Dans l'esprit d'un homme comme Lyautey, la présence de la France au-delà des mers ne doit être que provisoire. Le devoir des hommes blancs, déclare-t-il, est de préparer à la liberté les peuples qu'ils ont soumis.

Aujourd'hui nous trouvons justement qu'il n'était peut-être pas

En 1874, Alfred Dreyfus, capitaine d'artillerie attaché à l'état major général, est condamné à la déportation pour haute trahison. Cette image montre l'officier qui brise le sabre de Dreyfus après que ses galons lui furent arrachés. La scène se passe dans la cour de l'École militaire. Dreyfus sera réhabilité et réintégré dans l'armée douze ans plus tard, son innocence ayant été reconnue. Mais à ce moment il aura l'air d'un vieillard.

nécessaire que des peuples soient soumis par d'autres. Vous devez comprendre que telle n'était pas l'opinion des hommes blancs en ce temps-là. Ils se croyaient investis d'une mission à l'égard des peuples qui n'étaient pas encore *civilisés.* C'est pour cela que les paroles du général Lyautey sont prophétiques. Elles annoncent le temps de la *décolonisation,* celui où les colonies deviendront ou redeviendront indépendantes.

Un capitaine nommé Dreyfus

Le 5 janvier 1895, place de Fontenoy, à Paris, devant les grilles de l'École militaire, la foule, dense, agitée, furieuse, est difficilement contenue par la police.

Au centre de la cour de l'École, devant son état-major, un général attend, bien droit sur son cheval. Il tire son épée. Les tambours battent. On entend :

— Garde à vous... portez arme !

Sur les militaires comme sur les civils plane, tout à coup, un lourd silence. Un homme vient de paraître à l'angle droit de la cour, un capitaine en uniforme. Il s'appelle Dreyfus. Un brigadier et quatre soldats l'entourent, sabre à la main. Dreyfus marche d'un pas ferme. Il s'arrête, talons joints, devant le général.

Une voix s'élève qui lit le texte d'un jugement par lequel Alfred Dreyfus est déclaré convaincu d'avoir livré des documents secrets à l'Allemagne et, pour ce motif, condamné à la prison perpétuelle.

Le général regarde avec mépris cet officier qui pour lui n'est rien d'autre qu'un espion et un traître.

D'une voix forte, il lance :

— Alfred Dreyfus, vous n'êtes plus digne de porter les armes ! Au nom du peuple français nous vous dégradons !

Le capitaine, livide, sort de son immobilité. Il crie, d'une voix qui se brise :

— Soldats, on dégrade un innocent ! Soldats on déshonore un innocent ! Vive la France ! Vive l'Armée !

Du coup, au-delà des grilles, la foule gronde. On entend :

— A mort ! Mort aux Juifs !

Un adjudant s'approche du condamné qui est en effet de religion juive. Brutalement, il arrache les galons de ses manches, ceux de son képi, tous les insignes de son grade. Il les jette à terre. Il brise sur son genou le sabre et le fourreau arrachés à la ceinture de Dreyfus. Celui qui endure cet intolérable supplice pousse alors un hurlement qui s'achève dans un sanglot :

— Vive la France ! Je suis innocent ! Je le jure sur la tête de ma femme et de mes enfants !

Défilant devant les troupes, passant devant les journalistes, il va hurler encore :

— Je suis innocent ! Je suis innocent !

On le ramène dans sa prison. Le 21 janvier, on l'embarquera à Saint-Martin-de-Ré sur un paquebot qui le déposera, plusieurs semaines plus tard, au large de la Guyane sur un rocher appelé l'île du Diable. Là, une solitude effroyable l'attend. L'ex-capitaine Dreyfus est devenu un mort vivant.

Or, quand il criait son innocence, il disait vrai. Le document qu'il était accusé d'avoir livré aux Allemands — le *bordereau* — avait été rédigé par un autre. Dreyfus était victime d'une *erreur judiciaire*. Le fait qu'il ait appartenu à la religion juive avait joué contre lui : seul officier juif à l'état-major, certains avaient estimé qu'il fallait se méfier de lui davantage que les autres. Ce sentiment, né de très anciennes réactions que rien ne justifie — on disait : « Les Juifs ont crucifié Jésus », en oubliant que Jésus était juif ! — s'appelle *l'antisémitisme.*

Un homme — presque seul — aura le courage, dès qu'il découvrira cette erreur tragique, de la dénoncer. Il s'agit d'un grand écrivain, Émile Zola. Jusque-là, certains ont soupçonné que le tribunal avait pu se tromper mais se sont tus, n'osant affronter la plus grande partie du monde politique, solidaire de l'armée française aux yeux de laquelle Dreyfus restait coupable.

Zola publie en première page du quotidien *L'Aurore* un article intitulé — sur les conseils du directeur du journal, Georges Clemenceau — : « J'accuse ! »

Zola est poursuivi, condamné. Pour échapper à la prison, il doit fuir à l'étranger. Les Français se divisent en deux camps qui s'opposent vivement : les *dreyfusards* et les *anti-dreyfusards.* Il faut attendre 1906 pour voir enfin l'innocence de Dreyfus reconnue. L'officier est réhabilité.

Mais comment pourrait-il effacer jamais de sa mémoire les quatre années abominables passées à l'île du Diable ?

L'ingénieur Eiffel a terminé le plan de cette gigantesque tour en 1886. Et aussitôt la construction commence. La tour sera le clou de l'Exposition universelle de 1889. Il ne faut pas moins de deux millions et demi de rivets pour assembler les éléments. Trois cents techniciens vont s'en charger, tous acrobates !

Ici, la seconde plate-forme est achevée, en été 1889.

Dominant le Champ de Mars, rive gauche, la tour est devenue le symbole monumental de Paris.

L'Exposition universelle de 1900

« Le président de la République et Mme Émile Loubet recevront au palais de l'Élysée à l'occasion de la fête nationale. »

Trois mille personnes ont reçu, au mois de juillet 1900, le carton officiel. Et, le 14 juillet, trois mille invités sont accourus au palais de l'Élysée.

Trois mille mains à serrer. Trois mille sourires à distribuer, trois mille personnes à tenter de reconnaître, M. et Mme Loubet dormiront bien cette nuit.

Le 14 juillet 1900 ! Non seulement c'est la fête nationale, mais l'apothéose de l'Exposition qui attire le monde à Paris. De Vincennes à Neuilly, on prend d'assaut la première ligne du métropolitain. Sur les chaussées pétaradent d'étranges véhicules : les automobiles. En 1913, 107 000 automobiles circuleront en France.

Le vélo, que l'on appelle « petite reine », triomphe. Paris compte 1 367 voitures omnibus. Le prix de la course est de 30 centimes à l'intérieur, 15 à l'impériale — c'est-à-dire sur le toit — payables une fois pour toutes.

Les fervents de la nature préfèrent le bateau-mouche. Pour 25 centimes, on vogue doucement jusqu'au pont de Suresnes. Mais le roi des transports parisiens, c'est encore le fiacre. Vingt-cinq sous la course, plus cinq sous de pourboire.

Tout cela — omnibus, fiacres, autos, vélos — converge, en un mouvement prodigieux, vers l'Exposition. M. Émile Loubet l'a inaugurée le 14 avril.

Un triomphe sans précédent, cette Exposition qui consacre la richesse de la France. Jusqu'à l'automne, on enregistrera 50 859 955 entrées. Que d'images dont les visiteurs se souviendront toujours jusqu'à la fin de leur vie ! Le trottoir roulant — trois vitesses —, le village suisse composé de montagnes artificielles, la grande roue, la « fée électricité » partout célébrée, la lune à un mètre grâce à un télescope géant...

L'Exposition universelle de 1900 est un succès retentissant puisque plus de 50 millions de personnes la visitent. Se déroulant sur le Champ de Mars et les bords de la Seine elle est dominée par la Tour Eiffel qui fut inaugurée lors de la précédente exposition.

Il y a trente ans que notre pays est en paix. La France compte 39 millions d'habitants, chiffre qui exclut naturellement l'Alsace-Lorraine. La France reste un grand pays agricole. Quatre Français sur dix sont des paysans. La monnaie n'a pas changé depuis Bonaparte : c'est toujours le *franc germinal.* Les Français ne se servent de billets de banque que pour les opérations importantes. Les dépenses de chaque jour sont réglées au moyen de pièces d'or et d'argent, de nickel et de bronze. La France est la créancière de l'étranger, c'est-à-dire que les pays étrangers lui doivent davantage qu'elle ne leur doit.

Vous comprendrez pourquoi ces années ont reçu le nom de « Belle Époque ». La grande industrie s'est définitivement implantée. La production de la houille est passée de 13 500 000 tonnes en 1869 à

32 900 000 en 1899. On extrayait 3 700 000 tonnes de minerai de fer en 1895, on en sera à 22 millions de tonnes en 1913. Il en est de même pour l'acier, pour le coton.

Les progrès de l'industrie se doublent de ceux du commerce, favorisés par l'extension du chemin de fer : le réseau atteint désormais 48 000 kilomètres. Entre 1893 et 1909, notre commerce extérieur double.

L'électricité a pénétré partout dans les maisons, dans les rues. Les tramways, les métros roulent à l'électricité. Le four électrique est né en France.

En 1889, on a inauguré à Paris un monument tout en fer que beaucoup ont trouvé affreux : la Tour Eiffel. Aujourd'hui, elle est devenue aux yeux du monde le symbole de notre capitale.

Depuis 1895, un spectacle nouveau étonne les Français : le cinématographe. Cependant, les inventeurs, MM. Lumière, ne se font pas d'illusion sur la durée de son succès. Ils répètent :

— Le cinématographe est absolument sans avenir.

Comme on peut se tromper !

La vraie nouveauté, c'est le sport. En 1903, Henri Desgranges, directeur du journal l'*Auto*, organisera le premier Tour de France. Grand succès pour les courses d'automobiles. En 1900, Charron atteint 60 km/h sur Paris-Bordeaux. La course Paris-Madrid de 1903 est si meurtrière — Marcel Renault, frère du constructeur Louis, y perd la vie — que les gouvernements français et espagnol décident de l'arrêter.

L'aviation est-elle un sport ? En tout cas, elle soulève, pour toute la jeunesse, une extraordinaire passion. Le 9 octobre 1890, le Français Clément Ader s'est élevé du sol à bord de son appareil appelé *Avion* sur une longueur de cinquante mètres. Depuis, de jeunes fous construisent des appareils et, d'échec en échec, finissent par triompher. Ils s'appellent Santos-Dumont, Blériot, Voisin, Farman, Delagrange.

Quand Farman, le 30 octobre 1908, vole sur 27 kilomètres en 20 minutes, quand Blériot, le 21 juillet 1909, franchit la Manche, on peut dire que l'aviation est devenue adulte.

Vous voyez qu'il se passe beaucoup de choses à la Belle Époque et souvent des choses passionnantes. Mais vous ne devrez jamais oublier que l'affaire Dreyfus divise les Français, que la politique de

Attention, numéro 7, le départ va être donné ! Le conducteur en chapeau melon attend que le photographe du Petit Journal *ait pris la photo pour s'élancer dans la course : une course automobile en été 1894 ! Cette voiture à quatre places roule au pétrole. Deux petites roues à l'avant, deux grandes roues à l'arrière, toutes quatre en bois cerclé de caoutchouc : le pneu n'est pas encore inventé.*

lutte contre la religion menée par le gouvernement — la *séparation de l'Église et de l'État* — a provoqué la colère de beaucoup de catholiques, que ces dissensions affaiblissent le pays, que les travailleurs n'ont pas droit à un seul jour de vacances, que la journée de travail est toujours de dix heures six jours par semaine, que pour la plupart une maladie signifie la misère et souvent la faim — puisque le malade ne perçoit aucune indemnité —, qu'il en est de même pour le chômage que ne compense aucune allocation : vous comprendrez pourquoi on comptera, en 1914, 104 députés socialistes à la Chambre. En effet, les socialistes combattent pour améliorer le sort des travailleurs.

Les Français sont fiers de leur pays. Ils ne peuvent oublier que la France, seconde puissance coloniale du monde — la première, c'est l'Angleterre — en est aussi le second banquier ; que la richesse de l'État et celle des particuliers ne cessent de s'accroître ; que dans l'ensemble les salaires augmentent alors que les prix restent stables ; que Paris est reconnu par le monde comme la capitale des lettres et des arts, et que l'on vit dans un pays libre où toutes les opinions peuvent s'exprimer.

Je vous souhaite d'aller applaudir un jour les pièces d'auteurs tels que Feydeau et Courteline. Elles ont triomphé à la Belle Époque et je vous jure qu'elles vous amuseront. Vous y découvrirez des gens un peu ridicules, perdus dans de minuscules problèmes, tremblant devant le moindre imprévu et économes jusqu'à l'avarice. Ces « petits bourgeois » ont en effet existé à la Belle Époque. Ils ne doivent pas vous faire oublier la jeunesse qui a vécu auprès d'eux. Elle est, elle, en avance sur son temps. Elle puise ses forces au grand air dans la compétition sportive. L'aventure coloniale c'est elle, la conquête de l'air c'est elle. La volonté de moderniser la société, de la rendre plus juste, c'est elle encore.

Quand, une fois de plus, notre pays se verra obligé d'entrer en guerre, une nouvelle France sera prête à affronter les plus redoutables périls que nous ayons traversés depuis des siècles.

Il est stupéfait, ému, respectueux, enthousiasmé, ce jeune bicycliste qui assiste au vol d'un contemporain de Santos-Dumont. Début du XXe siècle, c'est encore le temps des pionniers de l'aviation. Ici, un biplan Farman, volant environ à 80 mètres d'altitude.

La Grande Guerre

Le 28 juin 1914, une automobile roule dans Sarajevo, une petite ville de Bosnie, aujourd'hui en Yougoslavie. Une typique cité d'Orient.

L'attentat de Sarajevo déclenche la guerre

Son Altesse impériale l'archiduc François-Ferdinand, héritier du trône d'Autriche-Hongrie, accompagné de son épouse Sophie, est venu jusque-là en visite officielle.

Tout à coup, sur le passage du cortège, un coup de feu part, puis un second, d'autres. Dans la voiture, l'archiduc et sa femme s'effondrent. Les médecins s'empressent. Tout est inutile. François-Ferdinand et Sophie succomberont quelques instants plus tard.

La police parviendra à arrêter les coupables, des nationalistes qui refusaient d'accepter l'occupation de leur pays par l'Autriche. Trois d'entre eux seront pendus. Les autres mourront en prison.

Qui pourrait alors prévoir que cet attentat va se trouver à l'origine de l'une des plus terribles guerres de l'histoire ?

Le gouvernement autrichien, convaincu que les assassins de l'archiduc ont été encouragés par la Serbie, déclare la guerre à celle-ci. Mais la Serbie est l'alliée de la Russie.

La Russie, pour faire honneur à son traité avec la Serbie, déclare la guerre à l'Autriche. Mais l'Allemagne est l'alliée de l'Autriche ! Et la France est l'alliée de la Russie cependant que la Grande-Bretagne est l'alliée de la France ! Alors, il semble que chaque pays soit entraîné, presque malgré soi, vers le gouffre. L'Allemagne déclare la guerre à la France (3 août 1914) et envahit la Belgique pour mieux attaquer

Un moment de repos dans une guerre dure, c'est le bivouac près du ruisseau. Fusils et sabres sont posés sur le tronc de l'arbre. L'uniforme du soldat français est bien visible sur cette photo de 1915. On voit encore ici, sous la vareuse bleu foncé, le pantalon rouge qui sera bientôt abandonné car trop voyant, et offrant une cible facile à l'ennemi. La nouvelle tenue sera bleu-horizon.

Dans un bois, la tranchée a été creusée. Quatre soldats dont trois portent encore le képi s'abritent, mal protégés par des sacs de sable. Remarquez, au-dessus, un poteau soutenant le fil de fer barbelé. Le sol n'est pas aménagé, on est au début de la guerre de position 1915-1917.

notre pays. Ce qui décide aussitôt la Grande-Bretagne à entrer dans le conflit.

D'abord, il semble que rien ne puisse résister au déferlement des armées allemandes. Paris est menacé. Une superbe manœuvre des généraux Joffre, commandant en chef, et Gallieni arrête l'ennemi sur la Marne (septembre 1914).

Commence alors ce que l'on a appelé la *guerre de position.* Les armées, de part et d'autre immobilisées, ont creusé tout au long du front des tranchées dans lesquelles elles s'enfouissent. Rarement des hommes ont connu d'aussi terribles souffrances que dans les tranchées de la Grande Guerre, comme on a pris l'habitude d'appeler ce conflit. Pendant quatre ans, un à deux millions de fantassins vivent là, dans des trous innommables. Souvent on s'enfonce jusqu'aux genoux dans la boue ou dans l'eau. Les soldats appellent cela : la « colle ». Il faut y vivre, y manger, y dormir.

On passe des nuits entières à veiller, en plein air, le fusil à la main, par quelquefois moins 20 degrés. Quand la soupe arrive, elle est froide. On doit mener une lutte de chaque instant contre les rats et les poux. Les cadavres pourrissent entre les lignes où l'on est incapable d'aller les chercher. Il y a pire : impossible de porter secours, sous la

A partir de 1915, la France construit des chars Schneider qui seront engagés deux ans plus tard dans la guerre, puis des chars légers Renault "FT". On apercevra les premiers en 1918 dans la forêt de Villers-Cotterêts. Ces chars d'assaut seront en bonne place au défilé de la victoire et passeront sous l'Arc de Triomphe.

Dans le domaine du matériel, les Alliés ont l'avantage. Ils disposent de tanks qui joueront un grand rôle dans les batailles. L'armée allemande a peu de chars et manque d'essence. Au musée de la guerre à Vincennes, on peut voir ce char allemand en opération en 1915.

mitraille qui s'abat, aux blessés qui hurlent à quelques mètres des remblais. Imaginez la puanteur qui naît des morts non ensevelis, des excréments que personne ne peut évacuer. Imaginez le fracas incessant des canons. Imaginez l'obus qui s'abat sur la tranchée, les hommes écrabouillés, éclatés, dépecés.

Et les attaques ! Les hommes sont là, prêts à bondir. L'officier regarde sa montre. Il hurle :

— En avant !

D'en face vient le feu roulant des fusils et des mitrailleuses. Les soldats savent que, dès qu'ils seront sortis, ils seront exposés à ce feu. Pourtant ils sortent. Tous. Ils avancent, sans regarder ceux qui tombent autour d'eux pour ne plus se relever.

Songez que vos arrière-grands-pères ou vos grands-pères ont vécu cela. Et demandez-vous si aujourd'hui vous seriez capables d'endurer chaque jour, pendant quatre ans, de telles horreurs.

La plus grande bataille de la guerre s'est livrée à Verdun. Des millions d'hommes s'y sont battus. La grande offensive lancée par les Allemands sur Verdun (février-juin 1916) échoue grâce au général Pétain et à l'héroïsme des combattants.

Peu à peu, la guerre devient *totale* : la population entière est concernée. Tous les hommes valides se battent, pendant que les femmes, à l'arrière, les remplacent, en particulier dans les usines où l'on fabrique les armes et les munitions. On ne combat plus seulement sur terre et sur mer, mais dans les airs — où des aviateurs tels que Guynemer accomplissent des prodiges — et sous la mer : les sous-marins coulent les navires ennemis. On voit apparaître les premiers chars fabriqués par Schneider et Renault.

Les Français se battent aussi au sud de l'Europe dans les *Balkans*. Dans les deux camps, les combattants sont à bout de souffrances. Les Russes se révoltent, remplacent le tsar par un gouvernement communiste présidé par Lénine (octobre 1917) avant de signer la paix avec l'Allemagne.

Sur le front français, des *mutineries* éclatent. On procède à une cinquantaine d'exécutions « pour l'exemple ». 1917 est aussi l'année de l'entrée en guerre des États-Unis. Les premiers contingents américains débarquent à Boulogne.

Pour galvaniser l'énergie des Français, le président de la République Poincaré confie le gouvernement à Georges Clemenceau — que

0 100 200 300 400 500 600 700 800 900 1000 1100 1200 1300 1400 1500 1600 1700 1800 1900 2000

l'on surnommera *le Tigre*. Celui-ci, qui a soixante-seize ans, résume son programme à la Chambre :

— Je fais la guerre !

Au printemps de 1918, les Allemands attaquent, menacent de nouveau Paris. Les armées alliées, placées sous le commandement unique du maréchal français Foch, les arrêtent et lancent une grande offensive qui sera victorieuse. Le 11 novembre 1918, les Allemands en déroute signent l'armistice.

Aussi bien quand il est à la tribune de la Chambre des Députés que lorsqu'il inspecte le front, Clemenceau, par des petites phrases ou par des discours énergiques, communique à son auditoire son ardeur optimiste et son amour de la patrie.

Collé à cause de la victoire

Le soir de ce jour qui met fin à tant de mois d'espoir et de deuils, Clemenceau s'est rendu au Café de la Paix, place de l'Opéra. Dans un cabinet particulier du premier étage, debout devant la fenêtre, il regarde et il écoute. Sans doute songe-t-il aux 1 300 000 Français morts au cours de cette Première Guerre mondiale.

Ce qui monte vers lui, c'est la joie folle de tout un peuple. Une cantatrice, Marthe Chenal, sur les marches de l'Opéra, chante la *Marseillaise*.

La porte du cabinet particulier s'ouvre. Clemenceau tourne la tête, étonné. Il reconnaît son petit-fils qui se prénomme Georges, comme lui. De sa voix bourrue, il interroge :

— D'où viens-tu ?

— Du collège.

— On a donc congé ?

— J'ai « fait » le mur.

— Allons, viens m'embrasser.

Le petit Georges Clemenceau saute dans les bras de son grand-père. Alors, il voit des larmes dans ses yeux.

Clemenceau l'a entraîné vers la fenêtre. Tous les deux ils écoutent la rumeur, les chants, les cris de joie qui montent de la place. Un instant plus tard, le Tigre déclare à l'enfant :

— Tu dînes avec moi.

Puis il va jusqu'au téléphone, demande le directeur du collège d'où, quelques heures plus tôt, a fui le petit Georges. Il dit simplement :

— Ici, Clemenceau... Vous me ferez le plaisir de coller dimanche mon petit-fils qui a quitté le collège sans autorisation.

Après quatre années d'une guerre terrible, la France a gagné. A Paris, c'est le grand défilé de la victoire, depuis l'Arc de Triomphe jusqu'à la place de la Concorde.

En tête de leurs troupes, à cheval, on reconnaît les deux grands chefs militaires : à droite le généralissime Joffre en uniforme sombre. Il a six étoiles sur sa manche. A gauche, sept étoiles brodées sur la manche de Foch montrent sa nouvelle dignité : celle de maréchal de France. Tout au long du défilé, des milliers de Français les acclament.

NOTRE FRANCE

AIR FRANCE

« Plus jamais la guerre ! », rêvent les Français après la sanglante victoire de 1918. Hélas ! En Allemagne, Hitler va arriver au pouvoir animé par une volonté de revanche et de conquête. En 1936, peu après la naissance d'une célèbre voiture, la « Traction-avant » de Citroën (en bas à gauche), la victoire électorale du « Front populaire » est suivie de grandes grèves avec occupation d'usines au son de l'accordéon. Pendant ce temps, Hitler réarme son pays. En 1940, grâce à leurs chars et à leurs avions, les Allemands écrasent la France. Le 14 juin, ils occupent Paris (en haut à gauche). On fait appel pour « sauver la France » au prestigieux maréchal Pétain, quatre-vingt-quatre ans. On le voit ici devant l'écusson de la légion des combattants, ses plus fervents admirateurs. Il signe l'armistice tandis qu'un général, peu connu, de Gaulle, s'installe à Londres et appelle à la résistance. Cinq ans après, de Gaulle est au pouvoir. Il le quittera en 1946 et y reviendra en 1958 (à droite).

De 1946 à 1962, les Français doivent se battre en Indochine, puis en Algérie contre les partisans de l'indépendance. Cet hélicoptère, appelé « banane » et ces parachutistes qu'il a déposés, illustrent un nouveau mode de combat très pratiqué en Algérie. Toutefois, la France connaît une grande expansion économique. Le succès de la « Caravelle » (1956), premier avion de transport français à réaction (en haut à droite), témoigne de sa modernisation. Malgré tout, les Français ne sont pas toujours contents. Regardez ces jeunes qui lancent des pavés. C'est en 1968. Des étudiants ont déclenché un grand mouvement de contestation. Dix millions de Français se mettent en grève. L'année suivante, de Gaulle démissionne.

Le 28 juin 1919, à Versailles, le soleil brille sur le parc de Louis XIV d'un extraordinaire éclat. A 2 heures et quart de l'après-midi, une automobile vient se ranger dans la cour du château. Un vieillard en descend : Georges Clemenceau. Depuis l'armistice, les Français ne l'appellent plus que le « Père la Victoire ».

Quand, de son pas brusque, il pénètre dans la Galerie des glaces, il y trouve une foule d'hommes en habit noir : les délégués de vingt-six États. Ils représentent des pays qui, tous, ont participé à la guerre de 1914-1918. Ils sont là pour faire la paix avec les représentants de l'Allemagne.

Chacun, à son tour, va apposer sa signature sur le texte du traité. A 4 heures, on appelle Clemenceau :

— Monsieur le Président de la Conférence...

Il se lève, très ému — car, à cet instant, l'Alsace et la Lorraine redeviennent françaises — et se dirige vers la table où l'attend le document déjà paraphé par tous les autres. Il signe.

A l'heure où, par le traité de Versailles, la paix est redonnée au monde, des salves triomphales éclatent dans le parc. Les grandes eaux jaillissent.

Apothéose dont les témoins garderont éternellement le souvenir !

Souvenirs d'enfance

M'autorisez-vous à parler de moi ? Je suis né six ans après la signature du traité de Versailles. Ce que je vous ai raconté jusqu'ici, je l'ai cherché pour vous dans des livres ou des documents conservés dans les archives. A partir de cet instant, je vais évoquer des événements qui se sont déroulés alors que j'étais en vie. De même ai-je eu le privilège de rencontrer quelques-uns des hommes dont je vais vous parler. J'ai été leur *contemporain*.

Mon regard sur l'Histoire n'est donc plus tout à fait le même. Je vais poursuivre mon récit non seulement en *historien* mais en *témoin*.

Je ne suis plus jeune, mais je ne suis pas non plus un vieux monsieur. Cependant, si j'évoque certains souvenirs d'enfance, vous allez ressentir l'impression d'être ramenés en une époque très lointaine, si différente du temps que vous vivez qu'elle vous paraîtra située des centaines d'années en arrière. Vous aurez raison. En moins d'un siècle, la vie des Français a bien plus changé qu'en mille ans.

Mon père, à l'âge de onze ans, a vu surgir devant lui ce qu'il lui a semblé être un fiacre sans cheval : la première automobile. Il a vu voler les premiers avions, utilisé les premiers téléphones, entendu les premières émissions de radio, regardé les premières émissions de télévision. Il a vécu assez longtemps pour voir s'arracher de la terre les premiers engins spatiaux. Tout cela dans une vie d'homme.

Quand j'étais enfant, mes grands-parents maternels s'éclairaient encore au gaz. A l'école primaire que j'ai fréquentée à Lille, ma ville natale, on utilisait aussi le gaz d'éclairage. Mes grands-parents paternels possédaient, dans un village des Ardennes, une maison de campagne où j'ai passé de merveilleuses vacances. Ils n'y disposaient pas de l'eau courante. On allait chercher l'eau à une fontaine, grâce à un support en bois qui s'emboîtait aux épaules et auquel on attachait deux seaux. Cette eau, on ne s'en servait que pour la cuisine. Pour nous laver, nous remplissions des brocs à une pompe alimentée par une citerne. Nous emportions cette eau de pluie dans nos chambres où, pour nous débarbouiller, nous en remplissions une cuvette. Nous ignorions ce qu'était une salle de bain et les toilettes — fort rudimentaires — se trouvaient dans la cour.

Dans notre appartement de Lille, pourtant très confortable, le chauffage central nous était inconnu. Nous nous chauffions à l'aide de poêles à charbon, installés dans les seules pièces de séjour. Je n'ai connu de chambre chauffée qu'après la Seconde Guerre mondiale ; je ne m'en suis pas mieux porté d'ailleurs. A la cuisine ronronnait une grosse « cuisinière » à charbon d'où sortaient des plats délicieux. Personne alors ne prévoyait qu'il y aurait un jour des machines à laver la vaisselle. Seules des personnes considérées comme excentriques osaient acquérir les premières machines à laver le linge. Les journaux ayant fait état de cas — réels — d'électrocution, elles suscitaient l'inquiétude. Nous ignorions l'existence des réfrigérateurs, dont les premiers avaient pourtant vu le jour sous le Second Empire.

Très peu de gens possédaient des automobiles. La bicyclette restait le moyen de transport le plus populaire. En 1926 on en comptait en France plus de sept millions ! Les livraisons se faisaient à l'aide de lourdes charrettes tirées par des chevaux : ainsi nous apportait-on notre charbon, notre bière en tonneau, notre lait. J'ai encore vu circuler des fiacres, les derniers il est vrai. Cela faisait beaucoup de chevaux dans nos rues, alors que vous n'en voyez plus un seul aujourd'hui.

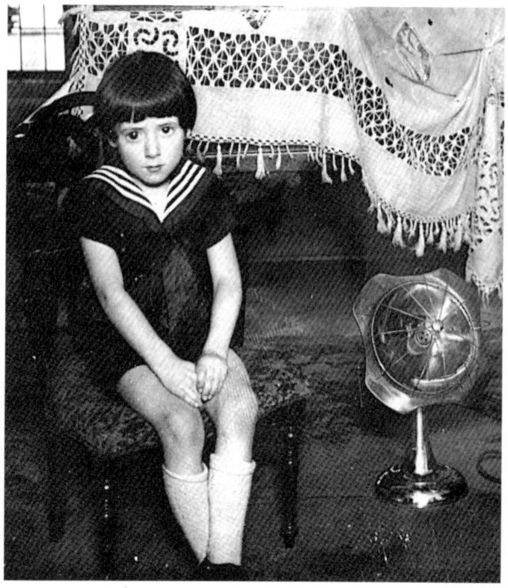

Dans un intérieur douillet, vers 1930, un petit garçon habillé en marin, costume très à la mode pour les enfants à cette époque, se chauffe à un radiateur parabolique branché sur la prise électrique. L'électricité se répand dans les foyers.

Vers la même époque, un cheval tire un gros bidon juché sur une charrette à quatre roues. Les habitants de ce quartier auront du lait frais pour leur petit déjeuner. Le lait longue conservation n'existe pas encore.

Parfois, chez mes grands-parents, un bruit venu du ciel me faisait lever le nez. Alors j'apercevais cette rareté : un avion. Mes frères et moi courions jusqu'au bout du jardin pour le suivre du regard.

Les trains que nous prenions au moment des vacances étaient toujours tirés, comme au temps de Louis-Philippe, par des locomotives à vapeur. La différence est qu'ils atteignaient des vitesses dont n'aurait osé rêver le roi-bourgeois. Quand nous parvenions à destination, il fallait, à cause de la fumée, nous laver les oreilles et le nez. Nous nous amusions à découvrir que la serviette devenait toute noire.

Quand nous étions malades, nos parents appelaient le médecin de famille qui prescrivait des médicaments simples, peu nombreux. Nous savions que certaines maladies étaient inguérissables, comme la tuberculose dont le seul nom nous épouvantait. J'avais huit ans quand une épidémie de *croup* — des muqueuses qui, s'accumulant dans la gorge, conduisaient à l'étouffement — a tué, dans notre classe, trois de nos camarades. Derrière notre instituteur, nous avons assisté, sans trop comprendre ce qui leur était arrivé, à leur enterrement. Aujourd'hui, on guérit la tuberculose. Le croup, ainsi qu'un grand nombre de maladies, ne tue plus. Durant le seul temps de mon existence, la médecine a accompli de foudroyants progrès, dont vous êtes les bénéficiaires.

Un jour — j'avais neuf ans — mes parents ont acheté leur premier poste de radio. On disait alors T.S.F., c'est-à-dire *télégraphie sans fil.* Il était énorme et des lampes clignotaient à l'intérieur. Un gigantesque « haut parleur » le surmontait. Le jeudi après-midi — alors jour de congé — on m'asseyait devant ce monument, comme on le fait aujourd'hui pour la télévision, et j'écoutais les émissions enfantines d'un certain « oncle Léon ».

La télévision ? C'est en 1937, à l'Exposition internationale qui se tenait à Paris, que j'ai pu en contempler les premières images expérimentales en noir et blanc. Devant une caméra, une chanteuse reprenait un refrain. Ce qui m'a frappé, c'est qu'on lui avait, non pas rougi, mais *noirci* les lèvres pour en accentuer le contraste. A quelques mètres de là, sur un minuscule écran, on retrouvait — miracle ! — l'image tremblée et peu précise de la chanteuse, cependant que l'on entendait sa voix.

Telle était la vie que j'ai connue lorsque j'étais enfant. Une nouvelle guerre allait se charger de bousculer tout cela.

En 1927, un jeune homme né avec le siècle devient pilote sur la nouvelle ligne Toulouse-Casablanca-Dakar. Il s'appelle Antoine de Saint-Exupéry et ses amis sont Mermoz et Guillaumet.

Au début, l'Aéropostale transporte uniquement les sacs de courrier, puis bientôt des passagers. La navigation aérienne commerciale vient de naître.

En 1928, pour la première fois a lieu la traversée de l'Atlantique sud grâce au petit avion à flotteurs (un hydravion) de Jean Mermoz. L'un des premiers « aérogrammes » transporté par l'Aéropostale met quatre jours, en 1930, pour « voler » de Paris à Buenos-Aires en Argentine.

En 1933, c'est la naissance de la compagnie Air-France, dont on voit ici une des premières affiches.

La crise

6 février 1934, place de la Concorde à Paris, manifestation des ligues de droite et des anciens combattants. Le service d'ordre débordé et laissé sans directive tire sur la foule tuant une vingtaine de personnes et en blessant une centaine d'autres.

Place de la Concorde, à Paris, le ciel est gris, bas. Ce 6 février 1934, il fait plus humide que froid. Que font ces gens qui peu à peu envahissent la chaussée ? De minute en minute, ils arrivent par le métro, par l'autobus, en voiture, à vélo, à pied.

La place est maintenant noire de monde. Sur le pont, là-bas, qui permet de passer sur la rive gauche et de gagner le Palais-Bourbon, des forces de police considérables sont massées.

Des cris s'élèvent de la foule :

— A bas les voleurs !

La vérité est que ces gens sont furieux parce qu'un escroc nommé Stavisky a pu voler impunément à l'épargne, pendant des années, d'énormes sommes d'argent. Il vient de se donner la mort mais l'on a découvert qu'il avait bénéficié de la complicité de députés et même de ministres. Alors, à l'appel de mouvements politiques appelés *ligues* — la plus agissante est celle de l'Action française — qui estiment que la République fait fausse route et qu'il faut établir un gouvernement plus fort, des hommes de tous âges se sont donné rendez-vous pour marcher sur la Chambre des députés. Le cri s'enfle et se répète :

— A bas les voleurs !

Tout à coup, un coup de feu claque. Puis d'autres. Des hommes tombent. C'est une panique indescriptible. Bientôt on dénombrera vingt morts et beaucoup de blessés.

Quelques jours plus tard, les partis socialiste et communiste — nouveau mouvement plus à gauche que les socialistes — vont s'unir contre le « danger de droite ».

Ce qui défile maintenant dans ma mémoire, c'est une infinité d'images dont il me semble aujourd'hui qu'elles vont s'accélérant.

J'ai huit ans et demi. En février 1934, je suis à l'une des fenêtres de l'appartement de mes parents. De là, on aperçoit la place de la préfecture de Lille. Je découvre, non sans surprise, que ce palais officiel est gardé par des cavaliers casqués. Je cours avertir ma mère, je la questionne. Elle m'explique que ces cavaliers sont des « gardes mobiles », les C.R.S. de l'époque. On craint que des troubles analogues à ceux de Paris éclatent dans la capitale du Nord.

En ce temps-là, l'enfant que je suis entend sans cesse répéter le même mot : la *crise*. Les Français, qui ont tant souffert pendant la guerre, ont cru, la paix une fois revenue, retrouver la vie facile de l'avant-guerre. Quelle déception ! Pour soutenir l'effort de la nation

au combat, l'État s'est considérablement endetté. Le franc, si extraordinairement stable depuis Bonaparte, a perdu de sa valeur. Les Français découvrent un phénomène nouveau dont vos parents ont sûrement parlé devant vous : l'*inflation*. Chaque année, les prix montent et le franc baisse par rapport aux autres monnaies.

Les Français qui ont prêté leurs économies à l'État se découvrent ruinés. En 1929, aux États-Unis, la Bourse de New York a été atteinte par une gigantesque catastrophe financière : le *krach de Wall Street*. Du jour au lendemain, des millions d'Américains ont tout perdu. Cette crise économique a, dès 1930, atteint la France. Tout est touché : l'industrie, l'agriculture, le commerce. Un terrible mot est sur toutes les lèvres, un mot que vous connaissez malheureusement très bien : *chômage*. En 1933, il y a en France près de 1 500 000 chômeurs. Beaucoup ne touchent aucune indemnité.

Le Front populaire

1936, c'est l'année des grands défilés des partis de gauche qui vont accéder au pouvoir. Sur cette photo on assiste à une manifestation de la jeunesse communiste. Sur la bannière, le nom de leur grand chef, un Russe : Lénine. Dans la pensée communiste la lutte des classes doit servir de moteur à l'histoire.

J'ai dix ans et demi. C'est un dimanche. Je suis chez mon grand-père paternel. Il est instituteur. Je l'aime beaucoup mais, tant il est imposant, je le crains un peu. Il m'explique que les Français, ce jour-là, votent. Je lui demande :

— Pour qui vas-tu voter, bon papa ?

Il me regarde sévèrement :

— Le vote de chacun doit rester secret.

Devant ma déception, il ajoute :

— Sache seulement que je vais voter républicain.

Ce vote de 1936, on en parle depuis des semaines à la maison. Je sais que les trois plus importants partis de gauche, les radicaux, les socialistes, les communistes, ont fait alliance pour tenter de sortir de la crise. Les partis de droite, eux, cherchent naturellement à leur barrer la route.

Le lendemain, très tôt, mon père m'envoie acheter le journal. Un titre énorme barre la première page : *Victoire du Front populaire*. Je ne comprends pas. Mon père m'explique que les partis de gauche ont gagné et qu'ils prennent ce nom pour bien montrer qu'ils sont les élus du peuple.

J'ai très vite appris à reconnaître, sur les photos, le visage de Léon Blum, un socialiste, nommé président du Conseil. A la maison, certains sont sûrs qu'il va accomplir enfin les *réformes* qui amélioreront les conditions de vie des travailleurs. Les autres disent que c'est là une dangereuse illusion. J'entends maintenant presque chaque jour parler de ce Benito Mussolini qui a installé une dictature *fasciste* en Italie et de cet Adolf Hitler qui, en Allemagne, a imposé une dictature nationale-socialiste, que l'on appelle aussi *nazie*. Mon grand-père et mon père sont bien d'accord : ce Mussolini et cet Hitler sont dangereux, car ils mettent la démocratie et la liberté en danger.

J'ai onze ans. L'été de 1936 est chaud. Je fais mes devoirs. J'entends un chant, repris par des milliers de voix, s'élever dans la rue : celui de l'*Internationale,* dont on m'a expliqué qu'il était l'hymne des révolutionnaires du XIXe siècle. Je m'élance sur le balcon. Je vois un immense cortège qui défile derrière les banderoles et des drapeaux rouges. De tels cortèges, il s'en forme plusieurs fois par semaine. Nombreux sont en effet les ouvriers de France qui cessent le travail, pour faire pression sur le gouvernement de Léon Blum et obtenir de meilleures conditions de vie. Ils occupent les usines mais entretiennent avec soin les machines.

Vous allez sourire : le Front populaire, dans mes souvenirs, s'identifie au son de l'accordéon. On en joue partout : dans les cortèges de manifestants, dans les usines en grève. Au coin des rues, il accompagne les chanteurs qui reprennent les refrains à la mode, ceux de Maurice Chevalier — depuis longtemps célèbre — et bientôt ceux de débutants comme Tino Rossi et Charles Trénet.

Les Français partent pour la première fois en vacances

Que de commentaires encore, que de discussions quand les députés votent deux lois qui — me dit mon grand-père — vont changer profondément la vie des Français qui travaillent : ils bénéficieront désormais de la semaine de quarante heures et de deux semaines de congés payés par an. Je m'aperçois que ma grand-mère, elle, n'aime guère le gouvernement de Léon Blum. Elle hausse la voix pour dire que l'on ferait mieux de s'occuper de barrer la route à Hitler plutôt que de penser à prendre des vacances et à travailler moins. Mon grand-père n'est pas content : il répond qu'il ne faut pas trembler devant Hitler et que d'ailleurs, s'il fait trop le méchant, l'armée française — « la meilleure du monde », répète-t-il avec force — le mettra

Vivent les congés payés ! Partir au loin, et pendant quinze jours, tout en continuant à toucher son salaire, savourer des vacances ! Quel rêve ! La « Rosengart » a fait son plein d'essence à la pompe à bras, le matériel de camping en fer avec les pliants en bois est entassé dans le coffre. N'oublions pas l'auvent de toile, ses deux piquets et ses tendeurs.

à la raison. Je ne me souviens plus de ce que lui a répondu ma grand-mère, mais cela ne devait pas être très aimable.

Je pense que toutes les familles françaises ont dû entendre, cette année-là, des discussions semblables.

Les ouvriers, eux, ne discutent pas. Je les vois partir pour les premières vacances de leur vie. Je m'amuse à regarder les couples qui ont enfourché ces vélos à deux places que l'on appelle tandems. Je vois des familles entières, sac sur le dos, s'entasser avec bonheur dans les trains pour découvrir la mer ou la montagne.

Vous avouerai-je que ce qui m'a le plus occupé, cette année-là, ce n'est pas tant le Front populaire que mon entrée en sixième, au lycée Faidherbe ? Chaque jour, désormais, j'entends sur le chemin du lycée des vendeurs crier des titres de journaux. La plupart du temps il est question de la guerre qui vient d'éclater en Espagne entre les républicains — fidèles au gouvernement — et les partisans du général Franco qui a pris les armes contre le pouvoir légal.

A la maison, mes parents écoutent plus souvent que par le passé les « nouvelles » à la radio. On parle de plus en plus de l'armée que Hitler constitue en Allemagne, alors que le traité de Versailles le lui interdit.

... et part à la conquête du monde

A gauche Mussolini, à droite Hitler. Ils viennent de signer un accord : le pacte d'acier. Bientôt l'Allemagne et l'Italie vont unir leurs forces... contre la France et l'Angleterre. Nous sommes ici à Berlin, en mai 1939.

Juin 1940. L'ennemi s'avance et la foule des réfugiés s'élance sur les routes dans une effroyable pagaille, bloquant souvent des régiments en déroute. Autos, camions, charrettes, sont bourrés de familles entières, de paquets, de matelas sur les toits.

Mon père, qui a fait la guerre de 14-18, en est revenu capitaine de réserve. Il accomplit régulièrement des stages que l'on appelle « périodes ». Il revêt alors son uniforme *bleu horizon,* la couleur des soldats et des officiers de la Grande Guerre. Je lui trouve grande allure. Quand il m'emmène avec lui dans les rues de Lille, je suis très fier.

Il rentre d'une de ces périodes. Nous sommes à table. Pour la première fois, mon père parle d'une guerre possible. Ma mère se tait.

La guerre se prépare

Pâques 1938. Pour les vacances scolaires, mes parents ont loué une villa au bord de la mer du Nord, à soixante kilomètres de Lille. Nous écoutons la radio. Le « speaker » annonce que le chancelier Hitler — on l'appelle ainsi — vient d'envahir l'Autriche. Mon père et ma mère se taisent.

J'ai treize ans. Je vais entrer, en septembre 1938, en quatrième. Mes livres de classe sont achetés et ma mère s'occupe de recouvrir mes cahiers neufs. Mon père survient, très pâle, très grave :

— Hitler est entré en Tchécoslovaquie !

Nous avons tous cru à la guerre. Je me souviens de cette soirée au cours de laquelle nous avons écouté à la radio Hitler prononcer un discours. Personne n'y comprenait rien mais nous cherchions, d'après les inflexions de sa voix, à deviner s'il fallait tout redouter ou si nous pouvions nous rassurer.

Nous dévorons les journaux. Ils nous révèlent qu'une conférence internationale va réunir à Munich, en Allemagne, Hitler, Mussolini, le président du Conseil français Daladier, le Premier ministre britannique Chamberlain. Nous attendons. Quel soulagement quand nous apprenons qu'un accord a été conclu ! La France et la Grande-Bretagne reconnaissent les annexions faites par l'Allemagne.

Hitler jure qu'il est satisfait et ne demandera plus rien. Ce qui ne l'empêche nullement, en mars 1939, d'envahir la partie de la Tchécoslovaquie dont il avait garanti l'indépendance à Munich et, le 1er septembre 1939, d'entrer en Pologne.

Cette fois, c'en est trop. La France et la Grande-Bretagne déclarent la guerre à l'Allemagne. Mon père endosse son nouvel uniforme kaki et part pour l'armée.

Comme ils nous ont paru déconcertants, les premiers mois de la guerre ! Les Allemands — auxquels se sont alliés les Russes — ont écrasé et occupé la Pologne. Nous pensions que les armées d'Hitler allaient aussitôt se retourner contre nous. Elles n'en font rien. Pendant six mois, nos soldats, dans leurs cantonnements du Nord ou de la *ligne Maginot* à l'est, attendent dans l'inaction.

Ces bombardiers allemands Messerschmitt M110 vont lâcher leurs bombes, et ce sera le désastre comme à Rouen que regarde brûler ce soldat allemand.

La guerre et la défaite

Le 10 mai 1940 tout change. Les armées allemandes envahissent les Pays-Bas et la Belgique. Le front français est percé à Sedan. Nous nous apercevons alors que les Allemands disposent d'une écrasante supériorité en avions et en chars.

Dès le 23 mai les divisions blindées allemandes atteignent la mer. Du coup toutes les armées françaises engagées au nord de la Somme sont encerclées. Sous les bombes, à Dunkerque, nos soldats — je ne pense jamais sans émotion que mon père était parmi eux — s'embarquent pour l'Angleterre, en compagnie de nos alliés britanniques.

Malgré le courage de beaucoup de combattants — 100 000 tués français en six semaines — l'avance ennemie se poursuit, foudroyante. L'Italie nous déclare la guerre. Le 14 juin, les Allemands entrent dans Paris. Le gouvernement, lui, s'est transporté à Bordeaux. Le 18, le maréchal Pétain, nouveau président du Conseil, demande l'armistice. Il est signé le 22 juin, à Rethondes, près de Compiègne, dans le même wagon où le maréchal Foch avait, le 11 novembre 1918, reçu des plénipotentiaires allemands l'aveu de leur défaite : une vengeance soigneusement calculée par Hitler.

Lorsque j'ai entendu à la radio la voix brisée du vieux maréchal — il a quatre-vingt-quatre ans — annoncer notre défaite, j'ai couru dans ma chambre et j'ai pleuré.

Pour fuir la ruée allemande, une grande partie des Français se sont élancés sur les routes : l'*exode*. Peu à peu, chacun va rentrer chez soi. Sauf les prisonniers de guerre — près de deux millions — qui sont emmenés de force en Allemagne où la plupart d'entre eux resteront dans des camps jusqu'à la fin de la guerre.

Ce qui commence, pour la France, c'est la période douloureuse de l'Occupation. Les députés et les sénateurs ont remis le pouvoir au maréchal Pétain. Jusqu'en novembre 1942, la France reste divisée en

Dans les rues désertes du Paris de l'Occupation, des piétons et des bicyclettes uniquement. En revanche, les drapeaux du Reich (empire) allemand flottent sur les monuments occupés par l'armée de Hitler. Les croix gammées encombrent la rue de Rivoli, déferlent sur la Concorde. Nous sommes vaincus.

deux zones. Seule la zone du sud — la *zone libre* — n'est pas occupée par les Allemands. Là se trouve, à Vichy, le siège du gouvernement. L'État français a succédé à la IIIe République.

Nous écoutions chaque jour les émissions en français de la radio anglaise. Un soir, nous avons eu la surprise d'entendre une voix inconnue, jeune et énergique. « Moi, général de Gaulle... », disait cette voix.

Avant même la signature de l'armistice, le général Charles de Gaulle, parti pour Londres, a prononcé, le 18 juin 1940, un premier appel à la radio anglaise. Il a exhorté les Français à refuser la défaite. « La France a perdu une bataille, s'est-il écrié. Elle n'a pas perdu la guerre. » Il réunit autour de lui des volontaires, d'abord peu nombreux, mais qui ne cesseront de s'accroître au fil des années suivantes : c'est la *France libre.*

De Gaulle répète que la guerre va devenir mondiale et que le rapport des forces jouera fatalement contre l'Axe, c'est-à-dire l'alliance de l'Allemagne, de l'Italie et du Japon. C'est très exactement ce qui

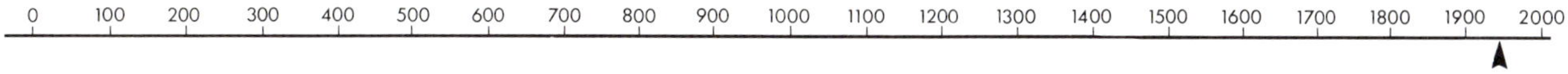

advient. Hitler attaque la Russie soviétique (juin 1941) cependant que le Japon anéantit la flotte américaine dans l'océan Pacifique, à Pearl Harbor (décembre 1941). Le monde entier est en guerre.

Vers la victoire

Dans un premier temps l'Allemagne, en Russie, et le Japon, dans le Pacifique, remportent d'indiscutables succès. La situation se modifie radicalement à partir de l'année 1942. Les alliés anglo-américains débarquent (8 novembre) en Afrique du Nord française qui, sous l'impulsion de l'amiral Darlan puis du général Giraud, rentre dans la guerre. En France, les Allemands occupent l'intégralité du territoire national, jusqu'à la Méditerranée. Il n'y a plus de « zone libre ».

De nouveau, des soldats français se battent, en Tunisie d'abord, puis en Italie où le général Juin conduira à la victoire les 150 000 hommes du corps expéditionnaire formé en Afrique du Nord.

L'avance allemande est brisée par les Soviétiques à Stalingrad. En France, les Allemands contrôlent tout grâce à leur police, la Gestapo. Ils arrêtent les Juifs, parce que Hitler est *antisémite* et les déteste. Ils les déportent en Allemagne et en Pologne dans des camps comme celui d'Auchswitz où ils les font mourir, quel que soit leur âge. Oui, même les petits enfants ! Hitler et les nazis se montrent ici aussi stupides que criminels. Ils disent agir au nom de la race allemande contre la race juive. Or les plus grands savants ont démontré qu'il n'existe pas de race, en dehors des races blanche, noire et jaune. L'assassinat de plusieurs millions de Juifs en Europe s'appelle un *génocide.*

Les Français s'éloignent du maréchal Pétain qu'ils aimaient beaucoup en 1940, parce que c'était un grand soldat et qu'il avait mis fin à la guerre. Ils souffrent tant de l'Occupation, ils ont si faim — les Allemands emportent chez eux la plus grande partie de notre production alimentaire et industrielle — qu'ils reprochent au maréchal d'avoir accepté une *collaboration* avec Hitler. Beaucoup de jeunes gens refusent de partir pour l'Allemagne où Hitler veut les contraindre à travailler. Ils rejoignent les rangs de la *Résistance.*

Dès l'été de 1940, des Français se sont réunis secrètement pour saboter les transports ou les communications allemandes. Par exemple, ils ont coupé les lignes du téléphone utilisées par les Allemands.

Le Général de Gaulle refuse l'idée même d'un armistice. Il gagne l'Angleterre toujours en guerre et, de Londres, lance le fameux appel du 18 juin. Il va essayer de rassembler tous les Français qui n'acceptent pas la défaite. Il gagnera.

La radio de Londres n'était pas encore vraiment brouillée. Pourtant, au milieu de la pagaille de la retraite, peu de Français ont entendu cet appel.

La plupart, comme d'Estienne d'Orves, ont été pris et fusillés. Le mouvement n'a cessé de prendre de l'importance. Toute une armée clandestine s'est mise en place : les *Forces françaises de l'Intérieur* (F.F.I.) et les *Francs Tireurs et Partisans* (F.T.P.). Des attentats sont organisés contre les Allemands qui pour se venger exécutent des otages. A Chateaubriant, ils fusillent un garçon de seize ans, Guy Mocquet.

La Gestapo traque les résistants et arrête leur chef, Jean Moulin, qui est torturé et mis à mort. Un grand nombre de résistants connaissent le même sort. Ils sont déportés ou fusillés.

Le général de Gaulle, installé à Alger avec son gouvernement, organise ce grand refus des Français.

L'Italie chasse Mussolini, capitule et se range bientôt dans le camp des Alliés. L'Allemagne, battue partout, se défend avec l'énergie du désespoir.

Les Alliés, pour mieux atteindre les Allemands, écrasent la France sous les bombes. Deux cent mille habitations sont entièrement détruites et presque tous nos grands ports sont anéantis.

Quand retentit le son lugubre des sirènes, les gens descendent dans les caves. Une représentation d'*Antigone,* pièce du grand auteur dramatique Jean Anouilh, à laquelle j'assiste, est interrompue trois fois par des alertes : chaque fois il nous faut nous engouffrer dans le métro changé en abri ! Quand je passe, au printemps de 1944, mes examens, une alerte nous oblige, mes camarades et moi, à descendre dans les caves de la Faculté.

Combien de fois, appartenant à une organisation de secouristes, ai-je été appelé pour aller chercher dans les décombres les blessés et les morts ! Nous vivons alors dans l'attente et l'espoir.

Devant l'église de la Madeleine, à Paris, des grappes humaines, délirantes de joie, prennent d'assaut les chars des alliés vainqueurs. Paris est libéré, deux mois et demi après le débarquement de Normandie. Quatre ans d'occupation allemande, de tristesses, de souffrances de toute sorte sont effacées dans une immense explosion de joie. Toutes les cloches sonnent et ajoutent à l'allégresse.

La Libération

Le 6 juin 1944, c'est enfin l'immense nouvelle. Dans les rues, les gens s'abordent, le visage radieux :

— Ils ont débarqué !

C'est vrai. En Normandie, Américains, Britanniques, et — aussi — un commando de Français libres ont pris pied sur le sol français. Les Allemands luttent pied à pied. La bataille est dure. La division blindée du général Leclerc, arrivée d'Angleterre en juillet, y participe. Avec

l'autorisation du général américain Eisenhower, chef suprême des armées alliées, elle fonce vers Paris, dont les habitants se sont insurgés, et délivre la capitale.

Extraordinaire moment, celui où le général de Gaulle s'avance à pied sur les Champs-Élysées (26 août 1944). Assurant le service d'ordre avec mon groupe de secouristes, je le vois passer, immense — il mesure près de 2 mètres — serré dans son uniforme kaki de général de brigade. Une folle acclamation monte des millions de Parisiens accourus pour saluer leur libérateur.

La bataille continue. Les Français et les Américains débarquent en Provence (15 août), chassent les Allemands devant eux. Le général Leclerc entre à Strasbourg. Les Alliés — parmi lesquels les Français du général de Lattre de Tassigny — franchissent le Rhin et, à toute allure, s'avancent vers l'Elbe et le Danube.

Les Soviétiques foncent sur Berlin, encerclent la ville, y pénètrent. En Italie, Mussolini est arrêté par des partisans et fusillé. Le 30 avril 1945, Hitler se donne la mort dans son bunker.

Le 8 mai 1945, le maréchal allemand Keitel signe à Berlin l'acte qui reconnaît la défaite de l'Allemagne.

Ce vieil homme fatigué mais attentif, c'est le maréchal Pétain. Pour « sauver les meubles » il a dû collaborer avec l'occupant. Pour cela il va passer en jugement. Il a tenu à revêtir son uniforme de soldat pour être jugé. Il sera condamné à la réclusion perpétuelle et mourra au fort de l'île d'Yeu, en 1951.

La paix est revenue en Europe mais la guerre contre le Japon continue. Après le lancement par les Américains d'une bombe atomique — la première — sur la ville japonaise d'Hiroshima et d'une autre sur Nagasaki, le Japon capitule à son tour.

Le monde n'a plus qu'à penser ses plaies. Elles sont immenses. Cinquante millions de personnes (militaires et civils) ont péri entre 1939 et 1945.

Quand les hommes parviendront-ils à comprendre que la guerre est le plus grave des crimes contre l'humanité ?

Aujourd'hui

Lorsque la bombe d'Hiroshima explose, anéantissant une ville entière et causant la mort de 80 000 personnes, j'ai vingt ans.

La France est de nouveau en paix, mais tant de villes sont détruites, tant d'industries anéanties, tant de voies ferrées, tant de ponts, tant de routes hors d'usage ! Sa reconstruction va nécessiter de nous tous un gigantesque effort. Vous devez savoir que nous l'avons accompli.

Le général de Gaulle est convaincu que notre défaite de 1940 a été due en grande partie à l'impuissance de nos gouvernements, trop souvent renversés par des députés ou des sénateurs qu'entraînaient des passions déraisonnables. Il souhaite que la France se donne une Constitution qui assure au gouvernement la certitude de durer. Quand il comprend que les Français refusent de l'entendre et qu'ils vont voter — les femmes aussi, car elles ont enfin le droit de vote — la Constitution de 1946 qui crée la 4e République mais accroît les risques d'instabilité, le général de Gaulle démissionne et se retire dans sa propriété de Colombey-les-Deux-Églises.

Comme il l'a prévu, la 4e République va connaître un grand nombre de gouvernements, renversés les uns après les autres. Les étrangers y trouvent le sujet de nombreuses plaisanteries dont notre pays est malheureusement la cible.

Ce que vous devez comprendre, c'est que, malgré cela, notre pays se relève et se reconstruit. La France, avant 1939, vivait encore souvent comme au XIXe siècle. Elle s'avance maintenant hardiment vers le XXIe siècle. Nos industries utilisent les techniques les plus modernes. On livre et on gagne la grande bataille de l'énergie. Avec d'autres, le barrage de Donzère-Mondragon sur le Rhône procure de considérables quantités d'électricité qui permettent notamment d'électrifier les chemins de fer. Nos locomotives battent les records du monde de vitesse. Les raffineries de Fos et du Havre mettent à notre disposition le pétrole dont nous avons de plus en plus besoin. Une industrie nouvelle, celle du plastique (tiré du pétrole), change toute notre vie quotidienne. La France se couvre de lignes aériennes et dispose d'un avion, la Caravelle, que l'on nous envie. La compagnie Air France relie Paris à tous les pays du monde. On produit de grandes quantités de petites voitures qui mettent l'automobile à la portée d'un grand nombre de Français.

La vie quotidienne des familles est profondément modifiée par la généralisation des accessoires ménagers : réfrigérateur, lave-vaisselle, lave-linge, etc. La télévision connaît un gigantesque essor.

C'est également sous la 4e République que des hommes comme Robert Schuman et Jean Monnet créent une Communauté économique européenne qui associe plusieurs pays, y compris l'Allemagne et l'Italie, nos anciens ennemis.

De tels résultats, nous devrons toujours en être reconnaissants à la

Un million de Français vivent sur le sol algérien quand la guerre éclate en novembre 1954. Huit ans plus tard, cette guerre dramatique aboutit aux accords d'Evian et au départ de presque tous les Français d'Algérie. Nous sommes alors en 1962. Qu'ils soient grands ou petits, artisans, boutiquiers ou agriculteurs, ils doivent abandonner leurs biens. L'Algérie, avec ses trois départements, ne fait plus partie de la France. Elle devient une république socialiste indépendante.

Ici, de jeunes Français du contingent, c'est-à-dire ceux qui effectuent leur service militaire, et qui ont été envoyés en Algérie, montrent un drapeau pris au combat, frappé du croissant rouge de l'Islam et de l'étoile rouge.

4e République. Son œuvre de redressement économique est considérable. Malheureusement, elle se révèle incapable de résoudre les graves problèmes que pose le désir d'indépendance des Indochinois et des peuples d'Afrique du Nord. Une longue guerre en Indochine (1946-1954) aboutit à notre éviction de cette ancienne colonie. Sagement, nous accordons leur indépendance aux Tunisiens et aux Marocains. Mais une rébellion éclate en 1954 en Algérie.

En mai 1958, cette guerre dure toujours, sans qu'aucune solution ne soit en vue. Les Français rappellent alors le général de Gaulle, en qui ils admirent leur plus grand homme vivant.

De Gaulle crée la 5e République, avec une Constitution qui assure enfin la *stabilité* des gouvernements et un équilibre réel entre le président de la République — bientôt élu au suffrage universel — et les deux chambres : Assemblée nationale et Sénat.

Sous le gouvernement du général de Gaulle, avec des premiers ministres tels que Michel Debré et Georges Pompidou, la France connaît une nouvelle et importante expansion économique. Le franc redevient une monnaie forte. Une importante industrie atomique

Le président Charles de Gaulle parle à la télévision. Il a compris l'importance de ce moyen de communication.

Georges Pompidou succède à de Gaulle et devient le second président de la 5e République. Il mourra en 1974.

Valéry Giscard d'Estaing est élu président en mai 1974 et le restera jusqu'en mai 1981. Il veut décrisper la vie politique.

s'implante chez nous et la première bombe atomique française explose (1960). Le problème algérien, qui a profondément divisé les Français et conduit certains à conspirer contre de Gaulle, est réglé en 1962 : l'Algérie devient un État indépendant. Malgré le retour douloureux d'un million de Français d'Algérie — les pieds-noirs — les passions s'apaisent. L'indépendance est accordée à nos colonies d'Afrique qui presque toutes restent nos amies.

Le prestige du général de Gaulle est grand dans le monde. Cependant, en mai 1968, des étudiants provoquent un vaste mouvement de protestations auquel s'associent la majorité des ouvriers et des salariés. Une grande grève paralyse le pays. Le général de Gaulle en triomphe une fois de plus et gagne les élections qui suivent.

Vous saurez plus tard que les Français ne sont pas toujours logiques avec eux-mêmes. En 1969, de Gaulle leur propose un référendum sur la décentralisation. Le général a annoncé qu'il se retirerait si les Français votaient non. Or ils votent non. Le général quitte le pouvoir. Il mourra le 9 novembre 1970 à Colombey-les-Deux-Églises.

La France entière le pleurera.

L'avenir

L'histoire de notre pays ne s'arrête naturellement pas à la mort de Charles de Gaulle. Après lui, Georges Pompidou sera président de la République, puis Valéry Giscard d'Estaing, puis François Mitterrand. Soyons sûrs qu'il y en aura d'autres, beaucoup d'autres.

Quand un roi de France mourait, on criait :

— Le roi est mort. Vive le roi !

Parce que, à l'heure même où il avait rendu son âme à Dieu, son fils devenait roi. Ainsi s'est créée la *continuité française.*

Nous n'avons plus de roi. Mais la continuité reste la même. Quand un président achève son mandat, un autre lui succède. Quand les députés et les sénateurs terminent le leur, d'autres prennent leur place.

L'histoire que nous venons de revivre ensemble commence il y a des milliers d'années. Si les hommes ne sont pas assez fous pour déclencher une *guerre nucléaire* — au cours de laquelle les bombes atomiques détruiraient une grande partie de l'humanité — nous pouvons être sûrs qu'elle durera encore pendant des milliers d'années.

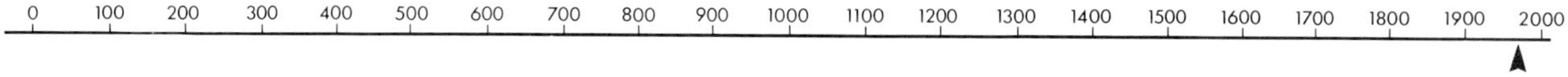

Pourquoi en sommes-nous certains ? Parce que l'histoire de la France est celle des peuples successifs arrivés sur notre territoire de toutes les régions d'Europe, parfois d'Afrique, parfois d'Asie, qui ont trouvé chez nous le cadre idéal de la vie dont ils rêvaient. Ces peuples si différents se sont peu à peu fondus dans une même langue — le français — et enfin réunis en une même nation, la nôtre.

Nous devons être pleins de reconnaissance à l'égard des hommes et des régimes, les rois comme les républiques, qui ont mené à bien cette grande œuvre de rassemblement. Mais ils auraient échoué, si un lien mystérieux et évident n'avait attiré les uns vers les autres ceux qui nous ont précédés.

D'autres grands pays en Europe peuvent être fiers de leur histoire. Souvenons-nous pourtant que l'Allemagne et l'Italie, riches d'un admirable passé, n'ont accompli leur unité qu'au siècle dernier. La France, elle, conçue avec Clovis, née avec Hugues Capet, confirmée à Bouvines, servie par les Bourbons, les Bonapartes et nos républiques, plonge ses racines si loin et si solidement qu'elle y a gagné une personnalité et une originalité sans égales.

François Mitterrand succède à Giscard d'Estaing en mai 81. C'est le premier socialiste élu à l'Elysée au suffrage universel.

Un jour, l'Europe, déjà unie dans une *communauté,* se donnera des liens politiques. Vous verrez alors naître ces États-Unis d'Europe que Victor Hugo appelait de tous ses vœux. Face aux colosses américains et soviétiques, l'Europe, avec les richesses et les talents dont elle dispose, deviendra la plus grande puissance du monde.

Cette Europe unie devra faire en sorte que chacun des peuples qui la compose conserve son originalité. Vous y veillerez. La naissance de la patrie européenne ne devra jamais vous faire oublier la patrie qui vous a vu naître. C'est en étant fiers d'être français, allemands, espagnols, italiens, hollandais, belges, anglais, que vous ressentirez le mieux l'honneur d'être européens.

Je voudrais, avant que nous nous séparions, vous proposer de réfléchir sur une phrase de Napoléon. Elle est très belle. Il a dit : « De Clovis jusqu'au Comité de Salut public, je me sens solidaire de tout. »

Vous savez que l'habitude, quand s'achève un livre, est d'inscrire, après la dernière ligne, le mot FIN.

Sacha Guitry, grand auteur dramatique et cinéaste, terminant le récit de l'histoire de la France, a barré le mot FIN et écrit ceci : « Ça jamais ! »

Les souverains et les présidents
Chronologie

MOYEN AGE

MÉROVINGIENS

Sont indiqués en caractères gras les souverains ayant réuni pour un temps le royaume franc (Neustrie Austrasie et Bourgogne) sous une seule couronne.

Clovis Ier (baptême : 496) **481-511**
Clotaire Ier roi de Neustrie, en 511 puis seul roi à partir de 558 **558-561**
Caribert (Paris, 561-567) ; Gontran (Bourgogne, 561-592). Chilpéric I (Neustrie, 561-584) ; Sigebert I (Austrasie, 561-575).
Clotaire II (Neustrie, de 584 à 613 puis seul roi) **613-629**
Dagobert Ier **624-639**
Sigebert II (Austrasie ; 639-656) ; Clovis II Neustrie-Bourgogne, 639-657) ; Clotaire III (Neustrie, 657-673) ; Childéric II (Austrasie, 663-675).
Thierry III *(Neustrie 673 à 683) puis seul roi* **687-691 (?)**
Le pouvoir réel est exercé en Neustrie, en Austrasie et en Bourgogne de 687 à 714 par Pépin d'Heristal, réunificateur du royaume franc, père de Charles Martel.
Clovis III **691-695**
Childebert III **695-711**
Dagobert III **711-715**
Gouvernement effectif, de 714 à 741, de Charles Martel.
Chilpéric II **715-720**
Thierry IV **720-737**
Charles Martel bat les Arabes à Poitiers 732
Childéric III **743-751**

CAROLINGIENS

Pépin III le Bref fils de Charles Martel **751-768**
Charlemagne (couronné empereur en 800) **768-814**
Louis Ier le Pieux **814-840**
Charles le Chauve **840-877**
Partage de 843 (traité de Verdun) entre les trois fils de Louis le Pieux : Charles le Chauve (Francie occidentale), Louis (Francie orientale), Lothaire (Lotharingie).
Louis II, le Bègue **877-879**
Louis III, 879-882 et **Carloman,** 879-884.
Charles le Gros (empereur) **884-887**
Siège de Paris par les Normands (885-886).
Eudes, fils de Robert le Fort, élu roi, interrompt la dynastie carolingienne **888-898**
Charles III le Simple, fils de Louis le Bègue **898-929**
Accorde en 911 un territoire aux Normands : la Normandie.
Robert Ier, frère d'Eudes **922-923**
Raoul, gendre du précédent **923-936**
Louis IV d'Outre-Mer (fils de Charles le Simple) **936-954**
Lothaire **954-986**
Louis V, dernier carolingien **986-987**

CAPÉTIENS DIRECTS

Sauf indication contraire, les rois se succèdent de père en fils.

Hugues Capet, petit-fils de Robert Ier **987-996**
Robert II, le Pieux **996-1031**
Henri Ier **1031-1060**
Philippe Ier **1060-1108**
Première croisade **1096**
Louis VI, le Gros **1108-1137**
Louis VII, le Jeune **1137-1180**
Philippe II, Auguste **1180-1223**
Victoire de Bouvines **1214**
Louis VIII, le Lion **1223-1226**
Louis IX (Saint-Louis) **1226-1270**
Philippe III, le Hardi **1270-1285**
Philippe IV, le Bel **1285-1314**
Réunion des premiers états généraux **1302**
Louis X, le Hutin **1314-1316**
Jean Ier, fils posthume de Louis X **4 jours en 1316**
Philippe V, le long, frère de Louis X **1316-1322**
Charles IV, le Bel, frère du précédent **1322-1328**

LES VALOIS

Philippe VI, fils de Charles de Valois, frère de Philippe le Bel **1328-1350**
Début de la Guerre de Cent ans *1346*
Jean II, le Bon **1350-1364**
Défaite de Poitiers *1356*
Charles V, le Sage **1364-1380**
Charles VI, le Fou **1380-1422**
Traité de Troyes (1420) : le roi d'Angleterre devient roi de France. Guerre « des Armagnacs et des Bourguignons ».
Charles VII **1422-1461**
Jeanne d'Arc est brûlée vive à Rouen *1431*
Fin de la Guerre de Cent ans *1453*
Louis XI **1461-1483**
Charles VIII (début des guerres d'Italie) **1483-1498**
Louis XII (petit-neveu de Charles VI) **1498-1515**

LES TEMPS MODERNES

LES VALOIS-ANGOULÊME

François Ier (cousin et gendre de Louis XII) **1515-1547**
Marignan *1515*
Cartier au Canada *1534*
Henri II **1547-1559**
François II **1559-1560**
Charles IX, son frère **1560-1574**
Guerres de religion. (Saint-Barthélemy 1572)
Henri III, son frère **1574-1589**
Mort sans héritier. La couronne passe à son cousin Henri de Navarre, chef de la maison de Bourbon.

LES BOURBONS

Henri IV **1589-1610**
Édit de Nantes *1598*
Régence de Marie de Médicis *1610-1617*
Louis XIII **1610-1643**
Richelieu au conseil du roi *1624*
Louis XIV **1643-1715**
Mazarin ministre (1643), La Fronde, Traité de Wesphalie (1648), Révocation de l'Édit de Nantes (1685).
Louis XV **1715-1774**
Régence de Philippe d'Orléans (1715-1723), Perte du Canada (1763).
Louis XVI **1774-1792**
États généraux (5 mai 1789) ; Prise de la Bastille (14 juillet 1789) ; Déclaration des droits de l'Homme (26 août 1789) ; Première Constitution (3 septembre 1791) ; Arrestation du roi, (10 août 1792) ; Proclamation de la république (21 septembre 1792).

ÉPOQUE CONTEMPORAINE

Ire RÉPUBLIQUE (1792-1804)

Convention nationale **septembre 1792-1795**
Exécution de Louis XVI (21 janvier 1793). La Terreur (1793-1794). Chute de Robespierre (27 juillet 1794).
Directoire **1795-1799**
Campagne d'Italie. Campagne d'Égypte. Coup d'État du 18 Brumaire (9 novembre 1799).
Consulat **1799-1804**
Bonaparte consul à vie (1802). Code civil (1804).

Ier EMPIRE (1804-1815)

Napoléon Ier, empereur **1804-1814**
Austerlitz (2 décembre 1805). Défaite de Leipzig (octobre 1813). Abdication (6 avril 1814).
Napoléon II *(proclamé, ne règne pas)* **1814**

RESTAURATION (1815-1830)

Louis XVIII, frère de Louis XVI **1814-1824**
Les Cent Jours (Ier mars 1815 retour de Napoléon ; 18 juin : Waterloo ; 8 juillet : retour de Louis XVIII.)
Charles X, son frère **1824-1830**
Prise d'Alger (5 juillet 1830). Les Trois Glorieuses (27-28-29 juillet 1830).

MONARCHIE DE JUILLET (1830-1848)

Louis-Philippe Ier, cousin des précédents **1830-1848**
Révolution à Paris *24 février 1848*

IIe RÉPUBLIQUE (1848-1851)

Louis-Napoléon Bonaparte **1848-1851**
Coup d'État *2 décembre 1851*

IIe EMPIRE

Napoléon III, empereur **1852-1870**
Capitulation de Sedan (2 septembre 1870) ; Proclamation de la République (4 septembre 1870).

IIIe RÉPUBLIQUE (1870-1940)

Gouverment de la Défense nationale
14 septembre 1870-8 février 1871
Adolphe Thiers **1871-1873**
Commune de Paris (18 mars-28 mai 1871). Traité de paix (10 mai 1871) : perte de l'Alsace-Lorraine.
Maréchal de Mac-Mahon **1873-1879**
Jules Grévy **1879-1887**
Enseignement primaire obligatoire, (1881-1882) Grande extension de l'empire colonial français.
Sadi Carnot **1887-1894**
Jean Casimir-Perier **1894-1895**
Félix Faure **1895-1899**
Émile Loubet **1899-1906**
Séparation de l'Église et de l'État (9 décembre 1905).
Armand Fallières **1906-1913**
Raymond Poincaré **1913-1920**
Déclaration de guerre à l'Allemagne (3 août 1914) ; Armistice (11 novembre 1918).
Paul Deschanel **1920**
Alexandre Millerand **1920-1924**
Gaston Doumergue **1924-1931**
Paul Doumer **1931-1932**
Albert Lebrun **1932-1940**
Déclaration de guerre à l'Allemagne (3 septembre 1939). Invasion de la France (mai-juin 1940). Appel du général de Gaulle à la résistance (18 juin 1940). Armistice (22 juin 1940). Fin de la 3e République (10 juillet 1940).

ÉTAT FRANÇAIS (1940-1944)

Maréchal Pétain **1940-1944**
Débarquement allié en Normandie (6 juin 1944). Libération de la France (juin-novembre 1944).

GOUVERNEMENT PROVISOIRE DE LA RÉPUBLIQUE FRANÇAISE

Charles de Gaulle (à Alger, puis à Paris) **1944-1946**
Vote des femmes *1945*
Félix Gouin **janvier-juin 1946**
Georges Bidault **juin-novembre 1946**
Début de la guerre d'Indochine *23 novembre 1946*
Léon Blum **décembre 1946-janvier 1947**

IVe RÉPUBLIQUE (1946-1958)

Vincent Auriol **1947-1954**
René Coty **1954-1958**
Fin de la guerre d'Indochine (21 juillet 1954). Début de la guerre d'Algérie (novembre 1954). Insurrection d'Alger (mai 1958) d'où découlera la fin de la 4e République.

Ve RÉPUBLIQUE (1958)

Charles de Gaulle **1958-1969**
Nouveau franc *1960*
Fin de la guerre d'Algérie *18 mars 1962*
Georges Pompidou **1969-1974**
Valéry Giscard d'Estaing **1974-1981**
François Mitterrand **depuis 1981**

TABLE DES MATIÈRES

CRÉDIT PHOTOS

Toutes les photos sont issues de la photothèque du Groupe des Presses de la Cité, sauf : Artephot : 10/11, 61, 63, 71, 81, 83, 133, 153, 166, 167, 206. Jérôme da Cunha : 19, 31, 42/43, 63, 131, 137, 186/187, 239, 253, 262. Y. Dieuzaide : 138, 139. Giraudon : 98, 168, 168/169, 227. Institut Charles-de-Gaulle : 319. Keystone : 323, 325. Fonds Albert-Khan : 302, 303. Photothèque R. Laffont : 122. Sygma : 324 b. Tallandier : 70, 99, 118, 119, 129, 130, 209. R. Viollet : 49, 53 h, 309 h et b, 315.

Achevé d'inprimer en octobre 1988
par Tonsa (San Sébastian, Espagne)
pour le compte de la Librairie Académique Perrin